1re BAC PRO
Programme 2010



# histoire géographie éducation civique

Sous la direction de **Brigitte Allain-Chevallier**

**Brigitte Allain-Chevallier**
Formatrice IUFM, Paris
Professeur de lycée professionnel
Lycée Maria-Deraismes, Paris

**Éric Favard**
Responsable Formation 2e degré
IUFM-UM2, Académie de Montpellier

**David Lamoureux**
Professeur de lycée professionnel
Lycée Auguste-Escoffier, Cagnes-sur-Mer

**Roselyne Schneider**
Professeur de lycée professionnel
Lycée Les Menuts, Bordeaux

**Corinne Walter-Glaymann**
IEN histoire-géographie
Académie de Créteil

8, RUE FÉROU 75278 PARIS CEDEX 06
WWW.EDITIONS-BELIN.COM

Belin:
ÉDITEUR INDÉPENDANT
DEPUIS 1777

# Découvrez votre manuel

## Histoire • Géographie

### Ouverture de chapitre

**Trois documents pour présenter le chapitre**

- Trois grands visuels qui se complètent

- Un texte de présentation et une problématique générale
- Un sommaire détaillé

### Situation

**Un dossier documentaire pour mener une étude de cas**

- Une problématique qui oriente la réflexion sur les documents

- Des documents d'étude variés : photographies, textes cités, graphiques, cartes
- Des questions pour guider l'analyse

### Savoir-faire

**Un point méthode à appliquer**

- Des indications méthodologiques pour vous aider à travailler sur les documents

**Toutes les références à des sites Internet présentées dans cet ouvrage ont été vérifiées attentivement à la date d'impression. Compte tenu de la volatilité des sites et du détournement possible de leur adresse, les éditions Belin ne peuvent en aucun cas être tenues pour responsables de leur évolution. Nous appelons donc chaque utilisateur à rester vigilant quant à leur utilisation.**




ISBN-978-2-7011-5604-0

# L'essentiel

**Sur 2 doubles pages**

- Un cours en 4 parties sur le sujet d'étude
- 4 à 6 documents en marge pour l'illustrer
- Le schéma de synthèse pour « retenir autrement »

- 2 images essentielles qui font la synthèse des connaissances du chapitre
- Des définitions de mots-clés répertoriés dans l'index en fin d'ouvrage

# Vers l'examen

**Pour vérifier ses connaissances et exercer ses compétences en vue de l'examen BEP ou CAP**

# Grand Angle

**En fin de chapitre, un autre regard sur les thèmes du programme**

# Éducation civique

**6 dossiers et 2 doubles pages de Mémento constituent la 3e partie du manuel**

- **Dossier**

Ensemble documentaire à étudier en lien avec le thème 1 obligatoire ou avec les thèmes 2, 3 et 4 au choix

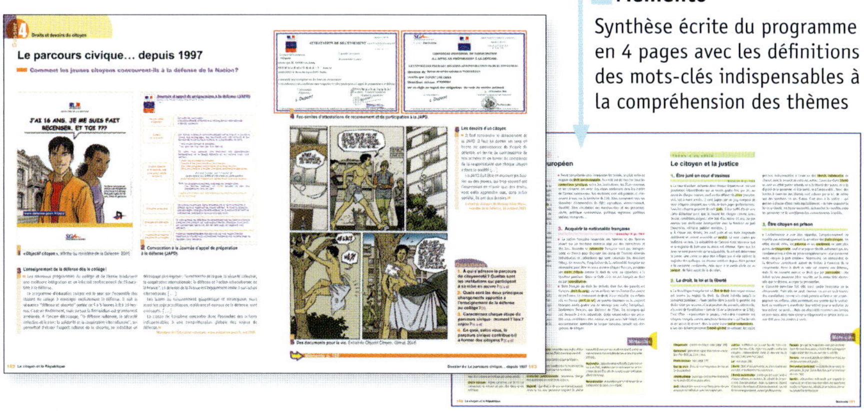


- **Mémento**

Synthèse écrite du programme en 4 pages avec les définitions des mots-clés indispensables à la compréhension des thèmes

# Table des matières

## Histoire



## Géographie

## 7 Mondialisation et diversité culturelle



**Petites clés pour comprendre !**

- **À quoi renvoient les pictos dans les blocs questions ?**

[ ] aux **Biographies** page 205 dont chacune est numérotée

[ ] à **l'Atlas** pages 192 à 203, dont les cartes sont numérotées

- **Les personnages historiques dans les pages « L'essentiel »**

Jaurès : voir **Biographies** page 205

# Éducation civique



## Sommaire des savoir-faire

# Les diplômes intermédiaires dans le cursus du Bac Pro

**Au cours de votre formation au bac professionnel (niveau IV), vous devez obtenir un diplôme de niveau V en fin de Première. Selon la certification qui correspond à la filière dans laquelle vous êtes engagés, ce diplôme est soit un CAP, soit un BEP. Voici la présentation des évaluations pour l'un et l'autre de ces diplômes.**

## CAP Modalités de l'évaluation de l'enseignement général

Extraits (Bulletin officiel n° 29 du 17 juillet 2003)

### 1. Objectifs

L'épreuve de français et d'histoire-géographie permet d'apprécier :
– les qualités de lecture et d'analyse de textes documentaires, de textes fictionnels, de documents iconographiques, de documents de nature historique et géographique ;
– les qualités d'organisation des informations et d'argumentation dans la justification des informations sélectionnées ;
– les qualités d'expression et de communication à l'oral et à l'écrit, en particulier la maîtrise de la langue.

### 2. Modes d'évaluation

#### A. Contrôle en cours de formation (CCF)

L'épreuve de français et d'histoire-géographie est constituée de deux situations d'évaluation, comprenant chacune deux parties : une partie écrite en français, une partie orale en histoire-géographie.
Les deux situations d'évaluation sont évaluées à part égale. Par ailleurs, les deux parties de chaque situation d'évaluation évaluent des compétences complémentaires, à parts égales. [...]

**PREMIÈRE SITUATION D'ÉVALUATION D'HISTOIRE-GÉOGRAPHIE**

Le candidat présente oralement un dossier (constitué individuellement ou par groupe) comprenant trois ou quatre documents de nature variée (textes, images, tableaux de chiffres, cartes...).
Ces documents sont accompagnés d'une brève analyse en réponse à une problématique relative à la situation historique ou géographique proposée.
Les documents concernent un des thèmes généraux du programme étudiés dans l'année, à dominante histoire ou géographie. Si la dominante du dossier de la situation n° 1 est l'histoire, la dominante du dossier de la situation n° 2 est la géographie, et inversement.
Le candidat présente son dossier pendant cinq minutes. La présentation est suivie d'un entretien (dix minutes maximum) au cours duquel le candidat justifie ses choix et répond aux questions.
L'entretien est conduit par le professeur de la discipline assisté, dans la mesure du possible, d'un membre de l'équipe pédagogique.

**DEUXIÈME SITUATION D'ÉVALUATION D'HISTOIRE-GÉOGRAPHIE**

Se référer à la situation n° 1. Seule la dominante change (histoire ou géographie).

#### B. Épreuve ponctuelle – 15 minutes

Les deux parties de l'épreuve (français et histoire-géographie), qui évaluent des compétences complémentaires, sont évaluées à part égale, sur 10 points.

**PARTIE HISTOIRE-GÉOGRAPHIE**

Le candidat se présente à l'épreuve avec deux dossiers qu'il a préalablement constitués, l'un à dominante histoire, l'autre à dominante géographie, comprenant chacun trois ou quatre documents de nature variée (textes, images, tableaux de chiffres, cartes…).
Ces dossiers, d'un maximum de trois pages chacun, se réfèrent aux thèmes généraux du programme.
Les documents sont accompagnés d'une brève analyse en réponse à une problématique liée à la situation historique et géographique étudiée dans le dossier.
L'examinateur choisit l'un des deux dossiers. Le candidat présente oralement, pendant cinq minutes, le dossier retenu ; la présentation est suivie d'un entretien (dix minutes maximum) au cours duquel le candidat justifie ses choix et répond aux questions. [...]

Entraînez-vous avec les pages Vers l'examen de CAP, p. 24-25 et p. 134-135.

# Modalités de l'évaluation de l'enseignement général

Extraits (Bulletin officiel n° 31 du 27 août 2009)

**Article 3** – Pour les candidats sous statut scolaire dans un établissement public local d'enseignement ou dans un établissement privé sous contrat qui sont engagés dans le cycle conduisant à un baccalauréat professionnel et pour les jeunes en formation en vue de préparer un baccalauréat professionnel par la voie de l'apprentissage dans des centres de formation d'apprentis ou des sections d'apprentissage habilités qui auront choisi de se présenter à l'examen, l'épreuve de français, histoire-géographie et éducation civique est évaluée par contrôle ponctuel.

Pour les candidats ayant préparé le diplôme par la voie de la formation professionnelle continue dans un établissement public, l'ensemble des épreuves générales est évalué par contrôle en cours de formation. [...]

**Article 6** – Les dispositions du présent arrêté entrent en vigueur pour la session d'examen 2011. [...]

Par dérogation, les dispositions de l'arrêté du 11 janvier 1988 [...] demeurent applicables aux spécialités de brevet d'études professionnelles suivantes : Carrières sanitaires et sociales ; Conduite et services dans les transports routiers ; Métiers de la restauration et de l'hôtellerie ; Optique lunetterie.

## A. Français, histoire-géographie et éducation civique : coefficient 6

### 1. Objectifs de l'épreuve :

[...] La partie de l'épreuve portant sur l'histoire-géographie-éducation civique vise à apprécier le niveau des connaissances et capacités acquises par le candidat au cours de la première professionnelle dans les sujets d'étude choisis parmi ceux prévus par le programme d'enseignement de l'histoire-géographie-éducation civique.

### 2. Modes d'évaluation

#### A. Épreuve ponctuelle écrite (notée sur 20) – 3 heures :

Les deux parties de l'épreuve (français et histoire-géographie-éducation civique) sont évaluées à part égale, sur 10 points.

**PREMIÈRE PARTIE : FRANÇAIS (1 HEURE 30)** [...]

**DEUXIÈME PARTIE :**
**HISTOIRE-GÉOGRAPHIE-ÉDUCATION CIVIQUE (1 HEURE 30)**

L'épreuve consiste en un questionnaire à réponse courte (cinq à dix lignes) ou à choix multiples qui porte sur des sujets d'étude et sur des situations définis dans le programme de première professionnelle. Deux questions sont posées en histoire, deux en géographie et une en éducation civique. Les questions peuvent comporter un support documentaire (texte, image, carte...).

**En histoire,** une question est posée sur un des cinq sujets d'étude obligatoires et une autre sur une situation relevant de l'un des quatre autres sujets d'étude. Cette seconde question est choisie par le candidat parmi trois questions correspondant chacune à une situation de ce sujet d'étude.

**En géographie,** une question est posée sur un des quatre sujets d'étude obligatoires et une autre sur une situation relevant de l'un des trois autres sujets d'étude. Cette seconde question est choisie par le candidat parmi trois questions correspondant chacune à une situation de ce sujet d'étude.

**En éducation civique,** une question est posée sur le thème obligatoire du programme.

Les questions d'histoire sont notées sur 4 points, les questions de géographie sur 4 points, la question d'éducation civique sur 2 points.

#### B. Contrôle en cours de formation (noté sur 20)

Les situations d'évaluation de français sont notées sur 10 et celles d'histoire-géographie-éducation civique également sur 10.

**HISTOIRE-GÉOGRAPHIE :**

Le contrôle est organisé en deux situations d'évaluation qui prennent place à deux moments distincts du cursus de formation. Chaque situation comporte deux parties.

**SITUATION 1** (1 HEURE)

**1re partie : en histoire,** trois ou quatre questions de connaissance portant sur un des sujets d'étude ;

**2e partie : en géographie,** commentaire d'un ou deux documents.

**SITUATION 2** (1 HEURE)

**1re partie : en géographie,** trois ou quatre questions de connaissances portant sur un sujet d'études ;

**2e partie : en histoire,** commentaire d'un ou deux documents.

**Entraînez-vous avec les pages Vers l'examen de BEP, p. 42-43, 60-61, 78-79, 96-97, 116-117, 152-153, 170-171.**

Histoire

# État et société en France de 1830 à nos jours

SOMMAIRE

*Les grèves de juin 1936*, peinture de B. Taslitzky, 1937.

# Chapitre 1

# Être ouvrier en France (1830-1975)

1 ***1895-1975, Vive la CGT,*** affiche réalisée pour le 80e anniversaire de la CGT par Grapus, 1975.

En presque 150 ans, de la révolte des canuts en 1831 à la fin des Trente Glorieuses, de multiples innovations techniques et de nouvelles formes d'organisation du travail ont accompagné le développement de l'industrie française. Ces « révolutions industrielles » successives ont transformé en profondeur le monde du travail de même que la société.

**Comment évolue le monde ouvrier en France de 1830 à 1975 ?**

SOMMAIRE

**2** ***Coulée de fonte au Creusot,*** peinture de F. Bonhommé (1809-1881), vers 1864.

**3** ***Les grèves de juin 1936,*** peinture de B. Taslitzky, 1937.

Situation 1

# 1892, la grève de Carmaux et Jean Jaurès

## ■ Comment les mineurs de Carmaux et Jean Jaurès se retrouvent-ils engagés dans le même combat ?

**1** **Jaurès à la gare de Carmaux lors de la grève des verriers en 1895.**

### 2 Le suffrage universel à Carmaux

« On saura que c'est la compagnie qui a suscité et voulu la grève avec toutes ses conséquences, et qu'écrasée politiquement par les victoires pacifiques des ouvriers, elle a demandé son salut à des incidents[1] provoqués par elle. On saura que même après le renvoi de Calvignac, qui était un défi à tous les ouvriers et un attentat à leur liberté, ils ont cherché à négocier avec la compagnie, et que, deux fois, leur délégation a été repoussée avant qu'ils aient songé à forcer la porte. [...] Il y a un fait qui domine tout : un ouvrier républicain, élu maire et conseiller d'arrondissement a été congédié, pour cette seule raison, par la compagnie. [...] Or, renvoyer de la mine un ouvrier élu par ses camarades uniquement parce qu'il est élu, c'est dire aux ouvriers qu'en nommant leur camarade ils le chassent ; c'est donc s'opposer par l'intimidation à la liberté du vote ; c'est tomber sous le coup du Code pénal. [...] Déjà, d'un bout à l'autre de la France, le parti ouvrier s'émeut, car c'est pour lui une question de vie ou de mort. Il faut que les ouvriers de Carmaux puissent tenir, s'il est nécessaire même jusqu'à la rentrée des Chambres. Il faut que chacun de nous, selon ses ressources, envoie son obole, petite ou grande, au trésorier du comité [de grève]. Il faut que les organisations syndicales et les Bourses du travail envoient leurs fonds et tout de suite. Il faut que dans toutes les réunions, les banquets qui fêteront le 22 septembre[2], de larges collectes soient faites au profit des ouvriers de Carmaux. »

J. Jaurès, *La Dépêche*, 6 septembre 1892.

1. Le 15 août, des mineurs ont saccagé le bureau du directeur de la SMC.
2. Centenaire de la fondation de la République.

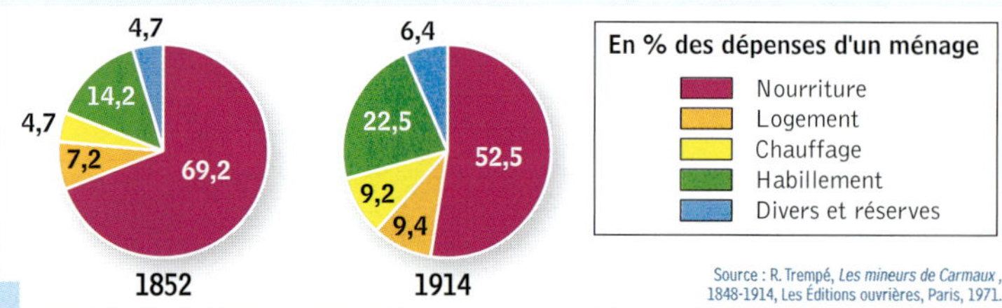


Source : R. Trempé, *Les mineurs de Carmaux*, 1848-1914, Les Éditions ouvrières, Paris, 1971.

**3** **Dépenses d'un ménage d'ouvriers mineurs.**

### 4 Jaurès et les mineurs de Carmaux : destins croisés

| | |
|---|---|
| **1873** | Constitution de la Société des mines de Carmaux (SMC). |
| **1883** | Grève totale contre les conditions de travail et la hausse des prix : transaction. Fondation de la Chambre syndicale. |
| **1885** | Jean Jaurès élu député républicain du Tarn. |
| **1887** | Articles de Jaurès dans le journal *La Dépêche*. |
| **1889** | Le marquis de Solages (administrateur de la SMC) élu député de Carmaux (Tarn). Jaurès battu à Castres (Tarn). |
| **1890** | Jaurès élu conseiller municipal de Toulouse. |
| **1891** | Grève de solidarité des mineurs avec leurs camarades renvoyés pour avoir chômé le 1er mai : succès. |
| **1892** | Grève des mineurs pour les salaires (7-21 mars) : succès. Calvignac, un mineur, élu maire de Carmaux (mai) puis renvoyé de la SMC (2 août). Grève générale (16 août-3 novembre), occupation militaire, arbitrage du président de la République Émile Loubet, réintégration de Calvignac. |
| **1893** | Jaurès élu (janvier) député socialiste de Carmaux (à la place de Solages qui a démissionné) puis réélu (août) ; il collabore au journal *La Petite République socialiste*. |
| **1895** | Grève totale des verriers de Carmaux. Venue de J. Jaurès, conseiller des verriers, à Carmaux. Création d'une verrerie ouvrière à Albi (Tarn). |
| **1898** | Jaurès battu par Solages (promu président du Conseil d'administration de la SMC). Jaurès co-directeur de *La Petite République*. |
| **1902** | Jaurès réélu (il le sera jusqu'à son assassinat en 1914). |

D'après « Patrons et ouvriers au XIXe siècle, émergence d'une classe, 1840-1914 », *La Documentation photographique*, n° 6005, 1973.

**5 Jaurès parlant aux ouvriers,** panneau scolaire des éditions Rossignol, 1953.

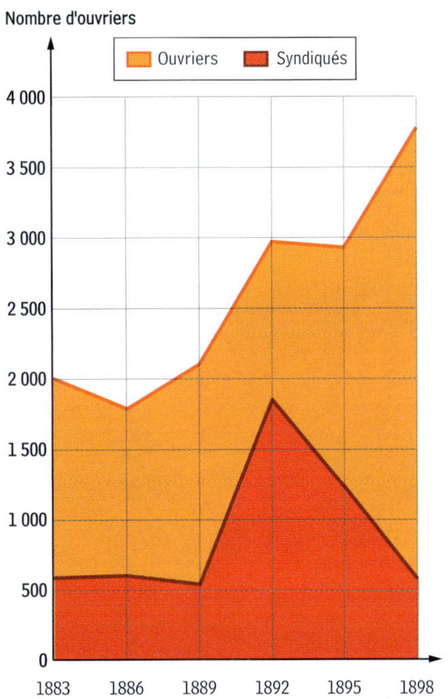


Source : Archives de la SMC, Administration des mines, cité dans « Patrons et ouvriers au XIXe siècle, émergence d'une classe, 1840-1914 », *La Documentation photographique*, n° 6005, 1973.

**6 La SMC en chiffres,** de 1883 à 1898.

**7 « Autour d'une grève »**

« Tout ce petit monde est calme, et, à mesure que je m'éloigne du centre du bourg, je trouve partout encore plus de tranquillité... C'est que le mineur, ici, est bien moins ouvrier que paysan. Les mines sont très anciennes, elles datent de près d'un siècle et demi. Les trois puits – *Sainte-Barbe, la Tronquié, la Brulatié* – sont très éloignés les uns des autres, et comme perdus parmi les riches cultures de la vallée. Ces cultures sont entretenues par les ouvriers eux-mêmes. Il n'est guère d'ouvrier à Carmaux, à Blaye, à Rozière, qui n'ait sa maisonnette à lui et ne cultive son bout de champ[1]. Et c'est là qu'on les retrouve, travaillant la terre ou flânant aux alentours des petites maisons, en attendant la fin d'un chômage qu'ils n'ont pas souhaité, qu'ils subissent, au nom de certains "principes imprescriptibles" dont on leur rebat les oreilles, et qu'ils vénèrent de loin, les pauvres diables, sans comprendre exactement ce que cette ruineuse discipline signifie... On leur a affirmé qu'ils étaient tyrannisés, et ils ont consenti à le croire ; et les voilà, malgré eux, coalisés contre un homme charmant[2] dont hier encore ils chantaient les louanges. »

Guy, *L'Illustration*, 21 septembre 1892.

1. 66 % des mineurs avant 1914 (14 % n'ont ni maison ni terre, moins de 8 % habitent la cité de la Société).
2. Il s'agit de M. Humblot, directeur de la Société des mines de Carmaux (SMC).

## Questions

**1. Pourquoi les mineurs de Carmaux font-ils grève en 1892 ?** [2, 4]

**2. À quelles autres dates sont-ils en grève ? Pour quelles raisons ?** [1, 3, 4, 6]

**3. Quels éléments montrent que Jaurès était proche des mineurs de Carmaux ? Comment expliquez-vous qu'ils aient eu des « destins croisés » ?** [1 à 7] [6]

# 1936, les occupations d'usines

## ■ Comment expliquer l'ampleur et la popularité des grèves de 1936 ?

**1 Couverture d'une brochure du Front populaire pour les élections législatives de 1936.**

**2 « La vie et la grève des ouvrières métallos (sur le tas), 10 juin 1936 »**

« Il s'agit, après avoir toujours plié, tout subi, tout encaissé en silence pendant des mois, des années, d'oser enfin se redresser. Se tenir debout. Prendre la parole à son tour. Se sentir des hommes, pendant quelques jours. Indépendamment des revendications, cette grève est en elle-même une joie. Une joie pure. Une joie sans mélange. Oui, une joie. J'ai été voir les copains dans une usine où j'ai travaillé il y a quelques mois. J'ai passé quelques heures avec eux. Joie de pénétrer dans l'usine avec l'autorisation souriante d'un ouvrier qui garde la porte. Joie de trouver tant de sourires, tant de paroles d'accueil fraternel. Comme on se sent entre camarades dans ces ateliers où, quand j'y travaillais, chacun se sentait tellement seul sur sa machine ! Joie de parcourir librement ces ateliers où on était rivé sur sa machine, de former des groupes, de causer, de casser la croûte. Joie d'entendre, au lieu du fracas impitoyable des machines, symbole si frappant de la dure nécessité sous laquelle on pliait, de la musique, des chants et des rires. On se promène parmi ces machines auxquelles on a donné pendant tant et tant d'heures le meilleur de sa substance vitale, et elles se taisent, elles ne coupent plus de doigt, elles ne font plus de mal. [...] Joie de vivre parmi ces machines muettes, au rythme de la vie humaine – le rythme qui correspond à la respiration, aux battements du cœur, aux mouvements naturels de l'organisme humain – et non à la cadence imposée par le chronométreur. »

S. Weil, *La Condition ouvrière*, Gallimard, 1951.

**3 L'heure du repas dans l'usine Christofle occupée,** Saint-Denis, 1936.

**4** **Bal des grévistes aux chantiers navals de Bordeaux,** le 12 juin 1936.

### 5 Les grèves en France en 1936

| Mois | Nombre de grèves | Mois | Nombre de grèves |
|---|---|---|---|
| janvier | 50 | juillet | 1751 |
| février | 39 | août | 542 |
| mars | 38 | septembre | 789 |
| avril | 32 | octobre | 934 |
| mai | 65[1] | novembre | 363 |
| juin | 12142[2] | décembre | 302 |

1. 26 avril-5 mai : victoire du Front populaire.
2. Près de 2 millions de grévistes, le 11 juin.

Source : ministère du Travail (http://bataillesocialiste.wordpress.com).

### 6 Le temps des loisirs

« Les grèves sont terminées – c'est la semaine de 40 heures. Samedi, je pourrai lire. Mieux peut-être : mon vélo est vieux, mais il roule ; pendant deux jours, avec les camarades, on pourra partir sur les routes [...]. Et puis on va avoir douze jours de congés payés, douze jours où la journée sera gagnée le matin en se levant !

On a même un ministre des Loisirs. C'est le premier ministre dont je suis sûr de retenir le nom : Léo Lagrange. Des mots nouveaux qu'on n'osait imaginer deviennent vivants : loisirs culturels, loisirs touristiques, loisirs sportifs. Le ministre des Loisirs a parlé des aspects complémentaires d'un même besoin social : la conquête de la dignité. »

B. Cacérès, *La Rencontre des Hommes,* Le Seuil, 1950, Points, 1984.

### 7 Les accords Matignon (extraits), 7 juin 1936

Art. 1er – La délégation patronale admet l'établissement immédiat des contrats collectifs de travail. [...]

Art. 3 – Les employeurs reconnaissent la liberté d'opinion, ainsi que le droit pour tous les travailleurs d'adhérer librement et d'appartenir à un syndicat professionnel. [...]

Art. 5 – Dans chaque établissement comprenant plus de 10 ouvriers [...], il sera institué deux ou plusieurs délégués ouvriers suivant l'importance de l'établissement.

## Questions

**1. Quels événements marquent la vie politique et économique de la France en 1936 ?** [1, 5]

**2. Quelles expériences nouvelles les ouvriers sont-ils amenés à vivre ?** [2 à 4 + 3 p. 11]

**3. Quelles victoires les travailleurs ont-ils remportées ?** [6, 7]

# Situation 3 Être ouvrier chez Renault à Billancourt, à Flins... (1898-1975)

■ **Comment le travail ouvrier évolue-t-il dans l'industrie automobile ?**

**1** **Fabrication de la type G en 1902.**

**2** **Chaîne de montage de la 4 CV,** vendue à plus d'un million d'exemplaires entre 1947 et 1961.

FÉDÉRATION DES OUVRIERS DES MÉTAUX ET SIMILAIRES

**Union Corporative des Ouvriers Mécaniciens**

66, Rue Fontaine-au-Roi, 66

La grève des Etablissements **RENAULT**, provoquée par l'exploitation éhontée dont sont victimes les ouvriers de cette maison, a attiré l'attention générale sur le

**CHRONOMÉTRAGE**

Son application aux usines **RENAULT** a démontré clairement à quelle situation intolérable, à quel labeur exténuant ce système devait conduire les travailleurs assez naïfs pour l'accepter.

Dans l'exposé qu'a donné le journal *l'Auto*, de la

**Fameuse Méthode Taylor**

les choses les plus monstrueuses ont été cyniquement divulguées; l'ouvrier réduit à l'état de brute, à qui il est interdit de penser, de réfléchir; à l'état de machine sans âme, produisant intensivement avec excès, jusqu'à ce qu'une usure prématurée, en faisant une non-valeur, le rejette hors des ateliers.

« La méthode Taylor est impitoyable; elle élimine les non-valeurs « et ceux qui ont dépassé l'âge de la pleine activité musculaire.

« Ici on songe au mot rapporté par Fraser.

« Cet ingénieur anglais ayant visité Pittsburg et ayant été frappé « de ce fait qu'il y rencontrait seulement des ouvriers jeunes et « vigoureux, demanda à l'Américain qui le pilotait :

« Où sont donc vos vieux ouvriers ?

« D'abord, l'Américain ne répondit pas, puis, devant l'insistance « de Fraser, il lui tendit son étui à cigares et dit négligemment :

« Prenez donc ce cigare et, tout en causant, nous irons visiter « le cimetière !...

« C. Faroux, *l'Auto*, des 1er et 2 février 1913. »

**C'est donc un véritable danger**

que fait courir à nos corporations et à la classe ouvrière tout entière, cette monstrueuse méthode.

Il faut l'écarter à tout prix et, pour cela, faire triompher

**La Grève Renault**

La lutte engagée, dépasse les limites de la maison Renault, elle s'étend à toute la corporation.

Elle appelle une participation effective, assidue, complète, de tous les travailleurs qui ont véritablement conscience de leurs intérêts et le souci de leur avenir.

*Travailleurs mécaniciens ! Faites votre devoir ! Soyez solidaires de vos camarades de la maison Renault.*

LE COMITÉ DE GRÈVE

" LA PRODUCTRICE " (Assoc. Ouvr.) 51, rue Saint-Sauveur, PARIS - 377

**3** **Tract du comité de grève CGT,** février 1913.

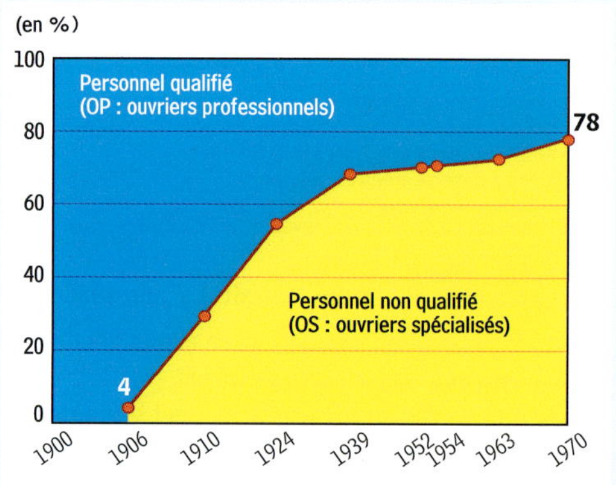


Source : A. Touraine, P. Fridenson, « D.C.P.R.S. (Renault) », *La Documentation photographique*, n° 6013, 1974.

**4** **La composition du personnel ouvrier chez Renault.**

**5** **Grèves chez Renault à Billancourt,** 1947.

## 6 Billancourt, une « forteresse ouvrière » à contourner

« Les firmes entreprirent de décentraliser leurs unités de production en province ou en grande banlieue parisienne[1], où elles embauchèrent massivement une main-d'œuvre d'origine rurale et, de plus en plus, étrangère. Avec l'ouverture de Flins en 1952, la Régie inaugurait sa stratégie de contournement de la forteresse ouvrière de Billancourt[2]. Les ouvriers qualifiés refluèrent vers la maintenance et l'outillage, à la périphérie d'un processus de fabrication dévolu désormais principalement aux OS. L'intégration technique de la production accentua la parcellisation du travail. Le travail posté (roulement d'équipes de jour et de nuit, ou "2 x 8") fut introduit chez Renault en 1969. Les mutations du processus de travail multiplièrent ainsi les clivages au sein de la main-d'œuvre, entre ouvriers qualifiés et OS, hommes et femmes, jeunes et vieux, Français et immigrés, travailleurs postés et non postés, etc. Au total, la cohésion de l'ancienne communauté de travail des ouvriers de l'automobile s'en trouva durablement atteinte et, avec elle, la culture du monde des métiers héritée du 19e siècle. »

D. Henri, « L'automobile a un pays : la France », *L'Histoire*, n° 195, 1996.

1. 1918 : Le Mans ; 1946 : Orléans ; 1949 : Choisy et Le Mans ; 1951 : Rueil ; 1952 : Flins ; 1958 : Cléon ; 1964 : Sandouville ; 1971 : Dreux ; 1971-1974 : Douai ; 1971 : Vélizy.
2. Usine de Billancourt : 84 % des effectifs de la Régie en 1948, 33,4 % en 1973.

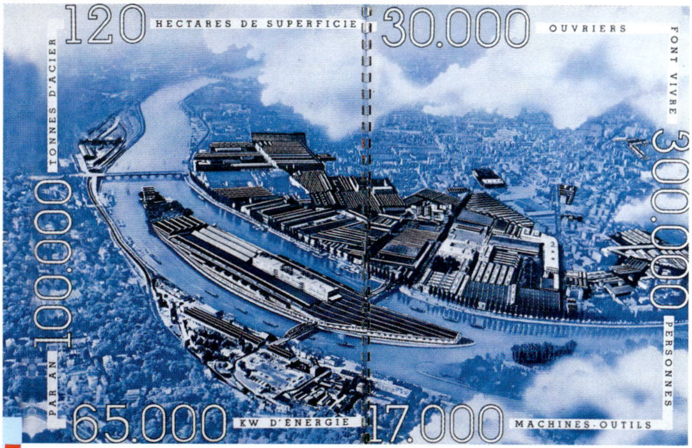


**7** **Vue des usines Renault à Boulogne-Billancourt,** Brochure Renault, 1936.

### Questions

1. **Comment évolue l'organisation du travail chez Renault ?** [1 à 3]
2. **Quelles sont les conséquences du taylorisme sur les conditions de travail des ouvriers ?** [3]
3. **Quelles sont les conséquences du fordisme sur la composition du personnel ouvrier ?** [4, 6 + Essentiel en image p. 21]
4. **Comment comprenez-vous l'expression « forteresse ouvrière » ?** [3, 5, 7]

## Objectif Savoir-faire

### ■ Étudier une affiche

1. **Présenter l'affiche :** thème, date ou époque, source, destinataire, type d'impression.

2. **Analyser l'image :** composition (éléments : personnages, objets...) ; disposition (plans, lignes, volumes...) ; couleurs, formes...

3. **Analyser le texte :** disposition, taille, message.

4. **Dégager le sens de l'affiche :** signification de l'image, liens entre l'image et le texte, rapport avec le contexte...

5. **Mettre l'affiche en relation avec d'autres documents.**

# Le temps de travail, un combat permanent

**1** **160 ans de durée du travail**

| | |
|---|---|
| **1841** | Journée de 8 heures pour les enfants de moins de 11 ans dans l'industrie ; 12 heures pour les 12 à 16 ans ; 14 heures pour les adultes. |
| **1848** | Journée de 10 heures à Paris, 11 heures en province. |
| **1849** | Journée de 12 heures (dispenses possibles). |
| **1874** | Interdiction du travail des enfants de moins de 12 ans. Interdiction du travail des enfants les dimanches et jours fériés. Interdiction du travail souterrain pour les enfants de moins de 13 ans et les femmes. |
| **1892** | Journée de 10 heures pour les moins de 18 ans ; journée de 11 heures pour les femmes de plus de 18 ans ; interdiction du travail de nuit pour les moins de 18 ans et les femmes ; un jour de repos hebdomadaire pour les femmes et les moins de 18 ans. |
| **1900** | Journée de 10 heures. |
| **1906** | Repos dominical pour tous. |
| **1910** | Retraite à 65 ans pour les ouvriers. |
| **1919** | Journée de 8 heures. |
| **1936** | Semaine de 40 heures ; deux semaines/an de congés payés. |
| **1956** | Trois semaines/an de congés payés. |
| **1969** | Quatre semaines/an de congés payés. |
| ***1982*** | *Semaine de 39 heures ; cinq semaines de congés payés ; retraite à 60 ans (avec 37,5 annuités).* |
| ***1994*** | *Retraite avec 40 annuités.* |
| ***2000*** | *Semaine de 35 heures.* |
| ***2003*** *(à partir de)* | *Augmentation du nombre d'annuités requises pour la retraite, remise en question des 35 heures...* |

**2** **Affiche de la CGT,** 1er mai 1919.

**3** **Affiche de la CGT,** 1910.

**4** **Affiche de la CGT,** 1er mai 1936.

## Application

**1.** Pour chaque affiche, repérez : date, émetteur, destinataire et thème. Quelles similitudes observez-vous ? [2 à 4]

**2.** Analysez la composition de chaque image et comparez la représentation des groupes humains : quelles relations sont privilégiées d'une affiche à l'autre ? [2 à 4]

**3.** Analysez les textes de chaque affiche : quels mots sont mis en relief ? quel message diffusent-ils ? [2 à 4]

**4.** Montrez comment image et texte se confortent dans chacune des affiches. [2 à 4]

**5.** Justifiez le titre de la double page. [1 à 4]

# L'essentiel

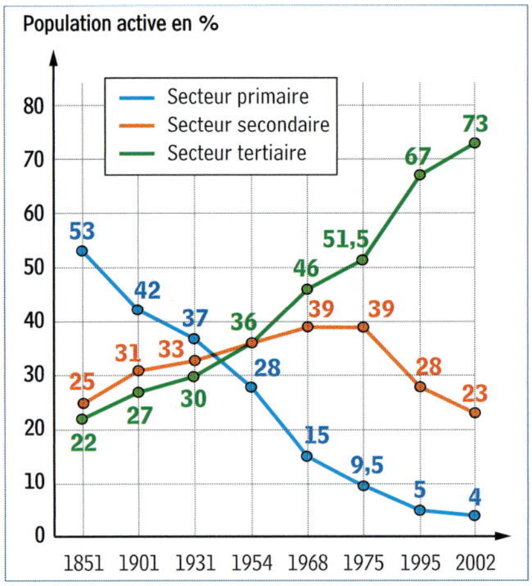


**1. L'évolution de la population active.**

**2. Affiche de mai 1968.**

**3. Dessin de Plantu,** *Le Monde*, 1982.

## 1. Les ouvriers, de l'atelier à l'usine

■ À la fin du 19e siècle, beaucoup d'**ouvriers** français sont aussi des paysans qui vont des ateliers ou des mines aux champs, comme à Carmaux, pour assurer leur existence. En 1906, 60 % des ouvriers travaillent à domicile ou dans des établissements de moins de 10 personnes, concentrés dans les villes ou dispersés dans les campagnes. En 1911, 55 % des Français sont encore des ruraux, avec parmi eux une multitude de petits paysans propriétaires qui ne sont pas tentés par l'exode rural.

■ À côté de ce vaste secteur artisanal se développe la grande **industrie** : Compagnies des mines, usines Wendel en Lorraine ou Schneider au Creusot (premier centre métallurgique d'Europe vers 1850), filatures et tissages Motte-Bossut à Roubaix... L'immensité des usines impose des effectifs grandissants, intégrant des enfants, beaucoup de femmes (37 % des actifs en 1906) et plus d'un million d'immigrés – anglais, belges, italiens, suisses... – au début du 20e siècle, dans les mines, la métallurgie ou le textile.

■ Les emplois industriels connaissent leur apogée à la fin des **Trente Glorieuses** (près de 8 millions d'ouvriers en 1974). En effet, la taille des entreprises et leur mécanisation exigent à la fois des ouvriers professionnels qualifiés et une masse d'ouvriers sans qualification, surtout des femmes et des immigrés venus du Maghreb. Pourtant, la part des ouvriers ne cesse de diminuer dès les années 1960 (61 % des salariés en 1954, 47,7 % en 1975) à cause de la **tertiarisation** du travail et de l'**automatisation**.

## 2. Le travail ouvrier : de l'outil au robot

■ Tout au long du 19e siècle, c'est la diversité des tâches qui caractérise l'activité de l'ouvrier de métier. Qu'il soit artisan, qu'il travaille à la mine ou sur un chantier, il met au service de la production sa force de travail mais aussi son savoir-faire. La mécanisation qui gagne les ateliers est inégale : ainsi, dans le textile, elle touche le filage avant le tissage ; dans les mines, elle reste faible...

■ À partir des années 1900, la rationalisation du travail (ou **OST**) bouleverse les processus de fabrication. Le **taylorisme** est appliqué dès 1912 chez Renault à travers le chronométrage qui fixe la durée d'exécution de chaque tâche ; le **fordisme** apparaît chez Citroën, Peugeot et Renault à partir de 1919 avec les chaînes de montage : l'ouvrier, à son poste, reçoit les pièces à assembler à une cadence qu'il ne maîtrise pas. Cette division du travail, destinée à accroître la **productivité** pour fournir une production de masse standardisée, ne réclame pas d'ouvriers qualifiés : en 1974, 54,9 % des ouvriers sont des **OS**.

■ À partir des années 1950, l'automatisation, due aux progrès de l'informatique et de l'électronique, se répand dans l'industrie : chez Renault, des chaînes de production sont équipées dès 1947 de machines-transferts qui associent plusieurs postes de travail et fabriquent seules les pièces. À partir de 1973, des robots électroniques programmés pour manipuler des pièces ou des outils, exécutent les tâches ingrates ou dangereuses et remplacent de nombreux ouvriers ou techniciens : les coûts de production diminuent mais les emplois aussi.

## L'essentiel en image

**Travailleurs immigrés sur une chaîne de montage,** usines Renault de Flins, 1975.

***Quelles connaissances du chapitre retrouvez-vous dans ce document?***

## Mots-clés

**Automatisation** : exécution des tâches techniques par des machines entièrement informatisées.

**Classe (sociale)** : groupe de la société dont les membres partagent à la fois statut social, conditions matérielles d'existence, comportements et mode de vie, intérêts et actions, vision du monde...

**Communisme** : forme d'organisation économique et sociale fondée sur une société sans classe et sur la propriété collective des moyens de production.

**Culture**: ensemble des connaissances scientifiques, littéraires ou artistiques acquises par un individu; ensemble des croyances et des valeurs, des comportements et des mœurs propres à une société.

**Fordisme**: adaptation (vers 1910 dans les usines automobiles Ford) du taylorisme à travers le système de la chaîne de montage et du travail à la chaîne.

**Front populaire** : union de la gauche (communistes, socialistes et radicaux) aux élections législatives de 1936.

**Grève sur le tas**: arrêt de travail au cours duquel les travailleurs occupent leur lieu de travail, jour et nuit.

**Industrie**: activités de transformation des matières premières (secteur secondaire).

**OS**: ouvrier spécialisé dans la tâche que lui impose son poste de travail ou la machine à laquelle il est affecté.

**OST** : organisation scientifique du travail inventée par Taylor dans les années 1880, reposant sur la décomposition du travail en tâches chronométrées, sur la mécanisation des procédés de production et sur la division du travail entre tâches de conception et tâches d'exécution.

**Ouvrier**: qui travaille manuellement pour gagner un salaire.

**Paternalisme**: attitude protectrice du patron envers ses employés, qui consiste à prendre en charge leur bien-être (en contrepartie de quoi ils lui doivent respect et obéissance) sous forme d'avantages sociaux comme l'éducation, le logement, les soins médicaux...

**Productivité**: rapport entre une quantité produite et les moyens mis en œuvre pour l'obtenir (effectifs, matériaux, machines, temps).

**Sociabilité**: aptitude à vivre en société; relations entre les personnes au sein de groupes, d'associations, d'organisations...

**Socialisme**: doctrine née au 19e siècle prônant la disparition des inégalités sociales; système économique appliquant cette doctrine.

**Syndicat**: association qui a pour objectif la défense des intérêts professionnels de ses membres.

**Taylorisme**: voir OST.

**Tertiarisation**: développement des emplois et des activités de services, souvent au sein même des industries (surveillance, gestion, maintenance, informatique...).

**Trente Glorieuses**: période de forte croissance économique dans les pays industrialisés de 1945 à 1975.

# L'essentiel

4. **Logo de la CGT.**

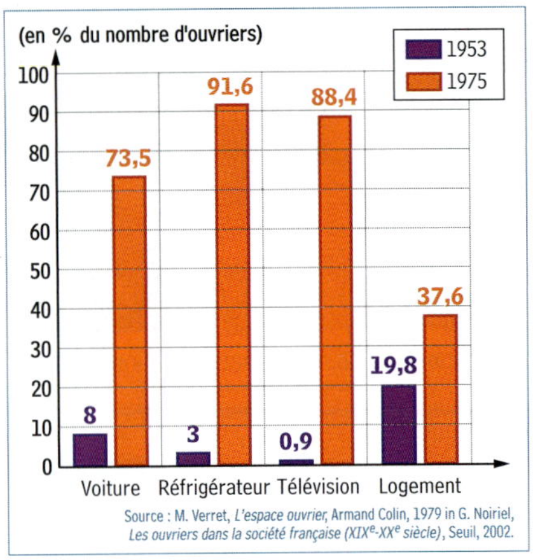


Source : M. Verret, *L'espace ouvrier*, Armand Colin, 1979 in G. Noiriel, *Les ouvriers dans la société française (XIXe-XXe siècle)*, Seuil, 2002.

5. **Équipement des familles ouvrières** (1953-1975).

6. **Dessin de Plantu,**
in *Wolfgang, tu feras informatique !*,
La Découverte/Le Monde, 1988.

## 3. Le mouvement ouvrier : luttes syndicales, conquêtes sociales

■ Jusqu'à la fin du 19e siècle, les ouvriers endurent un travail épuisant et des patrons intransigeants pour des salaires dérisoires, afin de ne pas perdre leur emploi. Pourtant des révoltes éclatent contre la misère : révolte des canuts (ouvriers de la soie de Lyon) en 1831, émeutes des journées de juin 1848 ou de la Commune de Paris en 1871. Illégales jusqu'en 1864, les grèves sont durement réprimées par la troupe. Dépourvus de toute protection sociale, les ouvriers ne peuvent compter que sur quelques sociétés de secours mutuels.

■ Autorisés en 1884, les **syndicats** stimulent la combativité des ouvriers contre le patronat, surtout la Confédération générale du travail (CGT) créée en 1895. Qu'ils soient réformistes ou révolutionnaires, les syndicats se battent sur les salaires, la durée du travail, la protection sociale (accidents, chômage, maladie, vieillesse). Des grèves très dures jalonnent la conquête des droits sociaux : grève des mineurs de Carmaux soutenus par Jaurès en 1892, grève contre le chronométrage chez Renault en 1913...

■ Les syndicats obtiennent une législation du travail de plus en plus protectrice : semaine de 40 heures, conventions collectives, droit syndical, délégué ouvrier, congés payés... en juin 1936 ; augmentation des salaires, section syndicale d'entreprise... en mai 1968. Ces accords – Matignon en 1936 et Grenelle en 1968 – marquent l'intégration républicaine des syndicats qui engagent désormais des négociations avec les patrons et avec l'État, ce qui n'évite pas les grèves, comme en 1947 et en 1963.

## 4. La condition ouvrière : conscience de classe et identité culturelle

■ Les ouvriers sont unis par deux points forts : un salaire pour tout revenu et une vie entière consacrée au travail. Certains peuvent « bénéficier » du **paternalisme** des grands industriels ou des compagnies minières : logements des cités ouvrières ou des corons, crèches, dispensaires, allocations... Tout en demeurant modeste, le pouvoir d'achat des familles ouvrières triple de 1954 à 1975. Quant au cadre de vie, il se limite au quartier, de la cité à la banlieue, dites « ouvrières » car la mixité sociale y est faible.

■ Les ouvriers s'identifient à la **classe** ouvrière à travers les luttes contre leurs patrons, notamment sous le **Front populaire**, en 1936, lors des **grèves sur le tas** : ils sont solidaires et prennent conscience qu'ils ne sont plus les serviteurs d'un maître, mais les salariés d'une entreprise. De plus, le gain de temps libre favorise leur **sociabilité** dans des pratiques collectives : chorales et harmonies, colonies de vacances et clubs des comités d'entreprises...

■ La **culture** ouvrière s'exprime aussi dans les cabarets, les fêtes liées au métier, au quartier ou au parti (**socialiste** ou **communiste**), les défilés du 1er mai... La figure du « col bleu » est popularisée par des films, des chansons... Mais cette identité ouvrière peut aussi être ressentie comme discriminatoire, quand le chômage frappe surtout les ouvriers et que « l'ascenseur social » ne fonctionne pas : entre 1959 et 1964, 68 % des fils d'ouvriers deviennent... ouvriers ; en 1968, 10 % seulement des étudiants sont enfants d'ouvriers.

## L'essentiel en image

Affiches de 1936 sur les 40 heures.

*Quelles connaissances du chapitre retrouvez-vous dans ces documents ?*

## Retenir autrement

| 1830 | Facteurs de changement | 1975 |
|---|---|---|
| **CONDITIONS DE TRAVAIL**<br>■ Ouvriers-paysans, ouvriers de métier, vaste secteur artisanal<br>■ Salaires très bas et aléatoires ; horaires lourds ; absence de droits | ■ Essor de l'industrie et rationalisation du travail<br>■ Droit de grève et reconnaissance des syndicats | **CONDITIONS DE TRAVAIL**<br>■ Apogée des effectifs ouvriers (surtout des OS)<br>■ Salaires modestes mais plus élevés ; réduction du temps de travail ; législation du travail |
| **CONDITIONS DE VIE**<br>■ Insécurité alimentaire<br>■ Précarité du logement<br>■ Rareté du temps libre | ■ Conquêtes sociales<br>■ Paternalisme<br>■ État-providence | **CONDITIONS DE VIE**<br>■ Hausse du pouvoir d'achat<br>■ Cités et banlieues ouvrières<br>■ Allocations familiales, Sécurité sociale...<br>■ Accès aux loisirs |
| **LUTTES OUVRIÈRES**<br>■ Révoltes isolées et inorganisées | ■ Mouvement ouvrier organisé et combatif | **LUTTES OUVRIÈRES**<br>■ Intégration républicaine (négociations syndicats/État/patronat) |

*Thème du dossier choisi*

## Exemple à suivre... Chez Renault, des cols bleus aux cols blancs...

### Comment évoluent les catégories de travailleurs dans l'industrie automobile ?

*Problématique posée*

**1. La division du travail chez Renault,** panneau scolaire des éditions Rossignol entre 1947 et 1960.

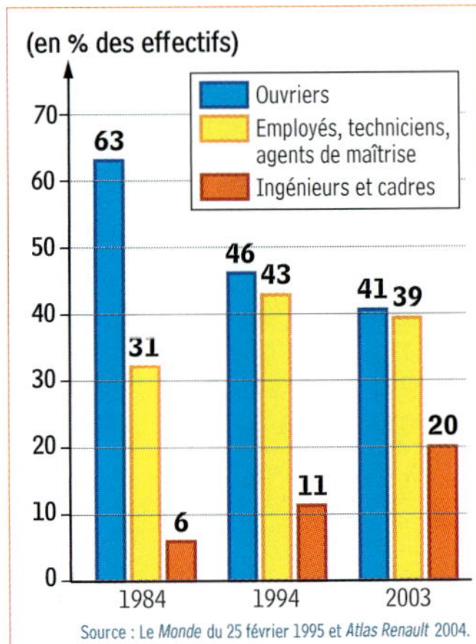


**3. La répartition des effectifs de Renault en France.**

*Des documents de nature variée*

**2. Témoignage de Daniel Mothé,** ouvrier chez Renault de 1950 à 1972

« Tous les OS pouvaient espérer monter les échelons et même pour certains devenir professionnels. La promotion était marquée symboliquement par l'autorisation du port de la blouse. Après la guerre [1945], on travaillait avec les bleus ; la maîtrise avait une blouse grise ou bleue ; au-dessus, le chef d'atelier portait une blouse blanche, les ingénieurs aussi ; donc le passage du bleu de travail à la blouse, c'était le symbole soit qu'on avait franchi une strate hiérarchique[1], soit qu'on passait dans les bureaux – les bureaux, c'était l'idéal. On ne disait pas "Je suis ouvrier" mais : "Je suis aux manivelles", et pour dire "employé", on disait "il est en blouse". »

M. Winock, « Le temps de la lutte des classes », *L'Histoire*, n° 195, janvier 1996.

1. Accédé au niveau supérieur, « monté les échelons ».

*Principales informations repérées*

*Réponse organisée à la problématique*

« La **répartition** des effectifs dans l'industrie automobile subit de profonds changements de 1945 à nos jours.

En 1945, il existe déjà une **séparation**, appelée **"division du travail"** ou **"taylorisme"**, entre les ingénieurs ou techniciens en blouses blanches et les ouvriers en bleus de travail : les premiers **inventent ou dessinent** des modèles que les seconds **exécutent** manuellement sur les chaînes de montage qui apparaissent avec le **"fordisme"** (image 1).

Pendant les Trente Glorieuses, les ouvriers sont eux-mêmes divisés entre ouvriers spécialisés (OS), sans qualification, et ouvriers professionnels, qualifiés. Quand un ouvrier obtient une promotion, il grimpe dans la **hiérarchie** et passe du bleu de travail à la blouse bleue puis grise puis blanche, éventuellement (texte 2).

Depuis la fin des Trente Glorieuses, les effectifs ouvriers **déclinent** tandis que ceux des ingénieurs **augmentent** (graphique 3). Les progrès technologiques, et surtout l'automatisation, favorisent en effet le remplacement des hommes par des machines : des chaînes entières sont ainsi robotisées.

L'industrie automobile emploie **de moins en moins** de cols bleus et **de plus en plus** de cols blancs. »

**Entraînez-vous !**

# La division internationale du travail dans le textile

## Comment la mondialisation transforme-t-elle le monde du travail ?

### 1. La « dure loi de la mondialisation »

« Après Balmain, dont trois filiales sont en redressement judiciaire, et Givenchy, qui n'a plus de créateur, Versace et Ungaro viennent à leur tour de déclarer forfait pour les podiums. Seuls Dior, Chanel, Jean-Paul Gaultier, Valentino et Christian Lacroix défileront cette année à Paris. Triste symbole !

En amont, la filière textile française subit les affres de la dure loi de la mondialisation. Pour un Armor-Lux, qui ouvre une usine en Bretagne, combien d'autres entreprises réduisent la voilure[1] ? Le groupe Chamatex, poids lourd du tissage rhône-alpin, vient de s'ajouter à la longue liste des laissés-pour-compte. Faute d'avoir su se démarquer de la concurrence asiatique, le tisseur-ennoblisseur et ses neuf filiales ont été mis en redressement judiciaire. [...] L'innovation, sous toutes ses formes, devient urgente : dans la conception, dans la fabrication, dans la commercialisation... »

D'après Y. Dougin avec F.D.G. in *L'Usine Nouvelle*, 15 juillet 2004.

1. Diminuent leur production.

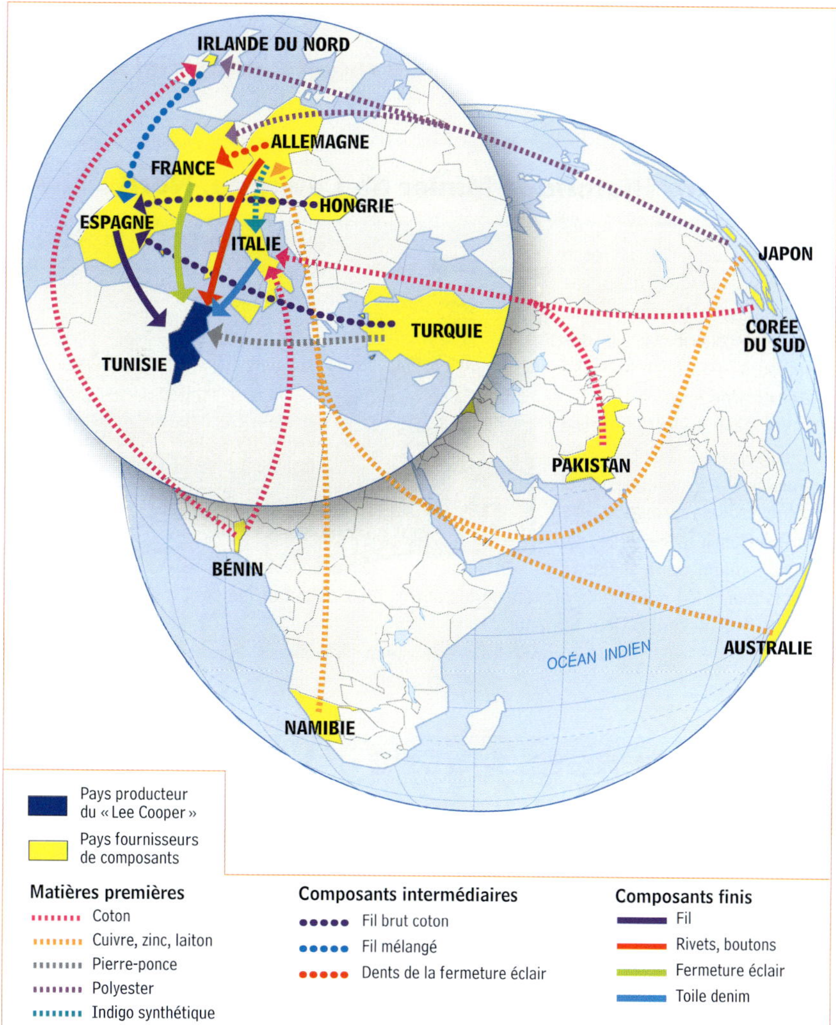


**2. Le tour du monde d'un jean**, 2001.

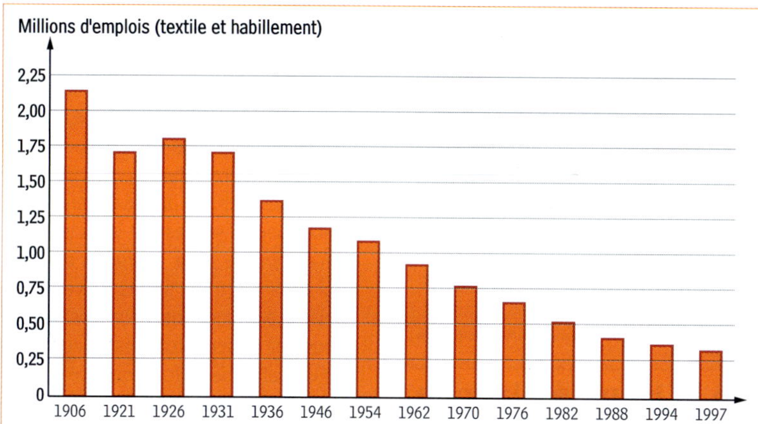


**3. Les effectifs dans le textile en France.**

### Aide à la réponse

➜ *Expliquer les notions : mondialisation, division internationale du travail.*

➜ *Analyser séparément chaque document et noter les idées principales.*

➜ *Repérer les points communs entre le texte et la carte : acteurs, lieux...*

➜ *Établir une relation logique entre les trois documents (cause-conséquence) et expliquer comment elle fonctionne.*

# Ne pas perdre la mémoire… ouvrière !

**Comment – et pourquoi – le monde industriel entre-t-il dans notre patrimoine ?**

## 1. Le Centre Historique Minier de Lewarde, Nord

« Presque 40 années après la fermeture de la fosse Delloye, plongez dans les entrailles du bassin houiller pour découvrir la vie des mineurs. Pourquoi la fosse de Lewarde ?

De 1931 à 1971, la fosse Delloye, près de Lewarde, employait en moyenne 1 000 mineurs. À sa fermeture, elle a été choisie comme lieu de conservation de la mémoire de la mine : les documents provenant des autres bassins ont afflué petit à petit là-bas, au fur et à mesure de leur fermeture. »

www.decouvrez.fr/lewarde-nord-centre-historique-minier-lewarde.html, 2009.

MAISON BERGÈS-MUSÉE DE LA HOUILLE BLANCHE

PUBLICATIONS — SERVICE ÉDUCATIF — INFORMATIONS PRATIQUES — LE MUSéE — MISSIONS/COLLECTION

CPI PATRIMOINE EN ISèRE

CPI- SITE INTERNET

LE MUSéE



LA MAISON BERGÈS - MUSÉE DE LA HOUILLE BLANCHE

Le site de Lancey constitue un lieu de mémoire exceptionnel pour évoquer la naissance de l'hydroélectricité et rendre hommage aux hommes qui ont participé à cette aventure, à la source même du développement de l'économie locale, régionale et nationale.

Dans ce lieu patrimonial unique, le Conseil général de l'Isère a lancé un vaste projet de restauration et d'aménagement de l'ensemble du site historique, en partie inscrit au titre des Monuments historiques.

## 2. La maison Bergès-Musée de la Houille blanche à Lancey, Isère.

www.patrimoine-en-isere.com, 2009.

## 3. *Usine à mémoires*

« Où retrouver les traces d'une entreprise disparue, les origines d'un métier ou les racines d'un conflit social ? Aux Archives nationales du monde du travail, situées dans l'ancienne filature Motte-Bossut, en plein cœur de la ville de Roubaix. Véritable usine à mémoires, ce splendide bâtiment est inscrit à l'inventaire supplémentaire des monuments historiques. On y trouve des archives inédites provenant d'entreprises, de syndicats et d'associations, de personnes ou d'organismes liés au monde économique et social. Ce livre nous invite à une promenade à travers les fonds composés de documents écrits et visuels extraordinaires permettant de découvrir autrement notre passé économique et social. Négoce, banque, grande industrie, conditions de travail, syndicalisme, plusieurs auteurs ont ainsi choisi de se pencher sur des fonds emblématiques pour témoigner de la richesse de ce patrimoine. Une approche originale qui nous ouvre les portes de ces fabuleuses collections, encore méconnues, et nous fait mesurer tous les enjeux de la conservation de cette mémoire collective du travail ouverte à tous. »

*Usine à mémoires* (4e de couverture), Le Cherche midi éditeur, 2008.

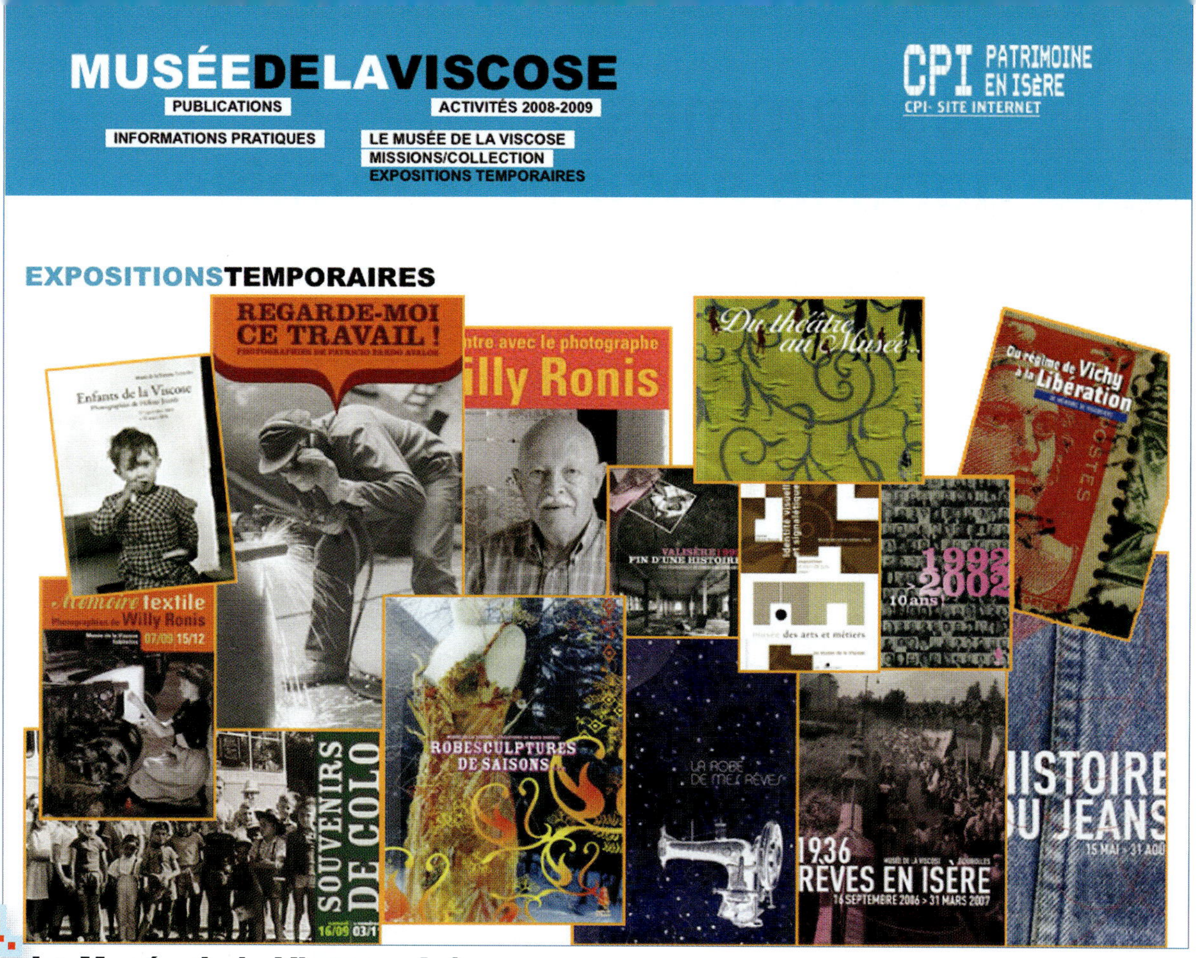


## 4. Le Musée de la Viscose, Isère

« Le 2 mars 1989 à 17 heures, l'ultime fil de viscose sortait des métiers de l'usine de Grenoble. C'était la dernière filature de soie artificielle, dans la région Rhône-Alpes qui fut le berceau de cette invention à la fin du 19e siècle. Une association d'anciens ouvriers eut alors la volonté et la force de ne pas laisser démolir et disparaître tout ce savoir-faire industriel et technique, mais aussi tout ce patrimoine qui composait leur histoire.

Ainsi en 1992, parallèlement à la destruction des bâtiments industriels, on inaugurait le Musée de la Viscose, témoin et garant d'une histoire ouvrière. Situé sur le site industriel, entre les terrains de l'ancienne usine et la cité qui abritait les ouvriers, le musée retrace l'histoire de soixante ans de viscose. Animé à son ouverture par l'association des anciens viscosiers, le Musée de la Viscose est devenu en 1999 un équipement municipal géré par la ville d'Échirolles. Depuis le 1er janvier 2005, il a intégré le réseau des musées départementaux avec un nouveau projet orienté vers la conservation et la valorisation de la mémoire ouvrière. »

© Musée de la Viscose/Conseil général d'Isère. www.musee-viscose.fr, 2009.

## 5. L'homme et l'industrie

CRDP de Bourgogne, collection « Visiter et comprendre », 2007.
www.ecomusee-creusot-montceau.fr, 2009.

### Questions

**1.** **Présentez rapidement chacun des sites évoqués : lieu, statut, acteurs, particularités. Quels sont leurs points communs ?** [1 à 5]

**2.** **Sur quels aspects du monde industriel ces sites nous apportent-ils des informations ? Quels moyens, quelles ressources mettent-ils à notre disposition ?** [1 à 5]

**3.** **Résumez les raisons pour lesquelles le mot « patrimoine » s'impose ici.** [1 à 5]

Chapitre 2

# Les femmes dans la société française, de la Belle Époque à nos jours

**1** ***Jour de lessive,*** **1901.** Les Françaises en rêvent…

Maintenues sous la tutelle de leur mari par le Code civil de Napoléon (1804), les femmes luttent, deux siècles durant, pour faire valoir leurs droits. Généralisation du travail féminin, partage des responsabilités familiales, libération des mœurs changent peu à peu leur image et leur place dans la société française.

## Comment les femmes ont-elles combattu pour faire évoluer leurs droits civils, politiques et sociaux ?

SOMMAIRE

**2** **La place des femmes dans la société française,** affiche de R. Frappier pour le PCF, 1946.

**3** **À l'aube du 3e millénaire, les revendications des femmes,** 17 octobre 2009.

Situation 1

# Louise Weiss et le droit de vote des femmes

## Comment les Françaises deviennent-elles des citoyennes à part entière ?

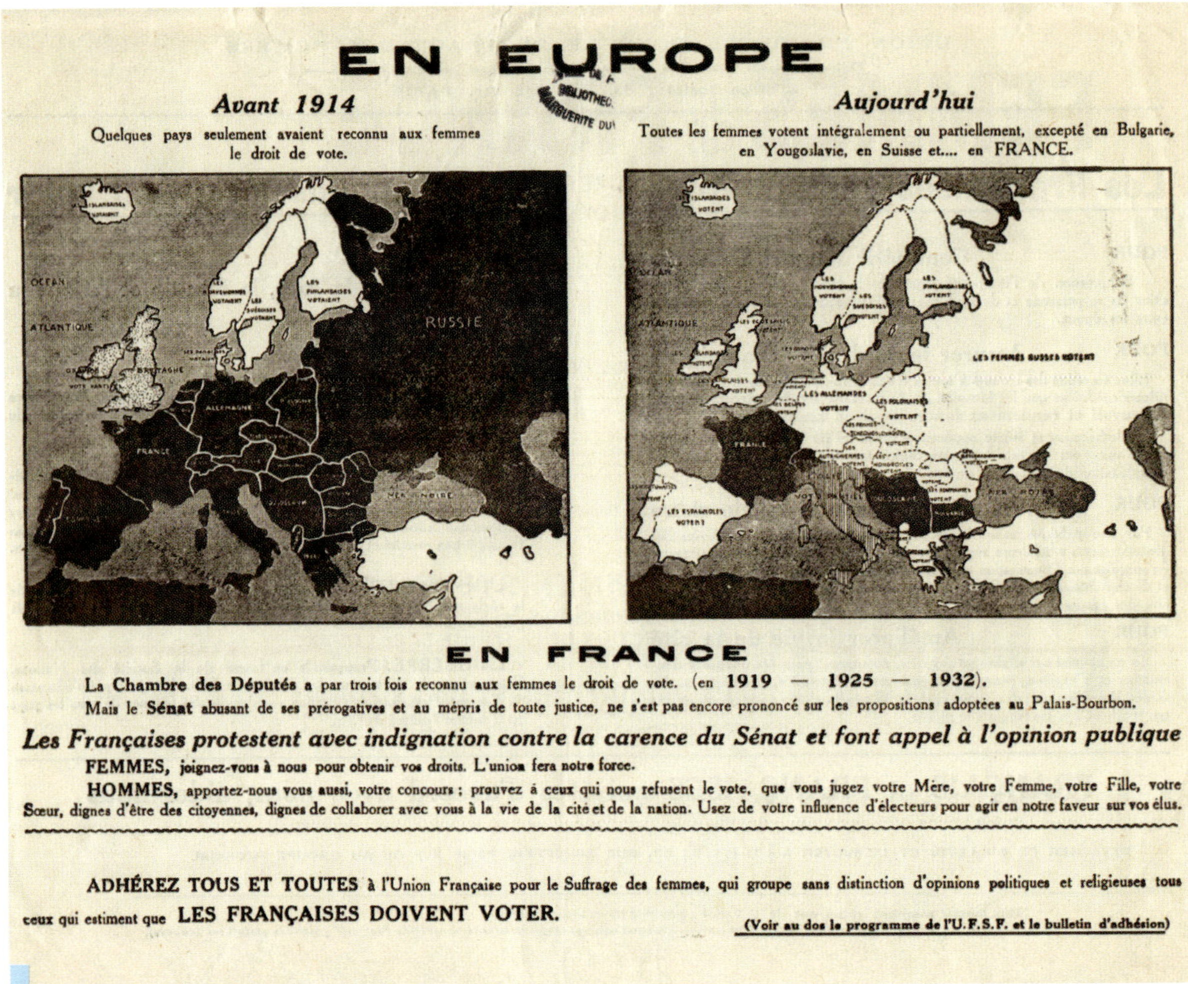

EN EUROPE

*Avant 1914*

Quelques pays seulement avaient reconnu aux femmes le droit de vote.

*Aujourd'hui*

Toutes les femmes votent intégralement ou partiellement, excepté en Bulgarie, en Yougoslavie, en Suisse et.... en FRANCE.

EN FRANCE

**La Chambre des Députés** a par trois fois reconnu aux femmes le droit de vote. (en **1919 — 1925 — 1932**).

Mais le **Sénat** abusant de ses prérogatives et au mépris de toute justice, ne s'est pas encore prononcé sur les propositions adoptées au Palais-Bourbon.

***Les Françaises protestent avec indignation contre la carence du Sénat et font appel à l'opinion publique***

**FEMMES,** joignez-vous à nous pour obtenir vos droits. L'union fera notre force.

**HOMMES,** apportez-nous vous aussi, votre concours ; prouvez à ceux qui nous refusent le vote, que vous jugez votre Mère, votre Femme, votre Fille, votre Sœur, dignes d'être des citoyennes, dignes de collaborer avec vous à la vie de la cité et de la nation. Usez de votre influence d'électeurs pour agir en notre faveur sur vos élus.

**ADHÉREZ TOUS ET TOUTES** à l'Union Française pour le Suffrage des femmes, qui groupe sans distinction d'opinions politiques et religieuses tous ceux qui estiment que **LES FRANÇAISES DOIVENT VOTER.**

**(Voir au dos le programme de l'U.F.S.F. et le bulletin d'adhésion)**

**1 Au pays des droits de l'homme, la Française ne vote pas,** tract de l'UFSF, 1932.

### 2 Mineure pour les droits, majeure pour les fautes

« Femmes, disais-je aux passantes, dès que vous vous mariez, la loi vous déclare incapables. En effet : vous devenez incapables de vous diriger librement, de voyager, d'exercer une profession ou un métier sans autorisation maritale : c'est l'incapacité quant à votre personne. Sans cette autorisation, il vous est impossible de gérer vos biens, d'acheter, de vendre, d'ester en justice pour défendre vos intérêts alors que vous êtes ruinées par un conjoint indigne qui vendra vos meubles ou gaspillera vos économies sans que vous ayez quoi que ce soit à dire : c'est l'incapacité quant à vos biens. Seules, vous ne pouvez prendre aucune décision pour les problèmes qui vous tiennent le plus à cœur, à savoir l'éducation, la santé, l'avenir de vos enfants : c'est votre incapacité en matière de puissance paternelle. Par contre, vous n'avez besoin d'aucune autorisation pour être poursuivie par un tribunal répressif. Mineures pour vos biens, vous êtes majeures pour vos fautes. Exigez la réforme du Code civil. Ce n'est pas tout, vous payez des impôts. Or, vous n'êtes pas consultées sur l'emploi des fonds que vous versez ainsi au budget. Pourtant, de ce budget dépendent les problèmes qui intéressent votre sort et celui de vos enfants, les traitements, les pensions, l'instruction publique et toutes les mesures relatives à la défense nationale, la paix ou la guerre. Votre argent est utile à la France. Votre opinion ne l'est-elle donc pas ? Exigez le droit de vote. »

L. Weiss, *Mémoires d'une Européenne (Tome II – Combats pour les femmes), 1934-1939,* Albin Michel, 1980.

## 3 La victoire de Louise Weiss

« Enseignante, ainsi que mon mari, je me trouvais encore en Algérie lorsque nous avons appris que de Gaulle s'apprêtait à prendre une ordonnance[1] pour permettre aux femmes de voter. Ce fut une vraie joie qui nous saisit, et pas seulement nous, mais les femmes en général, car nous avions diffusé la nouvelle et militions pour convaincre les autres du bien-fondé de la loi ; les épouses des propriétaires terriens aussi étaient fières d'accéder à ce droit. On observa bien quelques réticences chez les femmes influencées par leurs maris réactionnaires mais pas vraiment de réactions hostiles chez les gens, plutôt une indifférence générale car ils étaient davantage préoccupés par la fin de la guerre en France où certains avaient de la famille, ou par le retour de leurs hommes mobilisés.

Nos maris ne manifestèrent ni enthousiasme ni hostilité ; ils étaient contents pour nous puisque nous étions contentes. Quelques hommes dans le village, au café, plaisantaient, goguenards, sur la difficulté qu'on aurait à avoir le dernier mot et tous riaient.

Le jour de l'élection organisée dans le local de la Mairie[2], beaucoup de femmes eurent à cœur d'exercer leur droit et de remplir leur devoir et je me rappelle notre fierté d'accéder à l'égalité, du moins pour cette activité qui me paraissait essentielle. Dans la petite file d'attente, les femmes se faisaient de petits sourires complices. Ce n'était qu'une élection municipale, mais d'autres suivraient. »

*Paroles de femmes* (témoignage de Paule, document n° 848), Librio, 2007.

1. Ordonnance du 21 avril 1944.
2. Élections municipales du 20 avril 1945.

**4 Un combat politique,** affiche de Barbey, 1925.

**5 Manifestation de Louise Weiss et des « suffragettes »,** place de la Bastille, 1935.

## Questions

**1.** Quelle situation est critiquée ici ? Qui en porte la responsabilité ? Justifiez votre réponse. [1]

**2.** Quels droits la loi refuse-t-elle aux Françaises ? Avec quels arguments Louise Weiss dénonce-t-elle cette injustice ? [2]

**3.** Quelles revendications retrouvez-vous sur cette affiche ? À quel domaine appartiennent-elles pour l'essentiel ? [4]

**4.** Comment les femmes se battent-elles pour le droit de vote entre 1914 et 1945 ? [1 à 5 + 2 p. 38] [11]

Situation 2

# La scolarisation des filles

## En quoi l'école favorise-t-elle la lutte des femmes pour l'égalité ?

**1** *La Classe manuelle, école de petites filles (Finistère)*, peinture de Richard Hall, 1889.

**2 Proportion d'une génération titulaire du baccalauréat en 2006, en %**

| | Garçons | Filles | Ensemble |
|---|---|---|---|
| Baccalauréat général | 28,6 | 40,9 | 34,6 |
| Baccalauréat technologique | 16,1 | 18,4 | 17,2 |
| Baccalauréat professionnel | 14,0 | 10,6 | 12,3 |
| Ensemble | 58,7 | 69,9 | 64,2 |

Source : *Filles et garçons sur le chemin de l'égalité*, ministère de l'Éducation nationale, 2007.

**3 Le baccalauréat : la conquête d'un bastion scolaire**

« Barrière culturelle, barrière sociale, barrière entre les sexes aussi. Les filles ont longtemps été privées de baccalauréat. Il a fallu attendre le mois de mars 1924 pour qu'un décret de Léon Bérard, alors ministre de l'Instruction publique, institue dans les lycées et collèges de jeunes filles "un enseignement facultatif dont la sanction est le baccalauréat" et où soient entièrement appliqués les programmes autrefois réservés aux seuls garçons. Encore cette filière ne devait-elle accueillir qu'une minorité d'élèves : l'ambition du ministre étant, selon ses propres paroles, "de rendre accessible à une élite d'enfants la culture classique et d'offrir, d'autre part, à la grande majorité des jeunes filles de nos lycées qui n'a en vue que la vie du foyer l'éducation élevée que le législateur de 1880 lui avait destinée".

Arrachant la formation des filles aux "genoux de l'Église", Camille Sée avait pourtant mis en place, dès 1880, les fondements d'un enseignement secondaire féminin laïque. [...]

Il aura fallu attendre cent quatre ans pour que le baccalauréat devienne, dans la loi, pour les filles ce qu'il était depuis 1820 pour les garçons : la sanction d'une scolarité secondaire et l'accès aux carrières libérales. »

C. Baudelot, R. Establet, *Allez les filles !*, Seuil, 1992, Points, 2006.

**4 École de Chantecoq dans le Loiret**, vers 1920.

### 5 Quel avenir pour les bachelières ?

« Sur 100 reçus aujourd'hui [au concours d'HEC], il y a 54 hommes et 46 femmes. Les filles sont davantage éliminées que les garçons, c'est vrai, mais en 1975, l'écart était bien plus fort : sur 100 reçus, il y avait 25 femmes et 75 hommes. Depuis, les écarts n'ont jamais cessé de diminuer. Les facultés de médecine et les écoles de commerce sont les institutions universitaires sélectives où les filles ont réussi à faire quasi jeu égal avec les garçons, les dépassant même en médecine. Les filles ont réussi, à travers les écoles de commerce, à ouvrir la petite porte qui donne accès aux postes dirigeants des entreprises. Il en va tout autrement des autres grandes écoles scientifiques et d'ingénieurs où la part des filles, très minoritaires, ne progresse plus. »

C. Baudelot, R. Establet, *Le Monde*, 7 septembre 2007.

**6 Vers de nouveaux conseils d'administration ?**, dessin de Deligne, *La Croix*, 2005.

### 7 Le gouvernement veut féminiser l'encadrement des entreprises

« Les femmes sont surreprésentées dans les emplois non qualifiés (60 % des effectifs), forment les gros bataillons du temps partiel et sont souvent cantonnées dans les métiers féminins "traditionnels". Pour préparer la concertation sur l'égalité professionnelle, le gouvernement avait demandé un rapport à Brigitte Grésy, inspectrice générale des affaires sociales. En juillet, elle avait proposé deux idées novatrices : l'introduction, d'ici à six ans, d'un quota de 40 % de femmes dans les conseils d'administration[1] et de surveillance des entreprises publiques et des sociétés cotées en Bourse ; l'instauration de sanctions financières pour les entreprises qui n'œuvrent pas en faveur de l'égalité salariale. Inspirée par le modèle norvégien, soutenue par une pétition de la Coordination française pour le lobby européen des femmes, la question des quotas nourrit depuis une vive controverse. »

A. Chemin, *Le Monde*, 7 novembre 2009.

1. 8 % des effectifs des CA en 2009.

## Questions

1. **Quels aspects de la scolarisation des filles et des garçons apparaissent ici ?** [1, 3, 4]
2. **Peut-on parler de progrès en matière de scolarisation des filles ? Justifiez votre réponse.** [1 à 5]
3. **Dans quelle situation paradoxale se retrouvent les filles ?** [5 à 7]
4. **Par qui et comment l'égalité professionnelle entre les hommes et les femmes est-elle encouragée ?** [3, 7]

# Situation 3 Simone Veil et le débat sur l'IVG

## ■ En quoi et pourquoi la loi sur l'IVG a-t-elle nécessité un long combat ?

**1 Le combat des féministes**, manifestation du MLF à Paris, 1971.

100 R. DE RICHELIEU PARIS 2e - 073.65.00 - 742.81.54 - FONDATEUR ROBERT LAZURICK

L'AURORE

70 CENTIMES JEUDI 23 NOVEMBRE 1972 N° 8.780 31e ANNÉE

JUGEMENT CLÉMENT du tribunal de Bobigny DANS L'AFFAIRE D'AVORTEMENT

- 500 francs d'amende avec sursis pour la mère de Marie-Claire
- Sursis également pour la principale « complice », condamnée à un an de prison

(Voir en dernière page.)

**2 Verdict du procès de Bobigny**, *L'Aurore*, 23 novembre 1972.

### 3 Choisir d'être mère

« Très rapidement, je me suis trouvée sans le vouloir en position de vedette, d'abord parce que mon premier texte voté élargissait le champ de la contraception, jusque-là très encadré, malgré tous les efforts de Lucien Neuwirth. Ensuite, et surtout, parce que dès l'été [1974] nous nous sommes attelés au texte de la loi sur l'IVG. J'ai dit et répété combien la situation de l'avortement dans ce pays était intenable. Cette question agitait fort les esprits depuis le rejet par le Parlement, un an plus tôt, du texte soumis à ses suffrages par le garde des Sceaux, à l'époque, Jean Taittinger. Son projet était pourtant de portée limitée, puisqu'il n'autorisait l'avortement qu'en cas de danger pour la mère, ou si le fœtus lui-même était menacé. [...]

Depuis des années, j'étais sensibilisée à ce problème de l'avortement ; pas seulement en tant que femme, mais en tant que magistrat. Comme la plupart de mes collègues, j'étais effarée des drames dont je pouvais avoir connaissance. Et puis, l'attitude particulièrement réactionnaire de certains juges me choquait. [...] Et voilà que je me retrouvais en charge de ce dossier explosif. J'en connaissais l'urgence, mais aussi les écueils, et je n'avais garde de sous-estimer les oppositions qu'il me faudrait combattre, à la fois dans l'opinion et au Parlement. »

S. Veil, *Une Vie*, Stock, 2007.

**4** **Campagne d'information du conseil régional d'Île-de-France** (2007-2009).

**5** **Une campagne au cœur de la polémique**

« "Sexualité, contraception, avortement. Un droit, mon choix, notre liberté." C'est le titre militant de la campagne d'information lancée le 17 janvier[1] par le conseil régional d'Île-de-France. Ce slogan soulève de vives contestations de la part d'associations opposées à l'avortement. Si diverses campagnes en faveur de la contraception ont eu lieu depuis la libération sexuelle, jamais une telle publicité pour l'avortement n'avait été lancée. D'autant que les 300 000 euros dépensés pour placarder les 600 affiches dans le métro et le RER du réseau francilien relèvent d'un financement public. Au conseil régional d'Île-de-France, la démarche part d'un constat de "nécessité et (d')urgence", justifie sa vice-présidente, Francine Bavay, chargée des questions de santé, à l'origine de cette campagne de légalisation. Pour elle, "il faut définitivement lever le tabou". Choqué par cette campagne qui "vend" l'avortement comme une agence de voyages ferait "une promo pour les vacances de ski", Pierre Balincourt, porte-parole de la Life Parade, une association militante pour "la vie et la famille", s'indigne de cette "véritable incitation". "*Venez, c'est gratuit!* semble clamer cette campagne, dit-il. C'est un sujet trop grave pour qu'on agisse ainsi". Cette année, la manifestation "Marche pour la vie", organisée tous les ans le jour anniversaire de la loi Veil, a tout de même réuni plus de 10 000 personnes. »

S. Beneat, *France-Soir*, 24 janvier 2008.

1. Jour anniversaire de la promulgation de la loi Veil (17 janvier 1975).

**6** **Manifestation de la Life Parade,** 17 janvier 2008.

## Questions

1. **Qui sont les partisans de l'interruption volontaire de grossesse (IVG) ? Quels sont leurs arguments ?** [1, 3 à 5] [10]
2. **Qui sont les opposants à l'IVG ? Quels sont leurs arguments ?** [1 à 3, 5, 6]
3. **Comment a évolué le débat sur l'IVG depuis 30 ans ?** [1 à 6 + 4 p. 40]

Objectif **Savoir-faire**

## Analyser des données chiffrées

**1. Présenter les documents :** nature, thème, source...

**2. Situer le phénomène :** dans le temps (date, période) ; dans l'espace (pays, lieu...).

**3. Repérer :** les unités de mesure ; les valeurs (absolues ou relatives) ; les écarts ; les grandes tendances significatives (diminution, augmentation, différenciation...).

**4. Rechercher des explications :** causes ou origines, conséquences, contexte...

**5. Mettre en relation les analyses pour rédiger un commentaire.**

# Quelle parité pour les femmes ?

**1 Des indicateurs révélateurs**

| | Hommes | Femmes |
|---|---|---|
| Salaire net mensuel moyen dans le secteur privé pour un temps complet (2004) | 1 982 € | 1 599 € |
| Taux de chômage (2005) | 9,0 % | 10,8 % |
| Taux d'activité des 15-64 ans (2005) | 74,5 % | 63,8 % |
| Sexe des créateurs d'entreprise (2002) | 70,2 % | 29,8 % |
| Montant moyen mensuel de la retraite (2001) | 1 372 € | 606 € |
| Part de retraités ayant validé une carrière complète (2001) | 85,2 % | 36,7 % |
| Proportion d'actifs occupés à temps partiel (2005) | 5,7 % | 30,8 % |
| Taux de réussite au bac (2004) | 77,4 % | 81,8 % |
| Titulaires d'un diplôme supérieur parmi les 25-34 ans (2005) | 18,6 % | 23,3 % |
| Taux d'accès à la formation continue (2003) | 25,9 % | 23,8 % |
| Taux de pauvreté (2003) | 6,1 % | 6,6 % |

Source : INSEE, in *Alternatives économiques*, n° 69, 2006.

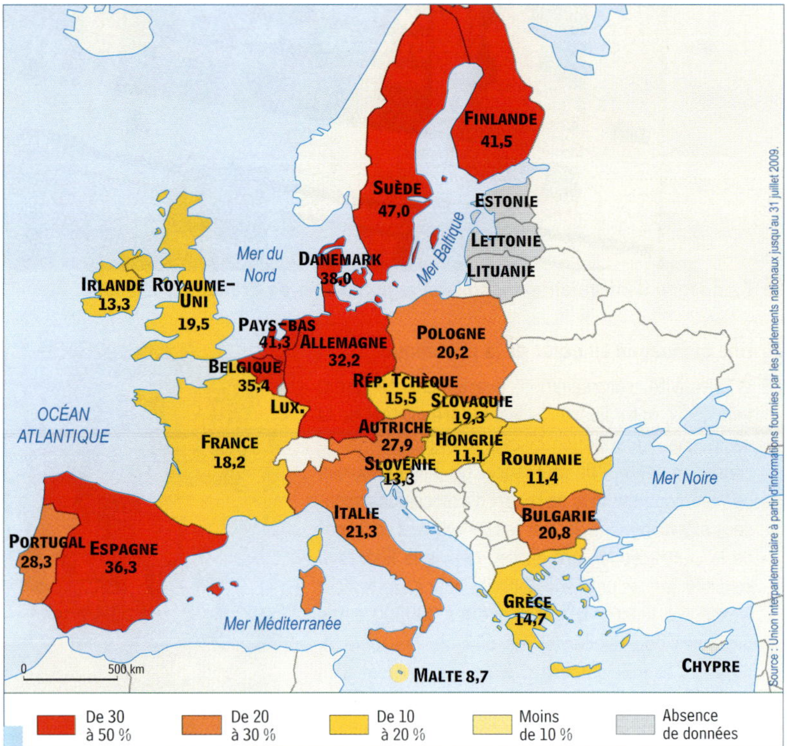


**2 La représentation des femmes dans les parlements de l'Union européenne**, en %, 2009.

**3 Actifs occupés, selon la catégorie socio-professionnelle, 2007**

| | Femmes (en milliers) | Hommes (en milliers) |
|---|---|---|
| Agriculteurs | 160 | 379 |
| Artisans, commerçants, chefs d'entreprise | 452 | 1 138 |
| Cadres et professions intellectuelles supérieures | 1 505 | 2 494 |
| Professions intermédiaires | 2 999 | 3 037 |
| Employés | 5 885 | 1 739 |
| Ouvriers | 1 011 | 4 823 |
| Total | 12 015 | 13 613 |

Source : INSEE.

**4** **Affiche de la Mission Locale du Pays Salonais et de la Jeune Chambre Économique Française,** décembre 2008.

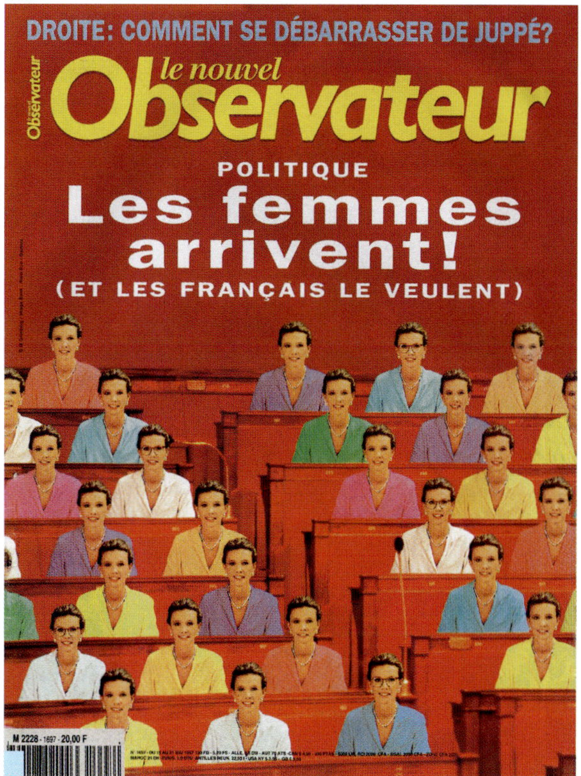


**5** **Une du magazine *Le Nouvel Observateur*,** 15 mai 1997.

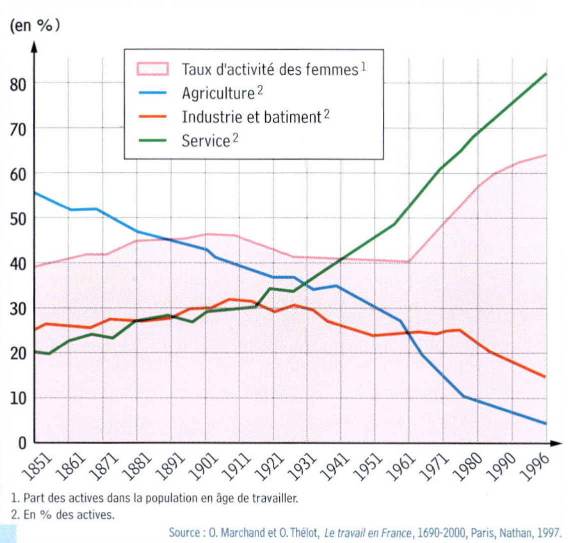


**6** **Le travail des femmes,** en % des actives.

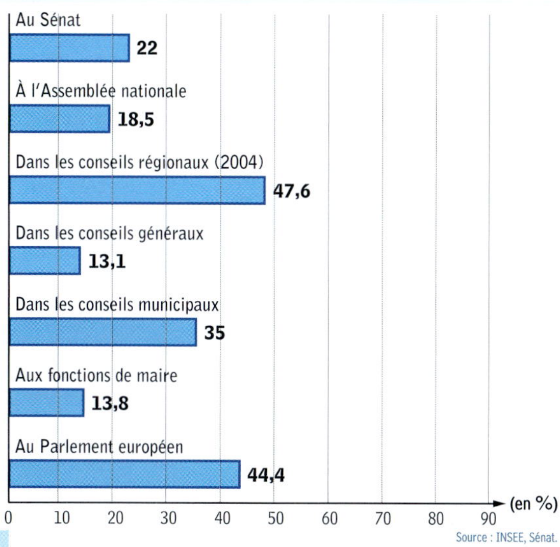


**7** **Part des femmes parmi les élus en France,** 2009.

## Application

**1.** **Précisez pour chacun des documents : leur nature, le(s) thème(s) étudié(s), la période concernée.** [1 à 7]

**2.** **Quelles sont les valeurs utilisées dans les documents statistiques ? Quels écarts ces données chiffrées révèlent-elles ?** [1 à 3, 6, 7]

**3.** **Repérez et classez dans un tableau les points positifs et les points négatifs concernant la situation des femmes.** [1 à 7]

**4.** **Rédigez un paragraphe argumenté sur la place des femmes dans la société.** [1 à 7]

# L'essentiel

**1. Affiche du Parti communiste (SFIC),** 1932.

**2. Affiche pour les élections municipales,** 1945.

**3. La Bible du féminisme ?** (1re parution en 1949).

## 1. À la conquête des droits civiques et politiques

■ Depuis l'instauration du suffrage masculin en 1848, les associations **féministes** font du rôle des femmes en politique un objet de débat public (campagnes d'affichage, publications, manifestations, votes symboliques). Après le premier conflit mondial, divers mouvements **suffragistes** – dont celui mené par Louise Weiss – réclament l'égalité politique et dénoncent l'injustice dont sont victimes les femmes, que les parlementaires de tout bord politique ne considèrent pas comme des citoyennes à part entière. Trois femmes seulement deviennent sous-secrétaires d'État du Front populaire en 1936.

■ En 1944, après la participation de nombreuses femmes à l'effort de guerre et à la Résistance, leur obstination à conquérir leurs droits politiques est enfin satisfaite par une ordonnance du général de Gaulle qui leur accorde le droit d'être **électrices** et **éligibles**. Elles exercent ce droit dès 1945, lors des municipales d'avril et des élections d'octobre à l'Assemblée constituante où siégeront 6 % de femmes.

■ Alors qu'à partir des années 1970 les taux d'abstention des hommes et des femmes sont identiques et que ces dernières constituent plus de la moitié du **corps électoral**, la représentation des femmes dans les **instances républicaines** reste symbolique. Avec 18 % de femmes députées aujourd'hui – malgré la 1re loi dite de **parité** de juin 2000 –, la France se place au 19e rang européen et au 65e rang mondial en matière de représentation féminine.

## 2. La reconnaissance du droit à s'instruire et à travailler

■ Avant 1914, les filles sont très minoritaires dans l'enseignement secondaire, et c'est pour y apprendre leur métier d'épouse et de mère de famille ; très peu obtiennent un baccalauréat, qui, jusqu'en 1924, n'a pas la même valeur que celui des garçons. Dans les années 1950, elles accèdent deux fois moins que les garçons à l'enseignement secondaire mais la **scolarisation** massive des années 1960 leur est profitable : elles rejoignent puis dépassent les garçons dans les résultats au baccalauréat. Dès lors, les femmes peuvent accéder à des professions de plus en plus diversifiées.

■ Cependant, si la domination des filles dans l'obtention des diplômes du secondaire – voire du supérieur – est avérée, les aspirations professionnelles des femmes ne sont pas en adéquation avec leur réussite scolaire. Elles sont souvent cantonnées dans des métiers liés à l'enfance, au social et à la fonction publique. Ainsi faut-il attendre 1969 pour voir une femme major à l'ENA, et 1972 pour en voir une à Polytechnique (et en plus, major).

■ Aujourd'hui, le niveau d'instruction des femmes augmente, leurs parcours professionnels tendent à se rapprocher de ceux des hommes, mais, même plus diplômées qu'eux, elles exercent souvent des métiers moins qualifiés, pour des salaires moins élevés, et à temps partiel pour 30 % d'entre elles. En dépit de la 2e loi de 2006 sur la parité, elles réclament encore une égalité de salaires mais aussi de responsabilités : elles ne sont que 8 % dans les conseils d'administration des grandes entreprises.

**Affiche publicitaire pour la marque Moulinex**, 1956.

*Quelles connaissances du chapitre retrouvez-vous dans ce document ?*

## Mots-clés

**Autonomie** : indépendance, liberté d'action.

**Contrôle des naissances** : pratique ou politique visant à réduire le taux de fécondité, souvent synonyme de contraception.

**Corps électoral** : ensemble des personnes disposant du droit de vote.

**Électeur/électrice** : qui dispose du droit de vote.

**Éligible** : qui peut être candidat(e) à des élections.

**Émancipation** : accès à l'autonomie et à la liberté ; synonyme de libération.

**Féministe** : qui défend les intérêts et les droits fondamentaux des femmes, qui combat pour l'amélioration du statut de la femme dans la société.

**Instances républicaines** : institutions (organismes ou personnes) exerçant les pouvoirs que leur attribue la Constitution de la République.

**MLAC** : Mouvement pour la liberté de l'avortement et de la contraception, créé en 1973 ; mouvement mixte qui facilita des interruptions de grossesse illégales ou aida les femmes à partir en Grande-Bretagne ou aux Pays-Bas, jusqu'à la loi Veil.

**MLF** : Mouvement de libération des femmes, créé en 1970 ; mouvement non mixte, dont les militantes se battent pour les droits des femmes, et en particulier pour la contraception et l'avortement. Un journal : *Le Torchon brûle*.

**Parité** : égalité des hommes et des femmes, entre autres dans l'accès aux fonctions politiques (la loi oblige les partis politiques à présenter autant de candidatures féminines que masculines) ; pour le montant des salaires (« à travail égal, salaire égal »)...

**Planning familial (Mouvement français pour le)** : association à but non lucratif fondée en 1956 dont le premier objectif fut d'obtenir le droit à la contraception (interdite jusqu'en 1967), spécialisée dans les questions de sexualité et de relations amoureuses ; dans les années 1970, elle soutient les avortements illégaux ; aujourd'hui, elle intervient auprès des pouvoirs publics pour aider les femmes à maîtriser leur fécondité et à lutter contre les violences sexistes.

**Scolarisation** : fait d'inscrire et d'admettre un élève dans un établissement scolaire ; processus qui consiste à faire transmettre par l'école les apprentissages.

**Sexisme** : discrimination fondée sur une prétendue supériorité de l'homme par rapport à la femme (synonyme : machisme).

**Suffragiste** : qui revendique (de la fin du 19e siècle jusqu'aux années 1930) le droit de voter pour les femmes et qui lutte pour l'égalité des sexes, surtout dans la vie politique.

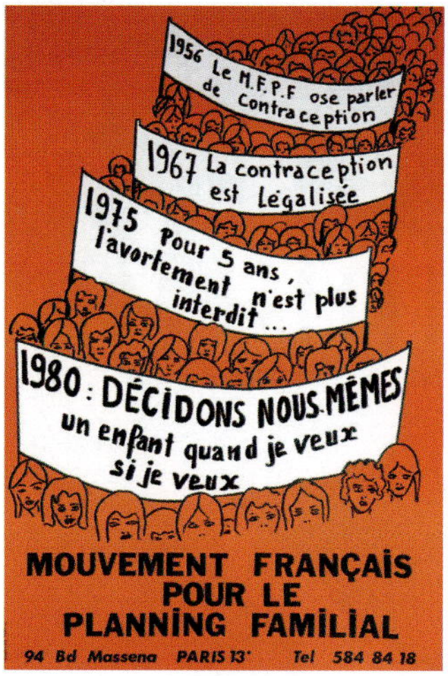


**4. Affiche du Planning familial,** 1980.

**5. Une femme plurielle,** dessin de Catherine Beaunez, 2004.

**6. Allez les bleues !,** une du *Monde 2*, 12 mars 2005.

## 3. Le combat pour la limitation des naissances

■ Au début du 20e siècle, le **contrôle des naissances** demeure un sujet tabou : la loi de 1920 interdit toute publicité sur les moyens de contraception ; l'avortement est considéré comme un crime dans un pays encore très catholique. Cependant, des millions de femmes ont recours à des avortements clandestins, souvent pratiqués dans des conditions dramatiques.

■ Dans le sillage de la libération des mœurs, les mouvements féministes (**Planning familial**, **MLF**, **MLAC**) revendiquent parfois violemment le droit des femmes à disposer librement de leur corps et les informent sur la contraception. En 1967, la loi Neuwirth légalise la pilule. Le procès pour avortement gagné par Gisèle Halimi en 1972 marque un tournant : les gouvernements, sous la pression populaire, sont contraints d'élaborer des lois. Affrontant l'hostilité de l'Église catholique, d'une partie de l'opinion publique et des parlementaires, Simone Veil réussit à faire promulguer la loi sur l'interruption volontaire de grossesse (IVG) en janvier 1975, après un débat très violent.

■ Cependant, malgré la prorogation de cette loi en 1979, le remboursement de l'IVG par la Sécurité sociale en 1982 et l'autorisation de l'IVG par médicaments en 2004, le débat n'est pas clos et face aux adversaires de la loi Veil, des femmes et des hommes manifestent, plus de 30 ans après, pour défendre leur liberté de choix. Par ailleurs, la création d'un secrétariat d'État à la Condition féminine, puis d'un ministère des Droits de la femme en 1981, vise à consolider la place de la femme dans la société.

## 4. Bataille pour la parité, bataille pour la dignité...

■ Le 20e siècle est bien le siècle des luttes et des conquêtes féminines, sur le plan politique, civil, social... Décennie après décennie, les femmes obtiennent des droits renforçant leur **autonomie**, contre la domination masculine : travailler et gérer leurs biens, ouvrir un compte en banque sans l'autorisation de leur mari depuis 1965, partager l'autorité parentale depuis 1970, gagner un salaire égal pour un travail égal depuis 1972, ne plus être obligées de vivre au domicile de leur mari depuis 1975...

■ Cependant, les droits des femmes sont encore bafoués au 21e siècle. Les femmes sont ainsi les plus touchées par le chômage et la précarité. Lorsqu'elles travaillent, elles doivent concilier tâches domestiques et vie professionnelle, voire sacrifier leur vie familiale à leur profession. Plus révoltant encore, une femme meurt tous les deux jours et demi sous les coups, le plus souvent de son conjoint. Longtemps considérées comme du domaine de la vie privée, les violences conjugales sont punies par la loi depuis 1990.

■ En plus des combats pour la liberté, l'égalité et la laïcité, les mouvements féministes, à l'instar de Ni Putes Ni Soumises, doivent mener ceux de la solidarité et de la dignité en faveur des femmes issues de l'immigration victimes de mutilations sexuelles, de mariages forcés et de toutes les formes de **sexisme**. Tous les 8 mars, la Journée mondiale de la femme rappelle que sa marche vers l'**émancipation** et la dignité est un véritable parcours d'obstacles.

## L'essentiel en image

**« Mariannes d'aujourd'hui »**, Paris, juillet 2003.

***Quelles connaissances du chapitre retrouvez-vous dans ce document ?***

## Retenir autrement

| | 1880 - 1944 | 1945 - 1979 | 1980 - 2010 |
|---|---|---|---|
| **ACQUIS POLITIQUES** | ■ Droit de vote et éligibilité | | ■ Loi sur la parité des candidatures aux élections |
| **ACQUIS CIVILS** | ■ 1881 : Droit d'ouvrir un livret de Caisse d'épargne sans l'autorisation de leur mari<br>■ 1907 : Droit de disposer de leur salaire (mais pas de gérer leurs autres biens) | ■ Droit de gérer leurs biens et de choisir une profession sans l'autorisation de leur mari<br>■ Exercice partagé de l'autorité parentale par la femme et le mari<br>■ Loi sur le divorce par consentement mutuel | ■ Exercice conjoint de l'autorité parentale en cas de divorce<br>■ Loi sur le nom de famille |
| **ACQUIS SOCIAUX** | | ■ Loi Neuwirth autorisant la contraception<br>■ Création d'un secrétariat d'État à la condition féminine<br>■ Loi Veil autorisant l'IVG<br>■ Droit d'égalité salariale pour un travail de valeur égale | ■ Création du ministère des Droits de la femme<br>■ Loi réprimant le harcèlement sexuel<br>■ Loi Roudy sur l'égalité professionnelle<br>■ Loi de modernisation sociale sur l'égalité professionnelle<br>■ Remboursement de l'IVG<br>■ Plus besoin d'autorisation parentale pour les mineures en cas d'IVG |

## 1 Question simple

CAPACITÉ
Identifier des ruptures historiques

**Parmi les dates-clés de l'histoire des femmes au cours du 20e siècle, choisissez-en 3 et expliquez leur importance.**

### *Aide à la réponse*

- *Cerner les grandes étapes et leur contexte historique.*
- *Évaluer les conséquences pour les femmes et la société.*
- *Caractériser les ruptures.*

## 2 Question avec un support

CAPACITÉ
Exercer un jugement critique

**Pensez-vous que la Cocotte SEB « libère » véritablement la femme ?**

Publicité des années 1950.

### *Aide à la réponse*

- *Identifier la nature, l'auteur et le contexte historique du document.*
- *Analyser les informations contenues dans le document.*
- *Mettre en relation ces informations avec l'expression à discuter.*

## 1 Question simple

**CAPACITÉ**
Expliquer le contexte, le rôle des acteurs et les enjeux de la situation étudiée

**En quoi la loi sur le droit de vote des femmes marque-t-elle une étape essentielle dans la lutte pour l'égalité ?**

### Aide à la réponse

- *Rappeler la date de la loi et le contexte historique.*
- *Évoquer les protagonistes et les moyens employés jusqu'à l'aboutissement de cette loi.*
- *Préciser les implications immédiates et à long terme de cette loi.*

## 2 Question avec deux supports

**CAPACITÉ**
Caractériser un personnage et son action par rapport à la situation étudiée

**Quel rôle a joué Simone Veil dans l'évolution de la condition féminine ?**

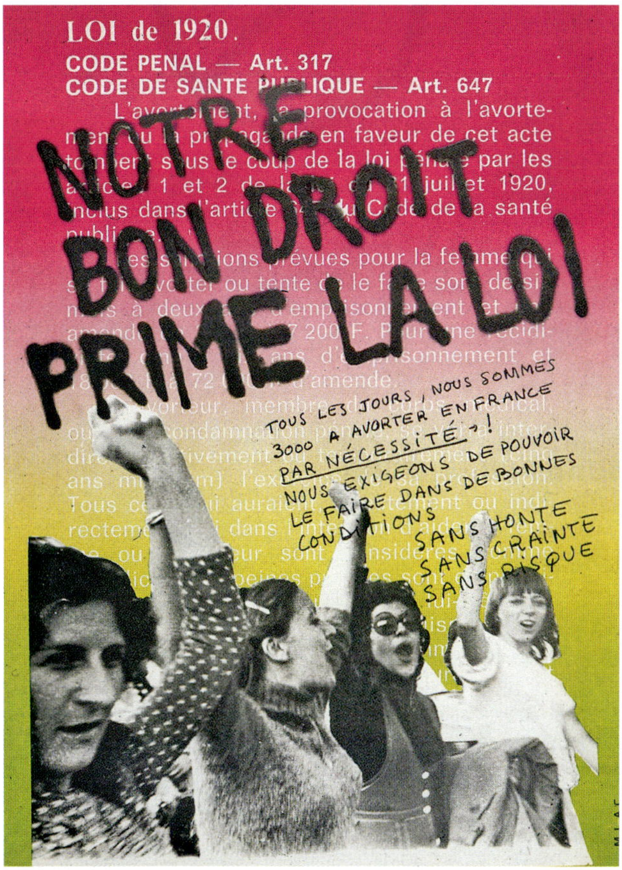


**1.** Affiche des années 1970.

**2.** « Dans le camp gouvernemental, tout le monde se préparait donc à la bataille, le Président, le Premier ministre, le ministre d'État Michel Poniatowski, moi-même [...]. Enfin, pour éviter d'enflammer par des propos extrêmes les intégristes du "droit à la vie", on avait suggéré à Françoise Giroud d'éviter toute surenchère en parlant de l'avortement comme d'un droit des femmes, car nous savions les uns et les autres que l'affaire s'annonçait délicate. Le scénario le plus vraisemblable était qu'après un vote difficile à l'Assemblée, le Sénat, toujours plus conservateur sur les questions de société, rejetterait le texte et qu'il faudrait alors le faire passer en force à l'Assemblée.
Pour l'élaboration du texte de loi, j'ai travaillé davantage avec l'Élysée qu'avec Matignon. Mon équipe est restée sur la brèche[1] pendant des semaines. »

Simone Veil, *Une Vie*, Stock, 2007.

1. Mobilisée.

### Aide à la réponse

- *Rappeler la fonction de Simone Veil.*
- *Citer la principale disposition de la loi qui porte son nom.*
- *Évoquer les partisans et les opposants à la loi.*
- *Cerner la place de Simone Veil dans le combat pour la libération de la femme.*

Grand Angle

# La cause des femmes, une bataille toujours d'actualité

## Quelles sont les atteintes actuelles aux droits des femmes en France ?

**1. Prévenir les violences faites aux jeunes filles, 2009**

### 2. Femmes battues : des chiffres qui font mal

« Les violences conjugales ont causé en 2007 la mort de 166 femmes en France, soit une hausse de 30 % par rapport à 2006 et près d'une victime tous les deux jours, selon le secrétariat d'État à la Solidarité, apprend-on à l'occasion du lancement d'une campagne nationale d'information.

Selon des chiffres de l'Observatoire national de la délinquance (OND), 410 000 femmes ont déclaré avoir été victimes de violences physiques de la part d'un conjoint ou ex-conjoint en l'espace de deux ans, d'après une enquête de victimisation portant sur 2005-2006.

L'OND estime par ailleurs, dans son rapport sur la criminalité en France, "à 130 000 le nombre de femmes victimes de viols sur les deux mêmes années", a souligné le secrétaire d'État.

Ces chiffres ont été rendus publics pour appuyer une campagne nationale d'information qui vise à inciter les victimes ou les témoins, directs ou indirects, de ces violences à réagir et à les dénoncer.

Intitulée "Ne laissez pas la violence s'installer. Réagissez", elle se décline sous forme d'affiches dans la presse quotidienne et magazines, de dépliants, brochures et affichettes qui seront distribués à partir du 3 octobre.

Le secrétariat d'État souligne que seulement 2 % des femmes victimes d'un ensemble d'agressions (incluant le viol, la tentative de viol, les attouchements, avances et exhibitionnisme) les dénoncent. »

A. Vidalie, *L'Express.fr*, 2 octobre 2008.

## 3. Affiche du mouvement Ni Putes Ni Soumises, 2003

## 4. « Mariannes d'aujourd'hui ». Hommage des femmes des cités à la République

« Hier femme des faubourgs de Paris galvanisant la foule contre les tyrans et la faim, hier femme libérée affirmant sa dignité de citoyenne égale des hommes, elle réapparaît aujourd'hui, citoyenne métissée, décidée à défendre les valeurs protectrices et libératrices de notre République contre toutes les tentations de désunion nationale, qu'elles soient discriminatoires ou communautaires, contre toutes les dérives barbares de la loi du plus fort, contre le désespoir liberticide des banlieues.

Au moment où l'intégration est parfois remise en question, où les droits des femmes – leur liberté, leur dignité, leur intégrité physique ou même leur vie (comme l'a horriblement prouvé la mort de Sohanne Benziane, brûlée vive dans un local à poubelles l'an dernier) – sont menacés, elles ont redit patiemment mais farouchement qu'elles étaient pleinement françaises, et que la République était leur meilleure protection quelles que soient leurs origines, ainsi que leur plus bel espoir et leur combat quotidien. »

À l'occasion de l'exposition organisée, le 14 juillet 2003, par l'Assemblée nationale, à l'initiative du mouvement Ni Putes Ni Soumises.
www.assemblee-nationale.fr/evenements/mariannes.asp

## 5. La violence contre les femmes, un problème de société, dessin de Chimulus, 1984.

### Questions

1. Présentez les documents : dates ? thème commun ? [1 à 5]
2. Quelles formes de violence sont évoquées ? Quels en sont les auteurs ? [1 à 5]
3. Quels sont les moyens employés pour lutter contre ces violences ? Par qui sont-ils mis en œuvre ? [1 à 5]
4. En quoi la violence faite aux femmes est-elle une atteinte aux droits de l'homme ? Quelle signification prend l'exposition à l'Assemblée nationale ? [1 à 4 + 3 p. 29 + Essentiel en image p. 41]

Chapitre 3

# La République et le fait religieux depuis 1880

**1** ***La Séparation de l'Église et de l'État,*** caricature anonyme, 1904.

Piliers de la République française, avec l'école pour principale institution, les lois laïques des années 1880 et la loi de 1905, toujours en vigueur, consacrent le respect de la liberté religieuse et la neutralité de l'État à l'égard des Églises. Cependant, le débat sur la laïcité est loin d'être clos.

## Comment l'État parvient-il à promouvoir la laïcité face aux religions ?

SOMMAIRE

**2** **Défilé de bataillons scolaires,** à l'occasion de la première fête nationale, le 14 juillet 1883.

**3** **Funérailles de François Mitterrand dans la cathédrale Notre-Dame,** Paris, 1996.

# Les lois laïques des années 1880

## Comment les lois scolaires permettent-elles la laïcisation de la société française ?

**2 D'une prière à l'autre ?**
Carte postale illustrée, 1900-1910.

### 1 Naissance de l'instruction obligatoire, gratuite et laïque

« Il était réservé à la France, redevenue république pour la troisième fois, de reprendre l'œuvre de la Révolution au point où celle-ci l'avait laissée, et d'en poursuivre la réalisation [...]. À partir de 1879, une série de lois, dont les plus importantes sont celles du 9 août 1879, du 16 juin 1881, du 28 mars 1882, et celle du 30 octobre 1886, a jeté les fondements d'un système national d'instruction publique. L'instruction primaire, telle que la définit la loi du 28 mars 1882, n'est plus cet enseignement rudimentaire de la lecture, de l'écriture et du calcul que la charité des classes privilégiées offrait aux classes déshéritées : c'est une instruction nationale embrassant l'ensemble des connaissances humaines, l'éducation tout entière, physique, morale et intellectuelle ; c'est la large base sur laquelle reposera désormais l'édifice tout entier de la culture humaine. Cette instruction nationale est obligatoire pour tous ; elle est donnée à tous aux frais de l'État, qui l'a érigée en service public et gratuit ; elle est laïque, c'est-à-dire qu'elle est soustraite à toute ingérence de l'Église et qu'elle ne porte plus le cachet de confessionnalité qu'avait voulu lui imprimer la loi de 1850 ; le droit d'enseigner a été retiré aux congrégations par la loi du 7 juillet 1904. »

F. Buisson, *Nouveau dictionnaire de pédagogie et d'instruction primaire*, Hachette, 1911.

### 3 Loi Ferry du 28 mars 1882

« Les écoles primaires publiques vaqueront un jour par semaine, en outre du dimanche, afin de permettre aux parents de faire donner, s'ils le désirent, à leurs enfants, l'instruction religieuse, en dehors des édifices scolaires. L'enseignement religieux est facultatif dans les écoles privées [...]. »

### 4 Les deux écoles

| Années | Élèves des écoles primaires publiques laïques | Élèves des écoles primaires publiques congréganistes | Élèves des écoles primaires privées |
|---|---|---|---|
| **1878-1879** | 2 600 000 | 1 218 000 | 886 000 |
| **1901-1902** | 3 953 700 | 119 380 | 1 376 000 |
| **1912-1913** | 4 601 000 | 2 000 | 1 068 000 |

J.-O. Bourdon, *Religion et politique en France depuis 1789*, Armand Colin, 2007.

**5** ***L'enlèvement des crucifix dans les écoles de la ville de Paris***, ordonné par le préfet de Seine, dessin de M. Gerlier, février 1881.

### 6 Réaction à la loi Ferry

« Dans l'école laïque, le crucifix et l'image de la Sainte Vierge ont été enlevés, les pieuses sentences, les préceptes de la morale chrétienne inscrits sur les murs ont été effacés. Le maître a commencé sa classe sans invoquer le nom de Dieu que les païens eux-mêmes priaient ; et si quelque écolier a fait, par habitude, le signe de la croix, il a été repris aussitôt et peut-être puni comme d'une faute. Pour le début, un commentaire sur la Déclaration des droits de l'homme et du citoyen, un éloge du régime républicain a remplacé la leçon de catéchisme et d'histoire sainte [...].

Il faut maudire ce jour d'innovation funeste qui livre nos écoles, nos enfants, à l'expérience d'un enseignement contraire à la tradition française, contraire à la religion nationale. »

*L'Univers*, octobre 1882.

### 7 Lettre d'un inspecteur primaire à l'inspecteur d'Académie en 1898

« J'ai l'honneur de vous informer qu'une école privée va probablement s'ouvrir à Soullans. Sera-ce une école de garçons, une école de filles, je l'ignore ? Des frères viendront qui feront concurrence à notre école publique, et alors la lutte deviendra très difficile. Pour déjouer ce projet, étant donné que les bâtiments scolaires sont tous communaux, que la titulaire et l'adjointe n'ont aucun diplôme, qu'elles sont institutrices très médiocres, routinières, congréganistes jusqu'au bout des ongles, je viens vous demander de bien vouloir proposer à Monsieur le préfet la laïcisation de l'école communale de filles de Soullans [...]. Je crois devoir ajouter que le conseil municipal est réactionnaire, et hostile de parti pris à l'enseignement laïc. »

Cité par J. Peneff, *Écoles publiques, écoles privées dans l'Ouest*, L'Harmattan, 1987.

## Questions

**1. Dans quel domaine s'appliquent les lois des années 1880 ? Sont-elles hostiles à la religion ? Justifiez votre réponse.** [1 à 7]

**2. Comparez les deux images. Quelles sont les forces en présence ?** [2, 5]

**3. Qui sont les adversaires à l'école laïque ? Quels sont leurs arguments ?** [2, 4, 6, 7]

**4. En quoi l'école est-elle un enjeu entre l'Église catholique et les anticléricaux ?** [1 à 7 + 2 p. 47] [3,5]

Situation 2

# Briand et la loi de séparation des Églises et de l'État

## ■ Comment le pouvoir politique réduit-il l'influence des Églises ?

**1 Couverture de journal anticlérical :** *Les Corbeaux*, illustration de Asheverus, 1907.

### 2 Loi de séparation des Églises et de l'État, 9 décembre 1905

« Article 1. La République assure la liberté de conscience. Elle garantit le libre exercice des cultes sous les seules restrictions édictées ci-après dans l'intérêt de l'ordre public.

Article 2. La République ne reconnaît, ne salarie ni ne subventionne aucun culte. En conséquence, à partir du 1er janvier qui suivra la promulgation de la présente loi, seront supprimées des budgets de l'État, des départements et des communes, toutes dépenses relatives à l'exercice des cultes.

Pourront toutefois être inscrites aux dits budgets les dépenses relatives à des services d'aumôneries et destinées à assurer le libre exercice des cultes dans les établissements publics tels que lycées, collèges, écoles, hospices, asiles et prisons [...].

Article 3. Dès la promulgation de la présente loi, il sera procédé, par des agents de l'administration des domaines, à l'inventaire descriptif estimatif [...] des biens mobiliers et immobiliers. [...]

Article 28. Il est interdit, à l'avenir, d'élever ou d'apposer aucun signe ou emblème religieux sur les monuments publics ou en quelque emplacement public que ce soit, à l'exception des édifices servant aux cultes, des terrains de sépulture dans les cimetières, des monuments funéraires, ainsi que des musées ou expositions. »

### 3 La loi de 1905 vue par Louis Lafon, pasteur à Montauban

« Je suis, et tous les protestants avec moi, pour la laïcisation complète de l'État. L'État n'a pas, par fonction, à distribuer aux citoyens les vérités ou les erreurs de la religion. Il est sur un autre terrain : ce qu'il distribue, c'est la justice, la liberté, le bien-être. La religion est affaire de conscience, l'affaire de conscience individuelle. L'État n'a qu'à s'abstenir complètement de toute participation et de toute action dans le domaine religieux, et il a le droit et le devoir d'exiger en retour des Églises qu'elles ne se mêlent pas de vouloir le dominer, de le façonner à leur gré. Je pense que, dans cette appréciation du rôle de l'État vis-à-vis des Églises, je suis en communion d'idées avec tous les démocrates et un grand nombre de libres-penseurs eux-mêmes. »

*Le Siècle*, 1905.

**4** ***Expulsion de curés dans le Finistère***, dessin de Damblans paru dans *Le Pélerin*, octobre 1907.

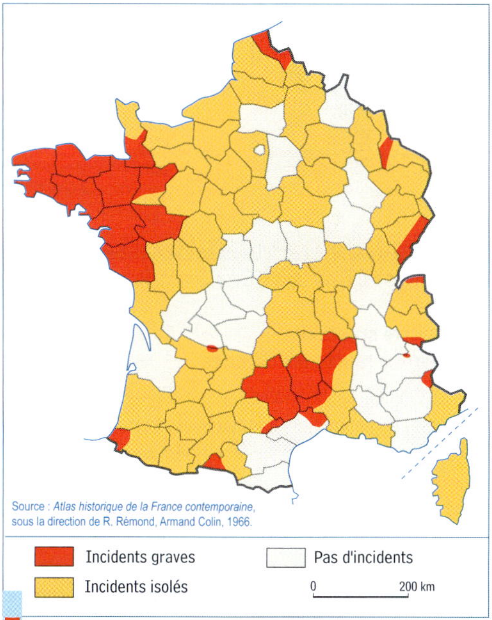


**5 Troubles provoqués par les opposants aux inventaires**, 1906.

**6 Réaction de l'extrême droite en 1908**

« Seuls les intéressés, les nigauds et les pauvres primaires ignorants pourront se soustraire à cette évidence. La République, c'est le mal.

La République est le gouvernement des Juifs, des Juifs traîtres [...] comme Dreyfus, [...] des Juifs corrupteurs du peuple, et persécuteurs de la religion catholique...

La République est le gouvernement des pédagogues protestants qui importent d'Allemagne et de Suisse un système d'éducation qui abrutit et dépayse le cerveau des jeunes Français.

La République est le gouvernement des francs-maçons qui n'ont qu'une haine : l'Église ; qu'un amour : les sinécures et le trésor public ; fabricants de guerre civile, de guerre religieuse, de guerre sociale, parasites de nos finances, ils nous mènent à une banqueroute matérielle et morale, celle qui ruinera le rentier et l'ouvrier, le commerçant et le paysan, le fonctionnaire et l'électeur.

La République est le gouvernement de ces étrangers plus ou moins naturalisés ou métèques [...]. »

Extrait d'une affiche de l'Action Française.

## Questions

**1. Quelle liberté la loi de 1905 garantit-elle ?** [2, 3]

**2. Quelles sont les conséquences de cette loi pour les Églises ?** [2 à 4, 6]

**3. Qui s'oppose à cette loi ? Quelles sont leurs réactions et sur quels arguments s'appuient-ils ?** [1, 4 à 6]

**4. Présentez la loi de 1905 : contexte historique, principes énoncés, conséquences.** [1 à 6 + 1 p. 46] [1]

# Situation 3 La construction d'un lieu de culte depuis 1905

## Comment l'implication de l'État dans la construction des lieux de culte a-t-elle évolué ?

**1 Au pied de la cathédrale de la Résurrection (inaugurée en 1996) :** Fête des associations d'Évry 2009, Évry Grand Roque.

### 2 La construction d'édifices religieux depuis la loi de 1905

« C'est d'abord le libre exercice du culte qui est protégé et garanti effectivement. Depuis la loi de 1905, les biens mobiliers et immobiliers ont été restitués à l'État. Il en assume donc la prise en charge financière, ce qui n'est pas négligeable s'agissant d'édifices cultuels souvent assez coûteux à entretenir.

En revanche, les édifices construits depuis la loi de séparation constituent des biens privés construits et entretenus par les fidèles, avec les difficultés que cela peut représenter en termes de financement. Les collectivités locales ont toutefois la possibilité d'accorder des garanties d'emprunts et des baux emphytéotiques[1] pour le financement de la construction d'édifices cultuels. »

Commission de réflexion sur l'application du principe de laïcité dans la République, *Rapport Stasi*, 2004.

1. Bail immobilier de très longue durée, le plus souvent 99 ans.

### 3 Évry, capitale spirituelle, ville ouverte à toutes les cultures

« Évry est aussi un territoire de spiritualité où coexistent toutes les religions. Sur quelques centaines de mètres, notre ville rassemble la seule cathédrale construite au 20e siècle, la plus grande mosquée de France, une synagogue, une église adventiste, plusieurs lieux de culte protestants et bientôt la plus grande pagode d'Europe qui deviendra le siège européen de la Congrégation bouddhique vietnamienne.

À Évry, les particularités des différentes communautés religieuses sont une véritable richesse. Chacun peut y vivre pleinement sa foi dans le respect de toutes les confessions. »

http://www.mairie-evry.fr/FR/evry.php?PAGEID=5&lang=FR, 2009.

## 4 Les difficultés autour de la construction d'un lieu de culte

« Les principales difficultés auxquelles se heurte la construction en cours des quelque 200 lieux de culte musulman sont bien d'ordre financier. De quelques millions d'euros pour les mosquées pavillonnaires à plus de 20 millions d'euros pour la grande mosquée de Marseille, les financements doivent provenir de fonds privés. Les mosquées-cathédrales bénéficient généralement de fonds venant de pays étrangers. Les constructions les plus modestes s'appuient en premier lieu sur la participation des fidèles, ce qui ralentit nombre de projets. [...]

Ces dernières années, les associations musulmanes se sont donc appuyées sur les aides des collectivités locales non prohibées par la loi de 1905. Ces mécanismes ont bénéficié et bénéficient encore aux autres cultes. Les municipalités cèdent ou louent aux associations musulmanes des terrains pour un prix modique ou dans le cadre de baux emphytéotiques.

Elles peuvent aussi choisir de subventionner la "partie culturelle" de l'édifice (bibliothèque, salles de cours...). Ou garantir les emprunts des associations cultuelles, porteuses des projets de construction [...] ; enfin, les édifices cultuels bénéficient de dégrèvements fiscaux. »

S. Le Bars, *Le Monde*, 2 décembre 2009.

## 5 Budget final de la cathédrale d'Évry en 1996 (en millions de francs)

| | |
|---|---|
| Chantiers du cardinal (dons des fidèles) | 5 |
| Diocèse du Freising-Munich (jumelé avec le diocèse d'Évry) | 4 |
| Dons de marketing direct | 55 |
| Mécénat d'entreprise | 5 |
| Dons en nature des entreprises (briques offertes) | 3 |
| Dons de particuliers (artistes notamment) | 1 |
| ***Dont budget pour le centre national d'Art sacré*** | |
| *Ministère de la culture* | *5* |
| *Région Île-de-France* | *5* |
| *Epevry (Établissement public d'Évry)* | *3* |
| **TOTAL** | **86**[1] |

1. Soit 13 millions d'euros

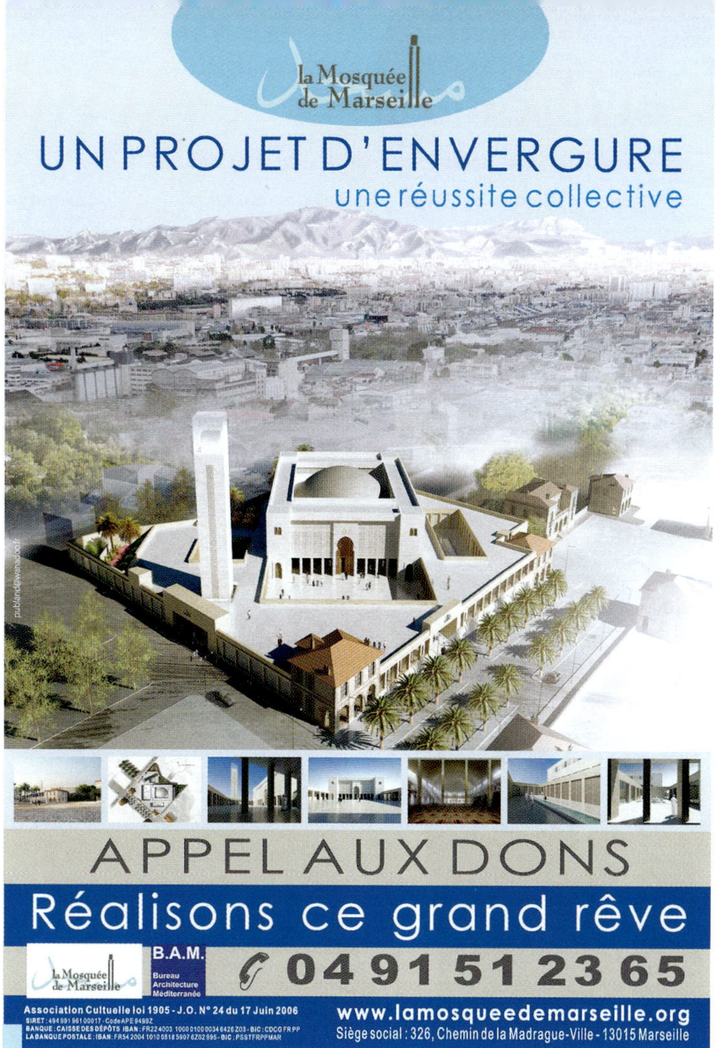


**6 Affiche pour la construction de la mosquée de Marseille,** 2009.

**7 La grande pagode Khanh-Anh (en chantier depuis 1996),** plus grande pagode d'Europe, Évry (Essonne), 2009.

### Questions

**1. Comment est régie la construction d'un lieu de culte depuis 1905 ?** [2, 4 + 2 p. 50]

**2. Quelle difficulté essentielle pose la construction d'un édifice religieux ? De quelles façons la résout-on ?** [2, 4 à 6]

**3. À quel niveau l'État participe-t-il à la construction des édifices religieux au 20e siècle ?** [1 à 5, 7]

Objectif **Savoir-faire**

## Étudier un ensemble documentaire

**1. Cerner le thème :** lire le titre du dossier et repérer le thème ; délimiter la période historique et l'espace concernés.

**2. Présenter les documents :** nature, source, auteur, contexte historique, notions et lien avec le sujet traité (informations à relever dans un tableau).

**3. Analyser les documents :** thèmes évoqués, idées principales, problématique globale…

**4. Mettre en relation les documents :** points de convergence et/ou oppositions ; réponse à la problématique.

# L'État et les Églises aujourd'hui

**1 Rupture du jeûne du ramadan à la mosquée d'Évry,** 16 septembre 2008. La ministre de l'Intérieur – et des Cultes – Michèle Alliot-Marie, entourée du président du CFCM (à gauche) et du recteur de la mosquée d'Évry (à droite).

**2 Annulation d'une messe célébrée dans une mairie**

« Le tribunal administratif de Bordeaux a annulé mardi une décision de la mairie de Saint-Laurent-du-Médoc (Gironde), qui avait autorisé la célébration d'une messe dans la salle du conseil municipal en 2007, a indiqué jeudi à l'AFP, le requérant, un habitant de la commune : "Ce jugement est important car il rappelle que la laïcité dans les établissements publics est un principe fondamental". […]

En novembre 2007, alors que l'église du village était fermée, le conseil municipal de cette commune médocaine de 3 500 habitants avait décidé d'autoriser que la messe de Sainte-Barbe, patronne des pompiers, puisse être dite dans la salle du conseil municipal.

L'église, dont la voûte menaçait de s'effondrer, était alors fermée par décision du maire. Le 1er décembre 2007, une centaine de personnes avait pu, malgré tout, assister à l'office dans la mairie […].

Le rapporteur D. Naves avait précisé que les élus avaient pris leur décision "dans l'urgence", alors que l'église était fermée, pour permettre "une célébration traditionnelle" en accord selon lui, avec le principe de la "liberté de culte".

Un argumentaire vivement contesté par M. Solana, qui avait souligné qu'on ne fait pas, au nom de la liberté de culte, dans les écoles ou les hôpitaux de messes dans une salle de classe ou dans une salle d'opération. »

Dépêche AFP, 17 décembre 2009.

**FRANCE 2**

**6.05 Emissions jeunesse** Galactik Football ; Samantha oups ! 8164136

**7.00 Thé ou café** 6507488 Invités : Corinne et Gilles Benizio, alias Shirley et Dino.

**8.05 Rencontres à XV** 7266285

**8.30 Emissions religieuses**
**Les chemins de la foi.** 70394136

**8.30 Sagesses bouddhistes** 2820310 Bouddhisme et écologie. Invités : l'astrophysicien Hubert Reeves et le lama Dordjé.

**8.45 Islam** 8731117 Série Islam du monde : «Le Canada».

**9.15 A bible ouverte** 5709240 Le rouge et le blanc. Invité : le rabbin Sébastien Allali.

**9.30 Orthodoxie** 2662 Célébration du 70e anniversaire de l'église du cimetière russe de Sainte-Geneviève-des-Bois.

**10.00 Présence protestante** Le temps de le dire : Jean-Luc Gadreau, artiste. 3391

**10.30 Le jour du seigneur** 1310 L'aventure monothéiste, épisode 4 : «la mystique».

**11.00 Messe** 2819335 Célébrée en direct de l'église Sainte-Alix, à Woluwe-Saint-Pierre, en Belgique.

**11.50 C'est aussi de l'info** Actualité de l'Eglise et nouvelles du monde. 2062372

**3 Les émissions du dimanche matin sur une chaîne publique,** *TéléStar* du 19 au 25 déc. 2009.

## 4 La liberté de culte dans un État laïque

« Autorisations d'absence pouvant être accordées à l'occasion des principales fêtes religieuses des différentes confessions pour l'année 2009.

La circulaire FP/n° 901 du 23 septembre 1967 a rappelé que les chefs de service peuvent accorder aux agents qui désirent participer aux cérémonies célébrées à l'occasion des principales fêtes propres à leur confession les autorisations d'absence nécessaires. Vous trouverez en annexe, à titre indicatif, les dates des cérémonies concernées, pour l'année civile 2009.

**Fêtes catholiques et protestantes**

Les principales fêtes sont prises en compte au titre du calendrier des fêtes légales.

**Fêtes orthodoxes**

– Théophanie :
calendrier grégorien : mardi 6 janvier 2009
ou calendrier julien : lundi 19 janvier 2009
– Vendredi Saint : vendredi 17 avril 2009
– Ascension : jeudi 28 mai 2009

**Fêtes arméniennes**

– Noël : mardi 6 janvier 2009
– Fête de Saint Vartan : jeudi 19 février 2009
– Commémoration du 24 avril : vendredi 24 avril 2009

**Fêtes musulmanes**

– Al Mawlid Annabawi : lundi 9 mars 2009
– Aïd El Fitr : dimanche 20 septembre 2009
– Aïd El Adha : vendredi 27 novembre 2009

Les dates de ces fêtes étant fixées à un jour près, les autorisations d'absence pourront être accordées, sur demande de l'agent, avec un décalage en plus ou en moins. Ces fêtes commencent la veille au soir.

**Fêtes juives**

– Chavouot (Pentecôte) : vendredi 29 mai et samedi 30 mai 2009
– Roch Hachana (Jour de l'An) : samedi 19 septembre et dimanche 20 septembre 2009
– Yom Kippour (Jour du Grand Pardon) : lundi 28 septembre 2009

Ces fêtes commencent la veille au soir.

**Fête bouddhiste**

– Fête du Vesak (Jour du Bouddha) : samedi 9 mai 2009. »

Extrait du *BOEN n° 4* du 22 janvier 2009.

**5 Allumage du chandelier de Hanoucca sur le Champ-de-Mars,** Paris, décembre 2004.

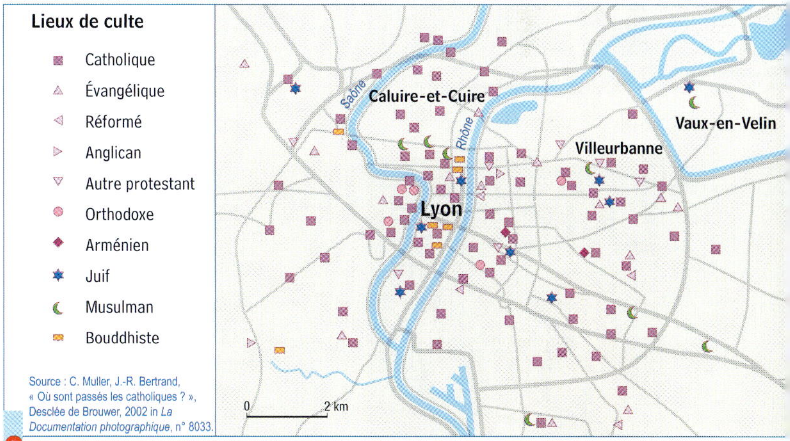


Source : C. Muller, J.-R. Bertrand, « Où sont passés les catholiques ? », Desclée de Brouwer, 2002 in *La Documentation photographique*, n° 8033.

**6 Les lieux de culte à Lyon,** 2002.

## Application

1. **Quels sont : le thème proposé ? l'époque et l'espace à étudier ?** [titres]
2. **Présentez chacun des documents.** [1 à 6]
3. **Quelle est la problématique soulevée par cet ensemble documentaire ? Justifiez votre réponse.** [1 à 6]
4. **Sélectionnez les idées essentielles et classez-les par thèmes.** [1 à 6]
5. **Rédigez une réponse organisée et argumentée à la problématique.** [1 à 6]

# L'essentiel

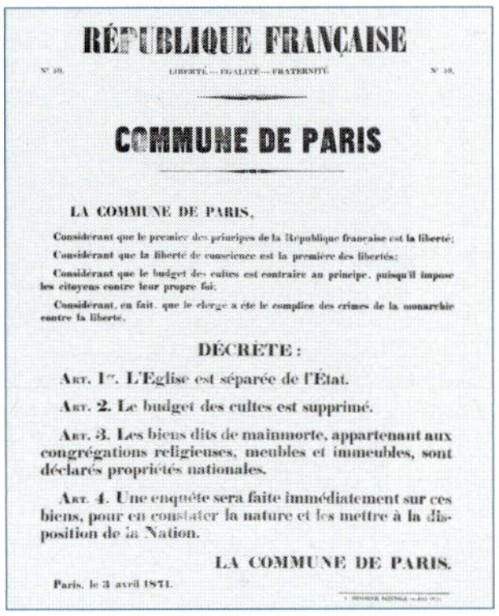
RÉPUBLIQUE FRANÇAISE

N° 59. LIBERTÉ — ÉGALITÉ — FRATERNITÉ N° 59.

COMMUNE DE PARIS

LA COMMUNE DE PARIS,

Considérant que le premier des principes de la République française est la liberté;

Considérant que la liberté de conscience est la première des libertés;

Considérant que le budget des cultes est contraire au principe, puisqu'il impose les citoyens contre leur propre foi;

Considérant, en fait, que le clergé a été le complice des crimes de la monarchie contre la liberté,

DÉCRÈTE :

Art. 1er. L'Eglise est séparée de l'État.

Art. 2. Le budget des cultes est supprimé.

Art. 3. Les biens dits de mainmorte, appartenant aux congrégations religieuses, meubles et immeubles, sont déclarés propriétés nationales.

Art. 4. Une enquête sera faite immédiatement sur ces biens, pour en constater la nature et les mettre à la disposition de la Nation.

LA COMMUNE DE PARIS.

Paris, le 3 avril 1871.

**1. Affiche de la Commune de Paris,** 1871.

**2. Carte postale éditée par la Libre-Pensée,** 1905.

**3. Dessin de Jean Effel,** 1967.

## 1. Les fondements de la laïcité française

■ Sous l'Ancien Régime, Église et État sont fortement imbriqués, car le catholicisme a le statut de religion d'État. La Révolution française met fin à cette alliance : la Déclaration des droits de l'homme et du citoyen entérine la liberté des cultes. En 1795, la République décrète ne plus salarier aucun **ministre du culte**, amorçant ainsi une séparation entre l'Église catholique et l'État, remise en cause lors de la signature du **Concordat** entre Bonaparte et le pape en 1801. Le catholicisme est alors reconnu comme la religion de la très grande majorité des Français et l'Église catholique contrôle à nouveau l'enseignement religieux dans les écoles.

■ La **laïcisation** des institutions se traduit par le transfert de la souveraineté d'un roi de droit divin à la nation. Les registres de l'état civil ne sont plus désormais entre les mains du **clergé** et les **congrégations religieuses** perdent leurs prérogatives sur l'enseignement ; s'ensuit ainsi un mouvement de **sécularisation** de la société française qui va opposer, tout au long du 19e siècle, l'Église catholique aux autorités républicaines, aux **libres-penseurs** et aux **anticléricaux**, surtout lors de la Commune de Paris.

■ Fermement appliquée par Émile Combes, la loi de 1901 limite la mainmise des congrégations religieuses sur l'enseignement et annonce une nouvelle étape des relations entre l'État et les Églises. Entre 1901 et 1904, la République laïque porte des coups sévères aux congrégations religieuses : elles sont soit dissoutes, soit interdites d'enseignement.

## 2. École de la République, école laïque

■ À la fin du 19e siècle, l'instruction est indissociable de l'idéal républicain et de l'exercice de la citoyenneté. Lieu d'égalité, l'école doit faire disparaître tous les particularismes régionaux, sociaux et religieux. Ainsi, des lois de Jules Ferry aux recommandations de Ferdinand Buisson, tout est mis en œuvre pour faire de l'enseignement, primaire notamment, un service public : la gratuité de l'école primaire (1881) ; l'obligation de fréquenter l'école entre 6 et 13 ans (1882) ; et surtout, la **laïcité.**

■ La laïcisation de l'enseignement se concrétise avec le retrait des crucifix et autres symboles religieux des salles de classe, le remplacement des personnels des congrégations par des instituteurs laïques (1886) et l'application de programmes où l'instruction morale et civique dispensée par les « hussards noirs de la République » a pour but de former de bons citoyens républicains.

■ En dépit du jour de congé hebdomadaire institué en 1882 pour permettre aux enfants de recevoir une instruction religieuse, la question scolaire reste vive tout au long du 20e siècle, opposant partisans de l'école laïque et partisans de l'école dite « libre ». Sous le Front populaire (1936), des circulaires interdisent le port de signes religieux dans les établissements scolaires. À l'inverse, sous le régime de Vichy (1940-1944), la suppression des **Écoles normales** ou la réintroduction de l'enseignement religieux facultatif dans les écoles publiques mettent à mal le principe de la laïcité.

**La fin du Concordat,** carte postale, 1905.

***Quelles connaissances du chapitre retrouvez-vous dans ce document ?***

## Mots-clés

**Alsace-Moselle** : partie du territoire français (regroupant l'Alsace et le nord de la Lorraine) occupée par l'Allemagne de la fin de la guerre franco-allemande en 1871 à la fin de la Première Guerre mondiale en 1918.

**Anticlérical** : qui s'oppose à l'influence et à l'intervention du clergé dans la vie publique.

**Aumônerie** : institution assurant le service et l'enseignement religieux dans une institution (lycée, prison, hôpital…).

**Association cultuelle** : association chargée de gérer les édifices servant à l'exercice du culte (église, temple, mosquée, pagode…).

**Clergé** : ensemble des personnes consacrant leur vie à Dieu ou assurant la célébration d'un culte religieux.

**Commune de Paris** : gouvernement insurrectionnel français en 1871 mené par des ouvriers et des socialistes qui gérèrent les affaires publiques sans recours à l'État.

**Concordat** : traité réglant les rapports entre un État et le Vatican pour fixer les droits respectifs de l'Église catholique et de l'État.

**Congrégation religieuse** : associations de religieux ou de religieuses assurant des missions de soins, d'assistance et/ou d'enseignement.

**École confessionnelle** : établissement d'enseignement privé qui se réfère à une religion.

**École normale** : établissement chargé de la formation des instituteurs et institutrices.

**Inventaires des biens** : état détaillé et estimatif des biens mobiliers et immobiliers des églises avant leur transfert aux associations cultuelles à la suite de la dissolution des établissements publics du culte.

**Laïcisation** : action de soustraire à l'autorité religieuse, d'organiser selon les principes de la laïcité.

**Laïcité** : forme d'organisation de la société, inscrite dans la Constitution, consistant à séparer la société civile et politique de la société religieuse. La laïcité scolaire fait de l'enseignement public un espace de neutralité religieuse où l'on respecte la liberté de conscience et de pensée.

**Liberté de conscience** : droit que chacun a de pratiquer la religion de son choix (une des libertés individuelles fondamentales).

**Libre-penseur** : personne se fiant à la raison et à la science, considérant les religions comme un obstacle au progrès.

**Ministre du culte** : personne dirigeant le culte devant une assemblée de fidèles (prêtre, pasteur, imam, rabbin…).

**Sécularisation** : action qui consiste à rendre des membres du clergé à la vie laïque, ou à laïciser des biens d'Église ; passage d'un bien ou d'une fonction à l'état laïque.

**4.** Timbre célébrant la loi de 1905.

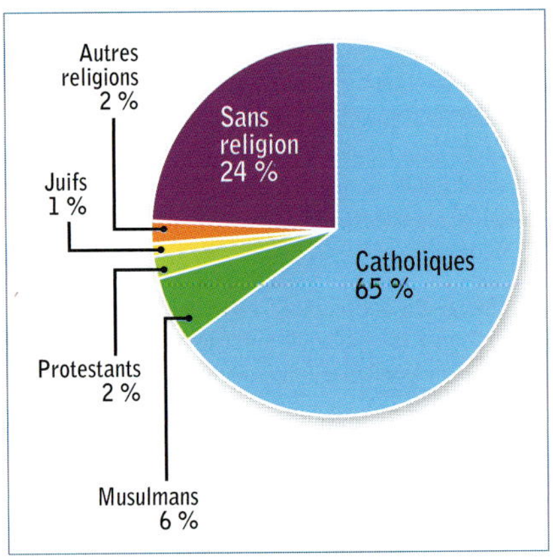


**5.** Religion déclarée par les Français en 2003.

## 3. La loi de 1905, autre clé de voûte de la laïcité

■ Promulguée le 9 décembre 1905, la loi dont Aristide Briand est un des principaux artisans met fin au régime du Concordat en instituant la séparation des Églises et de l'État. Elle pose comme principe préalable la garantie par l'État de la **liberté de conscience** et du libre exercice des cultes. L'État affirme sa neutralité à l'égard des cultes : il n'intervient plus dans les affaires des Églises tandis que la religion doit rester une affaire d'ordre privé.

■ La loi de 1905 interdit le financement public des ministres du culte et de la construction des édifices religieux. Cependant, les lieux de culte, propriétés de l'État depuis la Révolution française, peuvent bénéficier d'aides publiques en tant que patrimoine culturel de la nation, tout en continuant à y accueillir les fidèles. Pour gérer ces édifices, les Églises sont contraintes de se constituer en **associations cultuelles**, ce que l'Église catholique refuse avant de parvenir à un accord négocié.

■ La loi de 1905 est acceptée par les juifs et les protestants, aux cultes minoritaires ; elle est en revanche violemment condamnée par l'Église catholique, soutenue par le pape. Les **inventaires des biens** mobiliers et immobiliers des Églises donnent lieu à des troubles contre les représentants de l'État, surtout dans les régions où l'Église catholique est très influente, comme en Bretagne.

## 4. L'État républicain face aux identités culturelles

■ Cependant, plus d'un siècle après la loi de séparation des Églises et de l'État, le respect de la laïcité dans les espaces publics (prisons, hôpitaux…) se heurte à de nouveaux défis posés par une société de plus en plus multiculturelle et plurireligieuse. Ainsi, la construction d'un lieu de culte, notamment pour les religions absentes lors de la loi de 1905, oblige l'État à trouver des compromis pour ne pas contrevenir à la loi tout en s'adaptant au nouveau paysage religieux français.

■ Par ailleurs, même si le principe de la laïcité est inscrit dans la Constitution de 1958, une partie du territoire national n'est pas concernée par la loi de 1905. C'est le cas de l'**Alsace-Moselle** (occupée par l'Allemagne de 1871 à 1918) et de certains territoires de la France d'outre-mer. En Guyane, c'est l'État qui rémunère les ministres du culte et organise les cours d'instruction religieuse. Ces exceptions montrent que l'État cherche un équilibre entre le respect de la loi de 1905 et la prise en compte des réalités locales.

■ Aujourd'hui, au sein même de l'Éducation nationale, la présence d'**aumôneries** dans les lycées représente un écart par rapport à la loi. Il en va de même pour le financement des **écoles confessionnelles** sous contrat, la loi Debré (1959) permettant à ces écoles de recevoir des crédits publics. Cette question provoque des manifestations de partisans de l'école privée (1984) ou de défenseurs de la laïcité (1994). En revanche, la loi de mars 2004 sur le port de tenues ou de signes religieux traduit l'expression d'une fermeté républicaine.

**Manifestations pour l'école privée (1984) et l'école laïque (1994),** Paris.

***Quelles connaissances du chapitre retrouvez-vous dans ces documents ?***

## Retenir autrement

### CHEMINEMENT DE LA SÉPARATION DES ÉGLISES ET DE L'ÉTAT

**PREMIÈRE SÉPARATION : SOUS LA RÉVOLUTION FRANÇAISE**

- Liberté de conscience (article 10 de la Déclaration des droits de l'homme et du citoyen)
- Laïcisation de l'état civil
- Pas de ministre du culte salarié
- Pas d'apposition de signes religieux dans les édifices publics

**DEUXIÈME SÉPARATION : MODALITÉS**

- Lois laïques des années 1880
- Loi d'association de 1901
- Encadrement des congrégations religieuses
- Promulgation de la loi de 1905

**DEUXIÈME SÉPARATION : CONSÉQUENCES IMMÉDIATES**

- Réactions négatives des catholiques et du pape
- Troubles lors des inventaires
- Création des associations cultuelles
- Accommodements pour les colonies d'outre-mer et l'Alsace-Moselle, non concernées par la loi

## 1 Question avec un support

**CAPACITÉ**
Relever les informations essentielles d'un document et les mettre en relation avec ses connaissances

### Expliquez les arguments de Gambetta en faveur d'un État laïc.

**Discours de Léon Gambetta en 1875**

« L'État doit être laïc. [...] Les affaires religieuses sont affaire de conscience et par conséquent de liberté. Le grand effort de la Révolution française a été pour affranchir la politique et le gouvernement du joug[1] des diverses confessions religieuses. [...]

Nous continuons l'œuvre de nos pères, la Révolution française préparée par les hommes de la France du XVIIIe siècle, par la France de la raison, du libre examen. [...] Je le dis et je le répète, ce que nous voulons c'est la liberté partout et en premier lieu la liberté de conscience assurée pour tous ; mais avant tout, par-dessus tout, nous considérons que la mise en œuvre de la liberté de conscience consiste d'abord à mettre l'État, les pouvoirs publics en dehors et au-dessus des dogmes et des pratiques des différentes confessions religieuses. »

1. De la domination.

*Aide à la réponse*

- *Cerner et définir la notion développée dans le document.*
- *Expliquer les allusions et les références historiques.*
- *Relever l'opinion de l'auteur.*
- *Choisir les arguments les plus pertinents de l'auteur et les relier à vos connaissances.*

## 2 Question avec un support

**CAPACITÉ**
Raconter et caractériser un événement historique

### En quoi la loi de 1905 fait-elle de la France une République laïque ?

**Déroulement des inventaires,** église d'Yssingeaux (Haute-Loire), *L'Illustration,* 7 avril 1906.

*Aide à la réponse*

- *Préciser le contexte historique.*
- *Rappeler les dispositions essentielles de la loi.*
- *Envisager les causes et les conséquences.*
- *Présenter les réactions face à cette loi et à son application.*

# BEP Situations

## 1 Question simple

**CAPACITÉ**
Mémoriser et restituer les principales connaissances et notions

**Quelles sont les principales dispositions des lois laïques de la fin du 19e siècle ?**

### Aide à la réponse

- *Rappeler les dates et le contexte historique.*
- *Présenter le principal artisan de ces lois.*
- *Évoquer la situation antérieure à ces lois.*
- *Énoncer les principales dispositions de ces lois et leurs conséquences.*

## 2 Question simple

**CAPACITÉ**
Montrer en quoi la situation étudiée est caractéristique du sujet d'étude

**Comment s'opère le financement des lieux de culte un siècle après la loi de 1905 ?**

### Aide à la réponse

- *Identifier l'époque et l'espace concernés.*
- *Rappeler le principe de la loi de 1905 en rapport avec le thème proposé.*
- *Établir la liste des lieux de culte, les définir et noter quelques exemples.*
- *Présenter l'évolution entre les deux époques proposées.*

## 3 Question avec un support

**CAPACITÉ**
Produire un raisonnement relatif par rapport à la situation étudiée

**Qu'est-ce que l'école laïque ?**

**La laïcité vue par Plantu,**
*Le Monde*, 1989.

### Aide à la réponse

- *Présenter la nature, la date, la source et l'auteur du document.*
- *Décrire et interpréter les principaux éléments du dessin.*
- *Dégager la problématique de l'auteur.*
- *Expliquer et nuancer les objectifs de l'auteur.*

# La laïcité à l'école... partout ?

## Comment expliquer l'application différenciée de la loi de 1905 ?

**1. Journée « portes ouvertes » du Lycée Averroès** (premier lycée privé musulman sous contrat d'association, Lille, mars 2008).

**2. École maternelle publique d'Altenheim (Alsace),** 2005.

### 3. La laïcité républicaine

« Avec les lois de laïcisation scolaire de 1882-1886, la séparation des Églises et de l'école a, en France, précédé celle des Églises et de l'État (loi de 1905). [...] Le conflit entre école publique/école privée a rebondi à la fin du 20e siècle avec des manifestations massives en faveur de l'école privée (1984) et de l'école publique (1994).

Trois évolutions majeures ont marqué les rapports entre religions et écoles en France à l'époque contemporaine :

• l'intégration au service public de l'Éducation nationale des écoles privées (catholiques pour la plupart) à travers les contrats d'association de la loi Debré de 1959. Ces contrats leur garantissent la reconnaissance de leur "caractère propre" et un financement public, mais elles doivent accueillir tous les élèves et respecter les programmes de l'école publique ;

• la volonté de développer un enseignement du fait religieux dans l'école laïque (rapport Debray, 2002) afin de contribuer à l'intelligence des civilisations et des évolutions passées et présentes ;

• le souci de sauvegarder la laïcité scolaire en limitant l'expression par les élèves de telle ou telle identité religieuse (loi du 15 mars 2004 sur le port de signes religieux à l'école : "Dans les écoles, les collèges et les lycées publics, le port de signes ou tenues par lesquels les élèves manifestent ostensiblement une appartenance religieuse est interdit. Le règlement intérieur rappelle que la mise en œuvre d'une procédure disciplinaire est précédée d'un dialogue avec l'élève"). »

J.-P. Willaime, *L'État français, la religion et l'école*, CNRS Them@, mars 2005.

## 4. Les régimes particuliers

« Lorsque, en 1905, est adoptée la loi de séparation des Églises et de l'État, le maintien du régime ancien entraîne enfin une césure complète avec la législation religieuse applicable en France. Pour des raisons politiques, la spécificité de ces départements [certains DOM] ne sera jamais remise en cause, y compris en 1918 avec le retour de l'Alsace-Moselle à la France [...]. On rappellera simplement que l'enseignement religieux est obligatoirement organisé par les établissements publics pour les quatre cultes reconnus (catholique, luthérien, calviniste et israélite) et que le suivi de ces cours est obligatoire pour l'élève, sauf dispense de celui-ci auprès du directeur de l'établissement par son représentant légal. L'élève est alors tenu de suivre un enseignement de morale.

[...] Dès 1905, la Guyane a été exclue du champ d'application de la loi concernant la séparation des Églises et de l'État. Le "régime concordataire" a été maintenu, lequel prévoit, comme en Alsace-Moselle l'enseignement des cultes reconnus à l'école publique et son financement par l'État.

[...] En ce qui concerne Wallis-et-Futuna [...], l'enseignement public fait l'objet d'une concession de l'État à la mission catholique des pères de Sainte-Marie. Il s'agit là d'une dérogation au principe de laïcité de l'enseignement public dans la mesure où les cours sont dispensés par des religieux dont la rémunération est prise en charge par l'État. »

Jean-Louis Debré, *Rapport au nom de la mission d'information sur la question du port des signes religieux à l'école*, n° 1275, Assemblée nationale, 5 décembre 2003.

## 5. Aumônerie de l'Enseignement Public (AEP)
(pastorale des jeunes du diocèse de Rouen, 2009).

### Questions

**1.** **Quelle liberté et quel principe républicain sont évoqués ici ?** [1 à 5 + 2 p. 50]

**2.** **Où la loi de 1905 n'est-elle pas appliquée dans son intégralité ? Pourquoi ?** [1 à 5]

**3.** **Quelles solutions l'État français a-t-il trouvé pour concilier identité culturelle et laïcité républicaine ?** [3]

**4.** **En quoi consiste la laïcité dans l'école française ? Peut-on la qualifier d'ouverte et d'égalitaire à l'égard des différents cultes ?** [1 à 5]

Chapitre 4

# De l'État français à la IV^e République (1940-1946)

**1 Face à la défaite de la France en juin 1940,** deux hommes, deux choix : le maréchal Pétain à la radiodiffusion française et le général de Gaulle à la BBC de Londres.

En juin 1940, la débandade politique accompagne la déroute militaire. Le 10 juillet, l'Assemblée nationale vote les pleins pouvoirs à Pétain pour mettre en place un nouveau régime. L'État français, appelé aussi « gouvernement de Vichy », s'engage dans la collaboration avec l'occupant et dans la réalisation d'une « Révolution nationale ».

**Comment les forces politiques issues de la Résistance arrivent-elles à restaurer la République et ses valeurs en 1946 ?**

## SOMMAIRE

**2** ***La Révolution nationale,*** affiche éditée par le gouvernement de Vichy en 1942.

**3** **Le gouvernement provisoire de la République française (GPRF)** formé par de Gaulle le 21 novembre 1945, avec des communistes (Thorez, Tillon…), des socialistes (Moch, Auriol…), des démocrates-chrétiens (Bidault…), des gaullistes (Malraux, Soustelle…).

Situation 1

# La rafle du Vel' d'hiv

## Quel rôle l'État français a-t-il joué dans la déportation et l'extermination des Juifs de France ?

VILLE DE CHAMPIGNY-SUR-MARNE

AVIS AUX ISRAÉLITES

A la demande des Autorités d'occupation, les Israélites devront se présenter, munis de pièces d'identité, à la Mairie de Champigny (Bureau du Recensement), avant le 2 OCTOBRE, **dernier délai**, pour y remplir une fiche d'identité.

Faute de se présenter dans les délais prescrits, les personnes sus-visées s'exposeront aux mesures les plus sévères.

Champigny-sur-Marne, le 26 Septembre 1940.

LE MAIRE :
Gaston CHARDIN

**1 Recensement des Juifs effectué en mairie,** région parisienne, septembre 1940.

**3 Autobus de la Compagnie du Métropolitain utilisés pour la rafle du Vel' d'hiv,** rue Nélaton, Paris, juillet 1942.

### 2 La rafle du Vel' d'hiv racontée par Annette Krajcer

« Nous avons été arrêtées chez nous, 10 rue de Sévigné, le 16 juillet à 6 heures du matin, par des policiers parisiens en uniforme. Ils ont simplement expliqué à maman qu'il fallait qu'elle vienne parce qu'elle était "sur la liste". Ma sœur et moi n'y étions pas : mes parents étaient considérés comme apatrides, mais nous avions toutes les deux la nationalité française (j'étais alors en 4e au lycée). Depuis fin 1941, mon père était, en tant que Juif, dans un camp agricole des Ardennes dirigé par un chef de culture allemand. [...] On nous regroupa, avec d'autres familles du quartier, sous un préau d'école de la rue Geoffroy-l'Asnier. [...] Après quelques très longues heures d'attente, debout sous le préau, des autobus vinrent nous embarquer et nous conduisirent au Vélodrome d'hiver. [...]

Nous avons séjourné au Vel' d'hiv du jeudi 16 juillet, à midi, au dimanche matin 19 juillet. Je me souviens d'une clameur de fond incessante, avec des cris de femmes et d'enfants qui hurlaient, le jour et la nuit. [...]

Ce 19 juillet, nous avons quitté le Vélodrome après l'appel de notre nom de famille par haut-parleur. Nouvelle traversée de Paris, en autobus, vers la gare, sous la garde d'agents de police français. Ensuite, long voyage en wagons à bestiaux [...]. Les conditions sont déjà pénibles, mais on est ensemble, maman est là et nous réconforte comme elle peut. "Tant qu'on reste en France, nous disait-elle, il ne pourra rien nous arriver de terrible, nous n'avons vu aucun Allemand". Et à l'arrivée à Pithiviers, les conditions nous paraissent meilleures, comparées à celles du Vel' d'hiv. »

A. Krajcer[1], entretien avec l'auteur (27 mars 1990) in E. Conan, *Sans oublier les enfants. Les camps de Pithiviers et Beaune-la-Rolande, 19 juillet-16 septembre 1942*, Grasset & Fasquelle, 1991.

1. 12 ans en juillet 1942.

**4** **Camp d'internement de Pithiviers,** où les Juifs arrêtés en région parisienne sont détenus dès 1941.

## 5 Note de René Bousquet au préfet de police de Paris, 15 juillet 1942

« Ainsi que vous en avez été informé verbalement, les autorités allemandes ont décidé de transférer dans les territoires de l'Est les Juifs résidant dans la région parisienne et appartenant aux catégories suivantes : apatrides allemands, autrichiens, tchécoslovaques, polonais, russes, réfugiés sarrois. Elles ont invité les autorités françaises à effectuer le rassemblement des Juifs appartenant à ces catégories dans des camps de la zone occupée d'où elles procéderont à leur transfèrement. Monsieur le Commissaire général aux Questions juives ayant donné son accord à l'exécution de cette opération par les services de police français, je vous prie de bien vouloir prendre toutes dispositions utiles à cet effet. »

*Pour le chef du Gouvernement, le Secrétaire général de la police, René Bousquet*, cité in S. Klarsfeld, *Vichy-Auschwitz*, Fayard, 1985.

## 6 Registre des départs d'internés du camp de Beaune-la-Rolande, 5 août 1942

« 5 h 25. Départ du convoi de Beaune-la-Rolande, directement pour Auschwitz, avec 1 014 déportés (588 femmes et 425 hommes). Plus de la moitié sont polonais. Destination officielle : "frontière Lorraine". Le registre des "départs d'internés" du camp note : *Israélites de nationalités étrangères avec enfants en partie naturalisés français. Arrêtés à Paris et sa banlieue le 16 juillet 1942, concentrés au Vélodrome d'hiver et internés à Beaune les 19, 20, et 22 juillet 1942. Embarqués en gare de Beaune-la-Rolande par wagons de marchandises aménagés à raison de 50 internés par wagon. Dans ce convoi, les enfants se trouvent avec leurs parents, aucune mesure n'a été prise pour leur identification. Escorté par un détachement de la gendarmerie prélevé à la 9e légion de gendarmerie, composé d'un adjudant-chef, de 2 maréchaux des logis-chefs et de 22 gendarmes. Au départ, les internés ont reçu trois jours de vivres. 14 jours de vivres suivaient dans un wagon spécial.*

Les limites d'âge imposées par les Allemands[1] ne sont pas respectées : il y a dans ce convoi 30 enfants de moins de 12 ans, 176 jeunes filles de 13 à 21 ans et 93 garçons de 13 à 19 ans. À leur arrivée à Auschwitz, le 7 août, 214 hommes et 96 femmes furent sélectionnés et immatriculés pour le travail et tous les autres immédiatement gazés. »

Archives départementales du Loiret 34121, cité in E. Conan (*ouv. cit.*).

1. Plus de 16 ans.

## Questions

**1.** **Où et quand se déroule la rafle du Vel' d'hiv ? Qui sont les victimes ? Que deviennent-elles ?** [2 à 6]

**2.** **Quelles mesures les Allemands imposent-ils pour les Juifs ?** [1, 5]

**3.** **Comment l'État français collabore-t-il, à différents niveaux, au recensement, à l'arrestation, à la détention et à la déportation des Juifs de France ?** [1 à 6] [1] [9]

**4.** **Comment le régime de Vichy exclut-il les Juifs ?** [1, 5 + Essentiel en image p. 75 + 2 p. 80 + 4 p. 81]

Situation 2

# Jean Moulin et l'unification de la Résistance

## ■ Pourquoi l'unification de la Résistance est-elle un enjeu majeur en 1943 ?

**1 Jean Moulin et le général de Gaulle à Londres, 1941**

« Au mois d'octobre 1941, j'appris la présence à Lisbonne de Jean Moulin, arrivé de France et qui cherchait à venir à Londres. Je savais qui il était. Je savais, en particulier, que préfet d'Eure-et-Loir lors de l'arrivée des Allemands à Chartres, il s'était montré exemplaire de fermeté et de dignité. [...] Dans le courant de décembre, j'eus avec lui de longs entretiens. Jean Moulin, avant d'aller à Londres, avait pris de nombreux contacts avec chacun des mouvements de résistance et, d'autre part, sondé divers milieux politiques, économiques, administratifs. Il connaissait le terrain sur lequel, de prime abord, je projetais de l'engager. Il faisait des propositions nettes et formulait des demandes précises. [...] Jean Moulin fut parachuté dans le Midi, au cours de la nuit du 1er janvier. Il emportait mon ordre de mission [...]. Aussi était-il entendu que c'est lui qui serait, en France, le centre de nos communications, d'abord avec la zone Sud et, dès que possible, avec la zone Nord ; [...] qu'il serait tenu au courant des mouvements de personnel, de matériel, de courrier, effectués pour notre compte d'Angleterre en France et réciproquement ; enfin, qu'il recevrait et distribuerait les fonds que nous adressions à différents organismes opérant dans la Métropole. Ainsi pourvu d'attributions, Moulin se mit à l'ouvrage. »

Charles de Gaulle, *Mémoires de guerre, L'unité (1942-1944)*, Plon, 1956.

N° 25 — 1er Mars 1943

LIBÉRATION

ORGANE DES MOUVEMENTS DE RÉSISTANCE UNIS

Un seul chef : DE GAULLE ; une seule lutte : POUR NOS LIBERTÉS

Autres Organes des Mouvement de Résistance Unis : COMBAT — FRANC-TIREUR

**La Jeunesse française répond : Merde**

**le Rassemblement du Peuple**

La croix gammée a d'abord été le symbole de la Résistance. A Munich en 1920 les hommes d'Hitler étaient contre la collaboration.

A *LIBERATION* aussi, nous sommes les ennemis de la collaboration, mais nous sommes surtout les ennemis du Fascisme. D'un nouveau Fascisme qui tenterait de se lever sur l'imminente défaite allemande, NOUS NE VOULONS PAS.

*Le Général DE GAULLE est notre Chef, il n'est pas notre Fuhrer.*

Le Général DE GAULLE ne représente pas un césarisme naissant, une ambition personnelle, il est le garant de la LIBERTE nationale et individuelle.

Les «résistants» de la dernière heure aiment à nous considérer comme de braves jeunes gens qui n'auraient d'autre espoir que celui du martyre.

Des martyrs ? Certes il en fallait. Pour l'Homme, pour le Monde, pour l'Histoire. Le Parti Communiste et nous-mêmes, nous donnons les meilleurs d'entre nous.

Nais nous sommes des VOLONTAIRES nous ne sommes pas des imbéciles. Nous sommes des jeunes que deux années de combat ont mûris. Nous avons beaucoup appris, de Vichy et aussi... d'Alger. Nous savons reconnaitre les ennemis de la Liberté quels qu'ils soient.

Le fascime international, c'est la contre-révolution préventive, c'est la Sainte Alliance des nantis terrifiés, la dernière cartouche contre ce rassemblement populaire qui déjà, dans le monde entier, allait détruire les privilèges d'un capitalisme moribond.

*(suite page 2)*

**SABOTEZ LA CONSCRIPTION des esclaves au service d'Hitler**

La relève n'ayant pas donné les résultats que les Allemands en attendaient, Hitler a exigé de Vichy des mesures plus draconiennes.

Le mot de mobilisation, dans la bouche de ceux qui capitulèrent en Juin 1940 risquait d'indigner le peuple de France. Aussi l'a-t-on remplacé par l'expression atténuée : « Service obligatoire du travail ».

Il s'agit en fait de la déportation massive de notre jeunesse. Non contents de garder nos prisonniers et d'arracher nos ouvriers à leurs foyer, les Allemands nous demandent tous nos jeunes hommes, sans exception.

Il ne s'agit pas, comme le laisse entendre hypocritement le texte officiel, «de répartir équitablement entre tous les Français les charges résultant des besoins de notre économie». Il s'agit de livrer de nouveaux bras à l'Allemagne. Bichelonne qui a quelque raison d'être informé, a précisé que les nouvelles «recrues» seraient affectées à la construction de fortifications en Pologne.

En échange de cette conscription d'esclaves au service d'Hitler, le Reich offre de libérer quelques prisonniers. L'atroce comédie de la relève continue,

**2 Une du journal du mouvement Libération,** 1er mars 1943.

**3 Jean Moulin à la préfecture de Chartres,** juillet 1940.

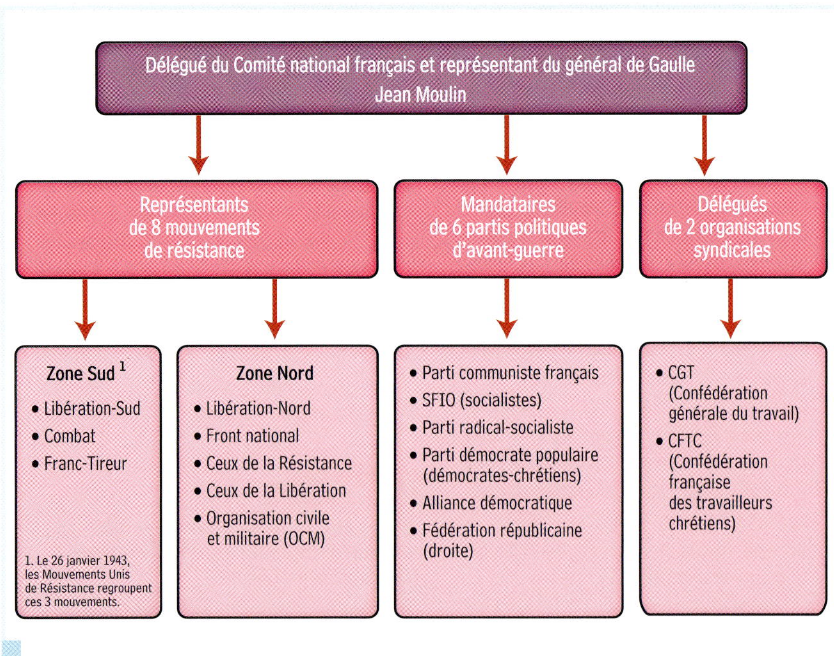


**4 Les membres du Conseil national de la Résistance (CNR)** présents lors de la 1re réunion clandestine à Paris, 27 mai 1943.

## 5 Jean Moulin, le général de Gaulle et le CNR, 1943

« Dans la nuit du 15 mai, Philip et Soustelle[1] triomphants m'apportaient un télégramme reçu à l'instant de Paris. Jean Moulin m'annonçait que le Conseil national de la Résistance était constitué et m'adressait, au nom du Conseil, le message suivant: "Tous les mouvements, tous les partis de la Résistance, de la zone Nord et de la zone Sud, à la veille du départ pour l'Algérie du général de Gaulle, lui renouvellent, ainsi qu'au Comité national, l'assurance de leur attachement total aux principes qu'ils incarnent [...]."

Le 27 mai, le Conseil national, réuni au complet, 48 rue du Four, tenait sa première séance sous la présidence de Jean Moulin et me confirmait son message.

Ainsi, sur tous les terrains et, d'abord, sur le sol douloureux de la France, germait au moment voulu une moisson bien préparée. Le télégramme de Paris, transmis à Alger et publié par les postes radio américains, britanniques et français libres, produisit un effet décisif, non seulement en raison de ce qu'il affirmait, mais aussi et surtout parce qu'il donnait la preuve que la Résistance française avait su faire son unité. La voix de cette France écrasée, mais grondante et assurée, couvrait, soudain, le chuchotement des intrigues et des palabres des combinaisons. J'en fus, à l'instant même, plus fort, tandis que Washington et Londres mesuraient sans plaisir, mais non sans lucidité, la portée de l'événement. »

Charles de Gaulle, *Mémoires de guerre, L'unité (1942-1944)*, Plon, 1956.

1. Membres du Comité national français, instance dirigeante de la France libre depuis septembre 1941.

**6 Affiche de la France libre,** publiée au Royaume-Uni en 1943.

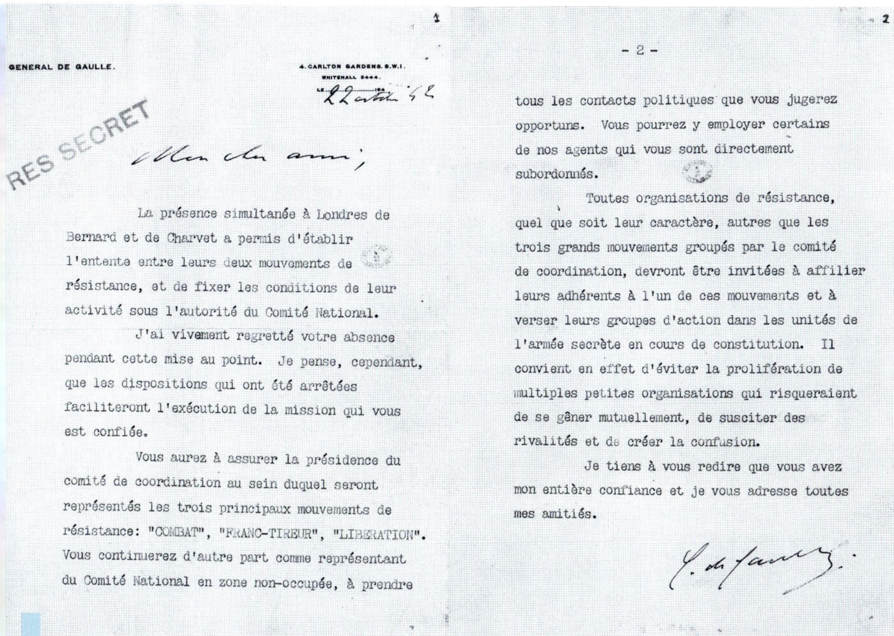

GENERAL DE GAULLE.

4, CARLTON GARDENS, S.W.1.
WHITEHALL 5444.

22 octobre 42

RES SECRET

Mon cher ami,

La présence simultanée à Londres de Bernard et de Charvet a permis d'établir l'entente entre leurs deux mouvements de résistance, et de fixer les conditions de leur activité sous l'autorité du Comité National.

J'ai vivement regretté votre absence pendant cette mise au point. Je pense, cependant, que les dispositions qui ont été arrêtées faciliteront l'exécution de la mission qui vous est confiée.

Vous aurez à assurer la présidence du comité de coordination au sein duquel seront représentés les trois principaux mouvements de résistance: "COMBAT", "FRANC-TIREUR", "LIBERATION". Vous continuerez d'autre part comme représentant du Comité National en zone non-occupée, à prendre

- 2 -

tous les contacts politiques que vous jugerez opportuns. Vous pourrez y employer certains de nos agents qui vous sont directement subordonnés.

Toutes organisations de résistance, quel que soit leur caractère, autres que les trois grands mouvements groupés par le comité de coordination, devront être invitées à affilier leurs adhérents à l'un de ces mouvements et à verser leurs groupes d'action dans les unités de l'armée secrète en cours de constitution. Il convient en effet d'éviter la prolifération de multiples petites organisations qui risqueraient de se gêner mutuellement, de susciter des rivalités et de créer la confusion.

Je tiens à vous redire que vous avez mon entière confiance et je vous adresse toutes mes amitiés.

C. de Gaulle

**7 Ordre de mission adressé par le général de Gaulle à Jean Moulin,** 22 octobre 1942. Charvet et Bernard sont les pseudonymes de H. Frenay (chef du mouvement Combat) et d'E. d'Astier de la Vigerie (chef du mouvement Libération).

### Questions

**1.** **Qui est Jean Moulin ? Au nom de qui agit-il ? Pourquoi a-t-il été choisi ?** [1, 3, 7 + 5 p. 81] [8]

**2.** **Quelles sont les différentes forces de la Résistance ? Quels liens existent entre la France libre et la Résistance intérieure ?** [1, 2, 5 à 7]

**3.** **Quel rôle Jean Moulin joue-t-il dans l'unification de la Résistance ? Quelles en sont les étapes ?** [1, 2, 4 à 7]

**4.** **Pourquoi la création du CNR renforce-t-elle la Résistance et la légitimité du général de Gaulle ?** [4, 5] [4]

Situation 3

# Le programme du Conseil national de la Résistance (CNR)

## ■ Quel pacte politique et social issu de la Résistance fonde la IVe République ?

**1 Manifestation du 1er mai 1945.** Les syndicats et partis de gauche réclament l'application du programme du CNR.

**2 Le programme du CNR, publié le 15 mars 1944 (extraits)**

II. Mesures à appliquer dès la libération du territoire

« Unis quant au but à atteindre, unis quant aux moyens à mettre en œuvre pour atteindre ce but qui est la libération rapide du territoire, les représentants des mouvements, groupements, partis ou tendances politiques, groupés au sein du CNR, proclament qu'ils sont décidés à rester unis après la Libération :

**1.** Afin d'établir le gouvernement provisoire de la République formé par le général de Gaulle pour défendre l'indépendance politique et économique de la nation ;

**2.** Afin de veiller au châtiment des traîtres ; [...]

**4.** Afin d'assurer :

– l'établissement de la démocratie la plus large en rendant la parole au peuple français par le rétablissement du suffrage universel ;

– l'égalité absolue de tous les citoyens devant la loi ;

**5.** Afin de promouvoir les réformes indispensables :

a) sur le plan économique :

– l'intensification de la production nationale selon les lignes d'un plan arrêté par l'État ;

– le retour à la nation des grands moyens de production monopolisés, des sources d'énergie, des richesses du sous-sol, des compagnies d'assurance et des grandes banques ;

b) sur le plan social :

– le droit au travail et au repos ;

– la garantie d'un niveau de salaire et de traitement qui assure à chaque travailleur et à sa famille la sécurité, la dignité et la possibilité d'une vie pleinement humaine ;

– la reconstitution d'un syndicalisme indépendant, doté de larges pouvoirs dans l'organisation de la vie économique et sociale ;

– un plan complet de sécurité sociale ;

– la sécurité de l'emploi, la réglementation des conditions d'embauchage et de licenciement ;

– une retraite permettant aux vieux travailleurs de finir dignement leurs jours.

Ainsi sera fondée une République nouvelle qui balaiera le régime de basse réaction instauré par Vichy.

En avant donc, dans l'union de tous les Français rassemblés autour du CFLN et de son président, le général de Gaulle ! »

## 3 Résultats des élections du 21 octobre 1945

| | | |
|---|---|---|
| **Référendum** | Les Français approuvent à 96 % la rédaction d'une nouvelle Constitution pour une IVe République.<br>Les Français approuvent à 66 % la limitation des pouvoirs de l'Assemblée constituante. | |
| **Élections législatives (métropole)** | Parti communiste français | 26,1 % des voix et 148 députés |
| | Mouvement républicain populaire (démocrates chrétiens) | 25,6 % des voix et 143 députés |
| | Section française de l'internationale ouvrière (socialistes) | 24,6 % des voix et 135 députés |
| | Modérés | 14,4 % des voix et 65 députés |
| | Radicaux | 9,3 % des voix et 31 députés |

D'après J.-P. Rioux, *La France de la Quatrième République*, tome 1, Le Seuil, 1980.

**4 Premières élections générales en France,** 21 octobre 1945.

ADMINISTRATION
DIRECTION-PUBLICITE
23, rue Chauchat, Paris - 9e
TAITBOUT 50-43 (5 lignes gr.)

REDACTION
SERVICES DE VENTE
5, rue Lamartine, Paris - 9e
TRUDAINE 56-70 (5 lignes gr.)

DIRECTEUR GENERAL
JACQUES DESTREE

5 HEURES — MATIN — 2 FRANCS

PARIS- **Résistance** DERNIÈRE

LA VOIX DE LA FRANCE

MERCREDI 28 NOVEMBRE 1945
4e ANNEE. — N° 419

# La nationalisation du crédit

**LE PROJET DE M. PLEVEN SERA PRÉSENTÉ VENDREDI à la Constituante, après une dernière mise au point par un nouveau Conseil des ministres**

Si le conseil des ministres d'hier a été reporté de quelques heures, la raison en était que le général de Gaulle avait tenu, le matin, à présider, rue Saint-Dominique, la séance du comité des affaires allemandes.
Ceci indiqué, précisons que la délibération gouvernementale, commencée à 15 h. 30, s'est prolongée pendant plus de quatre heures. Elle a été presque entièrement consacrée à l'étude du projet sur la nationalisation du crédit.
Les ministres, fidèles au mot d'ordre qui leur avait été donné, se sont refusés à toute déclara-

LE PROBLÈME DU CHARBON et la situation difficile de nos centrales thermiques

**Documents accablants découverts en Allemagne sur la collaboration économique**

**PALESTINE**
*Situation très grave*

Jérusalem, 27 novembre (Associated Press). — Un communiqué du haut commissariat sur la situation à Tel-Aviv évalue à neuf morts et 57 blessés le nombre des victimes de la journée d'hier qui a été marquée par de violentes bagarres entre la police palestinienne renforcée d'unités de chars et de parachutistes britanniques et les habitants juifs des concessions situées au nord de Tel-Aviv.
Aujourd'hui, les bannières sio-

(VII) A TRAVERS LES ZONES DE SILENCE DE L'EUROPE
KATTOWICE
*A côté de l'abondance, une immense détresse*
par Emmanuel BLANC

De Prague à Kattowice, il existe en temps de paix un train qui parcourt allégrement les quelque 350 km. qui séparent les deux villes. En été 1945, il faut cinq changements de train pour accomplir le trajet à l'aller ; quatre seulement au retour. Ainsi gagne-t-on quelques heures sur

**Où va la race ?**

*Question angoissante et primordiale au lendemain des années d'épreuve que nous venons de traverser*

Notre enquêteur **Edmond TOURGIS** l'a posée aux plus éminents spécialistes du corps médical français (1)

*Les plus rudes années d'épreuves de toutes sortes sont terminées, du moins on est en droit de l'espérer, pour le peuple français, qui a été un des plus atteints. Ce qui eût été prématuré, sans doute, de demander dès la libération de notre sol, on peut le faire avec le recul de quinze mois : notre race subira-t-elle les conséquences d'une sous-alimentation générale qui s'est aussi longtemps prolongée ?*
*Comme, de toute évidence, la tuberculose est la maladie qui a le plus profité du terrain que lui offraient les organismes sous-alimentés, c'est à deux médecins spécialistes de cette maladie que nous nous sommes adressé en premier.*
*Le professeur agrégé Etienne Bernard, chef du Centre de phtisiologie de l'hôpital Tenon, fait remarquer que les conditions et les facteurs d'ordre moral dont la population a souffert depuis 1940 ont retenti non seulement sur le taux de la*

**5 Une du journal *Résistance,*** 28 novembre 1945.

**6 Procès du maréchal Pétain,** Paris, 23 juillet-15 août 1945.

## Questions

1. **Quelles mesures sont programmées par le CNR pour rompre avec Vichy et rétablir la démocratie ?** [2 + 1 p. 74 + 4 p. 76]
2. **Quelles forces issues de la Résistance mettent en œuvre ce programme à la Libération ?** [1 à 3 + 3 p. 65 + 4 p. 68]
3. **Quels éléments traduisent l'espoir d'un nouveau modèle économique et social ?** [2 à 4 + 1 p. 72]
4. **Quels projets du programme du CNR seront effectivement réalisés à la Libération ?** [1 à 6 + 4 p. 76]

## ■ Étudier un discours politique

*Discours, appel, allocution sont des documents contemporains d'une époque ou d'un événement. Ils ont été prononcés par leurs auteurs devant un public, un micro de radio, une caméra de télévision..., la voix et le geste soutenant le message.*

**1. Identifier le discours :** auteur (fonction), date, lieu, destinataire, nature, contexte historique.

**2. Analyser le contenu du message :** thème, intention de l'auteur, faits énoncés, allusions, procédés utilisés pour frapper ou convaincre.

**3. Mettre en perspective :** expliquer la prise de position, mesurer la portée immédiate et à long terme, apprécier l'intérêt du discours.

# Vichy et la responsabilité de la France, histoire et mémoire

Citoyens, j'avais dit : "Le jour où la République rentrera, je rentrerai." Me voici.
VICTOR HUGO

Édition de 5 heures du matin

PREMIÈRE ANNÉE - N° 8

# Le Parisien Libéré

SAMEDI 26 AOUT 1944

LE NUMÉRO : 2 FRANCS

Dans la liberté reconquise ce journal continue le combat mené sous l'oppression par O. C. M. (Organisation Civile et Militaire) et par ses revues ou journaux : Cahiers - Études pour une nouvelle révolution française ; l'Avenir ; l'Essor.

# PARIS EST VENGÉ !

*La République nous appelle*

**A l'Hôtel de Ville, le général de Gaulle s'adresse à la Résistance**

*Refaire un monde*
par Georges DUHAMEL

**1 Une du journal *Le Parisien Libéré,*** 26 août 1944.

**3 De Gaulle sur les Champs-Élysées,** le 26 août 1944 avec des membres du CNR, du Comité parisien de la libération, des FFI et FFL.

**2 Discours du général de Gaulle, 25 août 1944[1]**

« Paris ! Paris outragé ! Paris brisé ! Paris martyrisé ! Mais Paris libéré ! Libéré par lui-même, libéré par son peuple avec le concours des armées de la France, avec l'appui et le concours de la France tout entière, de la France qui se bat, de la seule France, de la vraie France, de la France éternelle.

Eh bien ! Puisque l'ennemi qui tenait Paris a capitulé dans nos mains, la France rentre à Paris, chez elle. Elle y rentre sanglante, mais bien résolue. Elle y rentre, éclairée par l'immense leçon, mais plus certaine que jamais, de ses devoirs et de ses droits.

Je dis d'abord de ses devoirs, et je les résumerai tous en disant que, pour le moment, il s'agit de devoirs de guerre. L'ennemi chancelle mais il n'est pas encore battu. Il reste sur notre sol. Il ne suffira même pas que nous l'ayons, avec le concours de nos chers et admirables alliés, chassé de chez nous pour que nous nous tenions satisfaits après ce qui s'est passé. Nous voulons entrer sur son territoire comme il se doit, en vainqueurs. [...] Ce devoir de guerre, tous les hommes qui sont ici et tous ceux qui nous entendent en France savent qu'il exige l'unité nationale. [...] Vive la France ! »

Charles de Gaulle, *Discours et messages,* tome 1, 1940-1946, Plon, 1970.

1. Prononcé à l'Hôtel de Ville de Paris devant les insurgés et les Parisiens.

**4 Jacques Chirac commémorant la rafle du Vel' d'hiv,** devant le monument inauguré un an auparavant, 16 juillet 1995.

**5 Le général de Gaulle dans Paris libéré, 25 août 1944**

« Le 25 août, rien ne va manquer de ce qui est décidé. J'ai moi-même, par avance, fixé ce que je dois faire dans la capitale libérée. Cela consiste à rassembler les âmes en un seul élan national, mais aussi à faire paraître tout de suite la figure et l'autorité de l'État. [...] Je parviens à l'Hôtel de Ville. [...] Comme je me dispose à partir, Georges Bidault s'écrie "Mon général ! Voici, autour de vous, le Conseil national de la Résistance et le Comité parisien de la libération. Nous vous demandons de proclamer solennellement la République devant le peuple ici rassemblé." Je réponds "La République n'a jamais cessé d'être. La France libre, la France combattante, le Comité français de la libération nationale, l'ont, tour à tour, incorporée. Vichy fut toujours et demeure nul et non avenu. Moi-même suis le président du gouvernement de la République. Pourquoi irai-je la proclamer ?" Allant à une fenêtre, je salue de mes gestes la foule qui remplit la place. »

Charles de Gaulle, *Mémoires de guerre, L'unité (1942-1944)*, Plon, 1956.

## Application

1. **Pour chaque discours, repérez la situation de l'auteur, les destinataires, les faits évoqués, leur date et celle du discours.** [1 à 6]
2. **Quels procédés l'auteur utilise-t-il pour frapper l'auditoire ? Quel effet veut-il produire ?** [1 à 6]
3. **Étudiez l'utilisation, dans les discours, du mot « France » : comment est-elle qualifiée ? quels termes peut-on lui substituer ?** [2, 5, 6]
4. **Quel regard les deux personnages portent-ils sur la responsabilité de l'État pendant l'occupation ? Quelle évolution constatez-vous ?** [1 à 6]

**6 Allocution de Jacques Chirac, 16 juillet 1995**

« Il est, dans la vie d'une nation, des moments qui blessent la mémoire, et l'idée que l'on se fait de son pays. [...] Il est difficile de les évoquer, aussi, parce que ces heures noires souillent à jamais notre histoire, et sont une injure à notre passé et à nos traditions. Oui, la folie criminelle de l'occupant a été secondée par des Français, par l'État français. Il y a cinquante-trois ans, le 16 juillet 1942, 450 policiers et gendarmes français, sous l'autorité de leurs chefs, répondaient aux exigences des nazis. Ce jour-là, dans la capitale et en région parisienne, près de dix mille hommes, femmes et enfants juifs furent arrêtés à leur domicile, au petit matin, et rassemblés dans les commissariats de police. [...]

La France, patrie des Lumières et des Droits de l'homme, terre d'accueil et d'asile, la France, ce jour-là, accomplissait l'irréparable. Manquant à sa parole, elle livrait ses protégés à leurs bourreaux. [...]

Reconnaître les fautes du passé et les fautes commises par l'État. Ne rien occulter des heures sombres de notre Histoire, c'est tout simplement défendre une idée de l'Homme, de sa liberté et de sa dignité. [...] Certes, il y a les erreurs commises, il y a les fautes, il y a une faute collective. Mais il y a aussi la France, une certaine idée de la France, droite, généreuse, fidèle à ses traditions, à son génie. Cette France n'a jamais été à Vichy. [...] Elle est à Londres, incarnée par le général de Gaulle. Elle est présente, une et indivisible, dans le cœur de ces Français, ces "Justes parmi les nations" qui [...] ont donné vie à ce qu'elle a de meilleur : les valeurs humanistes, les valeurs de liberté, de justice, de tolérance qui fondent l'identité française et nous obligent pour l'avenir. »

Discours prononcé lors des cérémonies commémorant la grande rafle du Vel' d'hiv (www.elysee.fr).

# L'essentiel

| | |
|---|---|
| **18 mai** | Pétain vice-président du Conseil. |
| **5 juin** | De Gaulle sous-secrétaire d'État à la guerre. |
| **10 juin** | Le gouvernement quitte Paris. |
| **14 juin** | Allemands dans Paris. |
| **16 juin** | Pétain président du Conseil. |
| **17 juin** | Pétain demande l'armistice. De Gaulle part à Londres. |
| **18 juin** | « Appel » à la résistance du général de Gaulle. |
| **22 juin** | Armistice signé à Rethondes. |
| **28 juin** | De Gaulle chef de la France libre. |
| **10 juillet** | Vote des pleins pouvoirs à Pétain. |
| **11-12 juillet** | Actes constitutionnels. |
| **13 août** | Loges maçonniques dissoutes. |
| **3 octobre** | Loi sur le statut des Juifs. |
| **5 octobre** | Rafle de communistes à Paris. |
| **24 octobre** | Entrevue Pétain-Hitler à Montoire. |
| **9 novembre** | Dissolution des syndicats. |

**1. L'année 1940.**

## 1. L'État français : un régime né de la défaite (1940)

■ En juin 1940, une débâcle politique accompagne le désastre militaire : près de 100 000 morts, la moitié du territoire envahie, 10 millions de réfugiés sur les routes, la capitale abandonnée par le pouvoir politique divisé. Refusant la **capitulation**, le gouvernement de Pétain demande l'**armistice** et accepte les conditions allemandes : livraison du matériel militaire, internement en Allemagne des prisonniers, occupation des 3/5e du territoire métropolitain par la Wehrmacht, entretien des troupes d'occupation. Opposé à l'armistice, le général de Gaulle part à Londres et appelle les Français à poursuivre le combat aux côtés des Alliés.

■ Installé en zone « libre », le gouvernement veut abolir le régime républicain qu'il rend responsable de la défaite. Convoqué à Vichy, le Parlement vote (569 voix pour, 80 contre, 20 abstentions) les pleins pouvoirs à Pétain pour élaborer « une nouvelle Constitution de l'État français qui devra garantir les droits du travail, de la famille et de la patrie ». Le **régime de Vichy** remplace la IIIe République.

■ Les « actes constitutionnels » instaurent un régime autoritaire dans lequel le maréchal Pétain concentre les pouvoirs. Chef de l'exécutif et unique législateur, il nomme les maires. Les hauts fonctionnaires (magistrats, préfets...) lui prêtent serment. La vie politique est verrouillée : Parlement en congé, partis politiques inactifs, syndicats dissous, presse censurée, opposants réprimés. La personne du maréchal, présenté comme un « sauveur » par la propagande, fait l'objet d'un véritable culte.

**2. La femme sous Vichy,** affiche de 1941.

## 2. Révolution nationale et collaboration d'État (1940-1944)

■ Rejetant les idéaux de 1789, la **Révolution nationale** vise un redressement moral du pays inspiré des valeurs prônées par l'extrême droite dans les années 1930 : ordre, discipline, tradition catholique, terre nourricière, xénophobie, antisémitisme. À la liberté et à l'égalité des individus, on substitue la soumission aux « communautés naturelles » qui hiérarchisent la société : la famille, cellule de base dominée par l'autorité du père ; le travail dans lequel s'établit entre patrons et ouvriers une coopération qui nie la lutte des classes ; la nation, communauté suprême dont l'unité est restaurée par l'exclusion des « ennemis intérieurs » : étrangers, Juifs, francs-maçons, communistes, internationalistes.

■ Misant sur la victoire de l'Allemagne, Pétain engage la France dans la **collaboration** d'État. En échange de la souveraineté du gouvernement sur l'ensemble du territoire, il livre ressources et main-d'œuvre à l'occupant et accepte une collaboration militaire contre les Alliés. En offrant les services de son administration pour maintenir l'ordre, il permet aux Allemands de mobiliser des troupes importantes sur d'autres fronts et il implique les fonctionnaires français dans la répression de la **Résistance**, dans l'arrestation et la déportation des Juifs. Par sa législation, par sa propagande, comme par son soutien à l'occupant, l'État français participe à la mise en œuvre du **génocide**.

## L'essentiel en image

**Affiches de propagande éditées en France,** 1941.

***Quelles connaissances du chapitre retrouvez-vous dans ce document ?***

## Mots-clés

**Armistice** : décision politique du gouvernement de cesser les combats et de reconnaître la défaite.

**Capitulation** : acte militaire qui reconnaît la défaite des armées. Il ne met pas en cause la souveraineté nationale de l'État et permet à un gouvernement en exil de continuer le combat.

**CNR** : Conseil national de la Résistance, créé le 27 mai 1943 pour unifier les forces de la résistance. Présidé par Jean Moulin jusqu'à son arrestation en juin 1943.

**Collaboration** : attitude qui consiste à aider l'occupant dans l'effort de guerre et le contrôle des pays occupés. Elle peut être économique, politique, militaire et idéologique.

**Épuration** : ensemble des actes ou procédures visant à punir les individus ou les entreprises, accusés de collaboration avec l'occupant.

**FFI** : Forces françaises de l'intérieur qui rassemblent en 1944 les éléments de lutte armée des mouvements de résistance intérieure.

**FFL** : Forces françaises libres formées à Londres par de Gaulle durant l'été 1940. Elles regroupent des militaires, des engagés volontaires et des troupes ralliées de l'Empire.

**FTP** : Francs-Tireurs et Partisans, branche militaire de la résistance communiste.

**Génocide** : extermination systématique et volontaire des Juifs et des Tziganes dirigée par les nazis pendant la Seconde Guerre mondiale.

**GPRF** : Gouvernement provisoire de la République française, présidé à partir du 3 juin 1944 par de Gaulle.

**Libération** : action conjointe des troupes alliées et de la Résistance qui permet à la France de libérer son territoire et de redevenir un État souverain.

**Mouvement** : organisation de résistants qui cherche à mobiliser la population (tracts, journaux clandestins) et à organiser la lutte contre l'occupant et le régime de Vichy.

**Régime de Vichy (ou État français)** : gouvernement « de fait » de la France de 1940 à 1944, institué par les actes constitutionnels de juillet 1940 et présidé par le maréchal Pétain.

**IVe République** : régime politique instauré par la Constitution du 27 octobre 1946.

**Réseau** : organisation à objectif militaire (renseignement, sabotage, évasion…) qui travaille en lien avec les Alliés ou la France libre.

**Résistance** : refus volontaire et organisé de la défaite et de l'occupation qui se fixe pour but la libération du territoire et la restauration de la démocratie.

**Révolution nationale** : ensemble des réformes lancées par le gouvernement de Vichy pour redresser la France et restaurer l'ordre moral.

# L'essentiel

## 3. Diversité et unification de la Résistance (1940-1944)

■ À Londres, la France libre du général de Gaulle rassemble ceux qui continuent la lutte. Soutenue financièrement par l'Angleterre, elle s'appuie sur les **réseaux** qui fournissent de précieuses informations, sur les **FFL** qui combattent en Afrique aux côtés des Anglais. En zones Nord (occupée) et Sud (libre), les **mouvements** de résistance (Libération, Combat...) s'organisent progressivement dans la clandestinité.

■ À partir de 1942, la Résistance intérieure se renforce: les **FTP** multiplient les actions armées, les maquis se développent. Chargé par de Gaulle d'unifier les forces résistantes sous son autorité, Jean Moulin fonde, en mai 1943, le **CNR** qui regroupe les principaux mouvements des deux zones, des partis politiques et des syndicats. Ce rapprochement entre les Résistances extérieure et intérieure se poursuit après l'arrestation et la mort de Jean Moulin. Il conforte la légitimité politique du général de Gaulle, chef désormais reconnu d'une France combattante unifiée.

■ En 1944, la libération du territoire se réalise grâce à l'action conjointe des armées alliées, des FFL et des combattants de la Résistance intérieure, regroupés dans les **FFI**. Le 19 août, la Résistance intérieure déclenche l'insurrection parisienne; le 25, elle facilite la libération de la capitale par les troupes du général Leclerc; le 26, de Gaulle et le CNR défilent triomphalement sur les Champs-Élysées. La légalité républicaine réintègre la capitale.

**3. Affiche célébrant la libération de la France,** 1944.

## 4. La République restaurée (1944-1946)

■ À la **Libération**, la Résistance assume le rôle politique fixé dans le programme du CNR (15 mars 1944). Pour rétablir la République et éviter l'installation d'un gouvernement d'occupation allié, elle s'est dotée d'institutions: un pouvoir exécutif, le **GPRF**, représenté dans les régions par des commissaires de la République; des Comités départementaux de la Libération qui se substituent localement à l'administration de Vichy. L'**épuration** frappe les collaborateurs et les soutiens du régime de Vichy. Jugé par la Haute Cour, le maréchal Pétain est condamné à mort (puis gracié par de Gaulle).

■ Dans les domaines économique et social, le programme du CNR a prévu une série de réformes mises en place entre décembre 1944 et mars 1946. La reconstruction est encadrée par une intervention accrue de l'État. Planification de l'économie, nationalisation des secteurs-clés (énergie, transport, banque, industrie...), mise en place de la Sécurité sociale et des comités d'entreprise annoncent l'État-providence.

■ La vie politique reprend son cours avec les élections de 1945 auxquelles les femmes participent pour la première fois. Les Français se prononcent en faveur d'un nouveau régime politique. Issu des élections législatives, le nouveau gouvernement regroupe les forces politiques actives dans la Résistance (gaullistes, communistes, socialistes, chrétiens-démocrates). Promulguée le 27 octobre 1946, la Constitution de la **IVe République** réaffirme les principes de 1789 et l'esprit de la Résistance.

| | |
|---|---|
| **16 janvier** | Nationalisation de Renault. |
| **22 février** | Ordonnance sur les comités d'entreprise. |
| **9 avril** | Nationalisation d'Air France. |
| **29 avril-13 mai** | Élections municipales. |
| **8 mai** | Capitulation allemande. |
| **12 juin** | Suppression de la censure de la presse. |
| **22 juin** | Création de l'École nationale d'administration (ENA). |
| **4 et 19 octobre** | Ordonnances de création de la Sécurité sociale. |
| **21 octobre** | Référendum et élections législatives. |
| **13 novembre** | De Gaulle élu chef du gouvernement provisoire par l'Assemblée constituante. |
| **21 novembre** | Formation du gouvernement du général de Gaulle. |
| **2 décembre** | Nationalisation des principales banques. |
| **21 décembre** | Création du Commissariat général au Plan. |

**4. L'année 1945.**

**Affiche du mouvement Libération-Nord**, 1944.

***Quelles connaissances du chapitre retrouvez-vous dans ce document ?***

## Retenir autrement

| IIIe République | | État français | | IVe République |
|---|---|---|---|---|
| **Constitution et organisation des pouvoirs**<br>■ Lois constitutionnelles, 1875<br>■ Séparation des pouvoirs<br>■ Président de la République et Parlement élus | Armistice et pleins pouvoirs à Pétain 1940 | **Constitution et organisation des pouvoirs**<br>■ Actes constitutionnels, juillet 1940<br>■ Pouvoirs détenus par Pétain<br>■ Parlement en congé | Libération et GPRF 1944-1946 | **Constitution et organisation des pouvoirs**<br>■ Constitution, octobre 1946<br>■ Séparation des pouvoirs<br>■ Président de la République et Parlement élus<br>■ Pouvoirs des députés accrus |
| **Vie politique**<br>■ Suffrage universel masculin<br>■ Multipartisme<br>■ Libertés individuelles garanties | | **Vie politique**<br>■ Pas d'élections<br>■ Pas de libertés individuelles<br>■ Opposition réprimée<br>■ Collaboration d'État | | **Vie politique**<br>■ Suffrage universel élargi aux femmes<br>■ Multipartisme<br>■ Libertés individuelles garanties |
| **Valeurs**<br>■ Droits de l'homme et du citoyen (1789)<br>■ « Liberté, Égalité, Fraternité » | | **Valeurs**<br>■ Révolution nationale<br>■ Société hiérarchisée<br>■ « Travail, Famille, Patrie » | | **Valeurs**<br>■ Droits de l'homme et du citoyen<br>■ Programme du CNR<br>■ « Liberté, Égalité, Fraternité » |
| **Démocratie parlementaire** | Volonté de rupture | **Régime autoritaire** | Volonté de rupture | **Démocratie parlementaire** |

## 1 Question avec un support

**CAPACITÉ**
Raconter et caractériser un événement historique

**Quels aspects de la Libération sont évoqués par cette affiche ?**

**Affiche éditée par le GPRF en août 1944,** dessin de Phili.

### *Aide à la réponse*

- *Rappeler les faits, les dates et le contexte.*
- *Identifier les allégories et les symboles.*
- *Chercher ce qui caractérise un moment de rupture.*

## 2 Question avec un support

**CAPACITÉ**
Relever les informations essentielles et les mettre en relation avec ses connaissances

**Quelles informations ces deux pièces de monnaie apportent-elles ?**

**1. Pièce de monnaie de 10 francs,** en circulation en 1939.

**2. Pièce de monnaie de 5 francs,** en circulation en 1941.

### *Aide à la réponse*

- *Identifier le régime politique aux deux dates citées.*
- *Repérer les symboles qui représentent l'État et ses valeurs.*
- *Comparer les deux situations.*

## 1 Question avec deux supports

**CAPACITÉ**
Expliquer le contexte, le rôle des acteurs et les enjeux de la situation étudiée

**En quoi la loi sur le statut des Juifs porte-t-elle atteinte aux principes et aux valeurs de la République ?**

**1. Loi sur le statut des Juifs**

« Nous, maréchal de France, chef de l'État français, le conseil des ministres entendu, décrétons :

Article 1er – Est regardé comme juif, pour l'application de la présente loi, toute personne issue de trois grands-parents de race juive ou de deux grands-parents de la même race, si son conjoint lui-même est juif.

Article 2 – L'accès et l'exercice des fonctions publiques sont interdits aux Juifs. [...]

Article 4 – Les Juifs ne pourront, sans condition ni réserve, exercer l'une quelconque des professions suivantes : directeurs, gérants, rédacteurs de journaux [...], de toutes entreprises se rapportant à la radiodiffusion. [...]

[L'article 7 fixe les conditions dans lesquelles les fonctionnaires juifs [...] cesseront d'exercer leurs fonctions dans les deux mois.] »

Fait à Vichy, le 3 octobre 1940, Philippe Pétain.

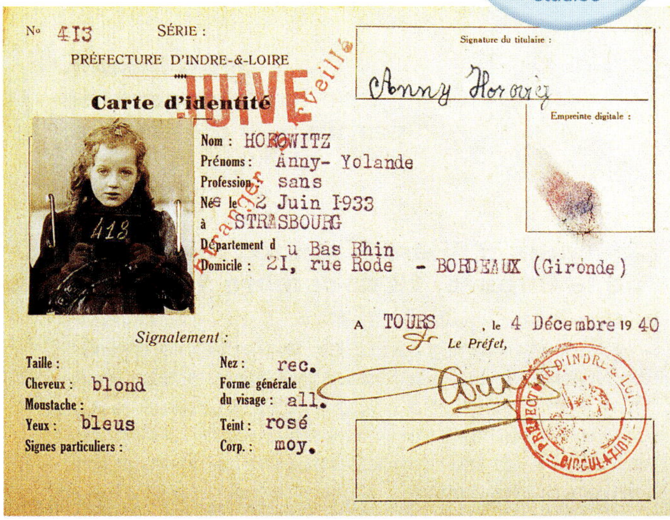
N° 413 SÉRIE :
PRÉFECTURE D'INDRE-&-LOIRE
JUIVE
Carte d'identité
Signature du titulaire : Anny Horowitz
Empreinte digitale :
Nom : HOROWITZ
Prénoms : Anny- Yolande
Profession : sans
Née le 2 Juin 1933
à STRASBOURG
Département d u Bas Rhin
Domicile : 21, rue Rode - BORDEAUX (Gironde)
A TOURS, le 4 Décembre 1940
Le Préfet,
Signalement :
Taille :
Cheveux : blond
Moustache :
Yeux : bleus
Signes particuliers :
Nez : rec.
Forme générale du visage : all.
Teint : rosé
Corp. : moy.

**2. Carte d'identité d'une enfant** (la mention « juif » est inscrite à partir de juin 1942).

### Aide à la réponse

- *Repérer la date, l'auteur, la nature du document et situer dans le contexte.*
- *Identifier les mesures et leurs implications.*
- *Mettre en relation avec les principes de la République.*

## 2 Question simple

**CAPACITÉ**
Raconter et caractériser un événement historique

**Quel rôle les autorités françaises ont-elles joué dans la rafle du Vel' d'hiv des 16 et 17 juillet 1942 ?**

### Aide à la réponse

- *Identifier les différents acteurs.*
- *Préciser les faits dans leur déroulement.*
- *Apprécier la responsabilité de la France.*

## 3 Question simple

**CAPACITÉ**
Caractériser un personnage et son action en rapport avec la situation étudiée

**Quel rôle majeur a joué Jean Moulin dans l'unification de la Résistance ?**

### Aide à la réponse

- *Rappeler le titre et la fonction de Jean Moulin.*
- *Évoquer les multiples composantes de la Résistance, les étapes de son unification.*
- *Préciser l'action de Jean Moulin, ce qui en fait un héros reconnu.*

# Les grands hommes de la République

## Pourquoi la mémoire collective fait-elle de Jean Moulin le héros de la Résistance ?

**1. Jean Moulin photographié par un ami d'enfance,**
Montpellier, octobre 1939.

### 2. Discours d'André Malraux, ministre de la Culture, 19 décembre 1964

« Monsieur le président de la République,

Voici donc plus de vingt ans que Jean Moulin partit, par un temps de décembre sans doute semblable à celui-ci, pour être parachuté sur la terre de Provence, et devenir le chef d'un peuple de la nuit. Sans cette cérémonie, combien d'enfants de France sauraient son nom ? Il ne le retrouva lui-même que pour être tué ; et depuis, sont nés seize millions d'enfants...

Puissent les commémorations des deux guerres s'achever aujourd'hui par la résurrection du peuple d'ombres que cet homme anima, qu'il symbolise, et qu'il fait entrer ici comme une humble garde solennelle autour de son corps de mort. [...]

Chef de la Résistance martyrisé dans des caves hideuses, regarde de tes yeux disparus toutes ces femmes noires qui veillent nos compagnons : elles portent le deuil de la France, et le tien. [...] Pauvre roi supplicié des ombres, regarde ton peuple d'ombres se lever dans la nuit de juin constellée de tortures. Voici le fracas des chars allemands qui remontent vers la Normandie à travers les longues plaintes des bestiaux réveillés : grâce à toi, les chars n'arriveront pas à temps. [...]

L'hommage d'aujourd'hui n'appelle que le chant qui va s'élever maintenant, ce *Chant des Partisans* [...]. Écoute aujourd'hui, jeunesse de France, ce qui fut pour nous le Chant du Malheur. C'est la marche funèbre des cendres que voici. À côté de celles de Carnot avec les soldats de l'an II, de celles de Victor Hugo avec les Misérables, de celles de Jaurès veillées par la Justice, qu'elles reposent avec leur long cortège d'ombres défigurées. Aujourd'hui, jeunesse, puisses-tu penser à cet homme comme tu aurais approché tes mains de sa pauvre face informe du dernier jour, de ses lèvres qui n'avaient pas parlé ; ce jour-là, elle était le visage de la France. »

Discours prononcé lors du transfert des cendres de Jean Moulin au Panthéon
http://www.culture.gouv.fr/culture/actualites/dossiers/malraux2006/discours/a.m-moulin.htm

**3. Timbre *Mémorial Jean Moulin-Rhône*, La Poste, 2009.**
Jean Moulin et la maison de Caluire où il est arrêté le 21 juin 1943.

**4. Cérémonie du transfert des cendres de Jean Moulin au Panthéon,** 19 décembre 1964, en présence des officiels de la République.

**5. Mémorial Jean Moulin à Chartres,** inauguré en 1948 en mémoire de celui qui fut préfet d'Eure-et-Loir de 1939 à sa révocation par Vichy en novembre 1940.

## Questions

1. **Retracez les principales étapes du parcours de Jean Moulin de 1939 à 1944.** [1 à 5 + 1, 3, 5 p. 68-69] [8]
2. **De quand datent ces actes de commémoration ? Quels événements de la vie de Jean Moulin sont évoqués ?** [2 à 5]
3. **Montrez que l'hommage rendu à Jean Moulin en 1964 a un caractère solennel qui engage toute la nation.** [2, 4]
4. **Quel « visage de la France » Jean Moulin symbolise-t-il ?** [1 à 5]

Chapitre 5

# La V$^e$ République, une République d'un nouveau type ?

**1** **Affiche de soutien au général de Gaulle,** septembre 1958.

L'arrivée au pouvoir du général de Gaulle, en juin 1958, va donner naissance à la Ve République. La nouvelle Constitution du 4 octobre modifie en profondeur la vie politique française et fait émerger de nouveaux fonctionnements démocratiques. Plus stable que la République précédente, la Ve République est cependant confrontée à des défis inédits et à des crises.

## En quoi la Ve République modifie-t-elle durablement la vie politique française ?

SOMMAIRE

**2** **L'université parisienne de la Sorbonne occupée par les étudiants**, mai 1968.

**3** **Inauguration du Mémorial Leclerc à Paris lors du 50e anniversaire de la Libération de Paris le 25 août 1994.** De gauche à droite : le Premier ministre Édouard Balladur, le président de la République François Mitterrand et Jacques Chirac, alors maire de Paris.

Situation 1

# De Gaulle et la première élection présidentielle au suffrage universel

## ■ Pourquoi de Gaulle a-t-il modifié l'élection du président de la République ?

18

DIX-NEUVIÈME ANNÉE — N° 5531 ★ ★ **24 PAGES — DERNIÈRE ÉDITION** MARDI 30 OCTOBRE 1962

**LIRE EN PAGE**

2 à 12. — Les résultats complets du référendum.
13, 14, 15. — Le dénouement de l'affaire cubaine. Ph. Ben, J. Knecht, M. Tatu.
16. — L'affaire « Der Spiegel ». R. Delcour. — La querelle linguistique en Belgique. P. de Vos.
17. — La mainmise du gouvernement algérien sur la radio. A. Pautard.
18. — Les travaux du concile.
21. — Le week-end sportif.
22. — La mort d'Enrico Mattei. J. d'Hospital.
24. — Le conflit sino-indien.

# Le Monde

Rédaction, Administration : 5, r. des Italiens, Paris-IXᵉ. — Directeur : Hubert BEUVE-MÉRY

**LE NUMÉRO : 0,30 NF**

Algérie (messageries-avion) : 35 fr. - 0,35 NF
Maroc : 40 fr. mar. ; Tunisie : 35 m. ; Italie : 60 l.
Belgique-Luxemb. : 3,50 fr. ; Autriche : 3 sch.
Espagne : 4 pes. ; Allemagne : 0,40 DM
Grande-Bretagne : 9 d. ; Pays-Bas : 0,35 fl.
Portugal : 3,50 escudos ; Suisse, 0,35 franc.

Tarif des abonnements à l'intérieur.

COMPTE CHEQUE POSTAL : PARIS N° 4 207-23

Adresse télégraphique : JOURMONDE-PARIS
Tél. : PRO. 91-29

**LE RÉFÉRENDUM SUR L'ÉLECTION DU CHEF DE L'ÉTAT AU SUFFRAGE UNIVERSEL**

- **Le « oui » obtient 61,75 % des suffrages exprimés**
- **Le « non » l'emporte dans quatorze départements**

**1** **Une du journal *Le Monde*, 30 octobre 1962.**

**2** **Allocution radiotélévisée du général de Gaulle, 20 septembre 1962**

« La clé de voûte de notre régime, c'est l'institution nouvelle d'un président de la République désigné par la raison et le sentiment des Français pour être le chef de l'État et le guide de la France [...]. Cependant, pour que le président de la République puisse porter et exécuter effectivement une tâche pareille, il lui faut la confiance explicite de la nation. Permettez-moi de dire qu'en reprenant la tête de l'État, en 1958, je pensais que, pour moi-même et à cet égard, les événements de l'Histoire avaient déjà fait le nécessaire. [...] J'ai alors accepté que le texte initial de notre Constitution soumît l'élection du Président à un collège relativement restreint d'environ 80 000 membres [...].

En vue de maintenir et d'affermir dans l'avenir nos institutions vis-à-vis des entreprises factieuses, de quelque côté qu'elles viennent, ou bien des manœuvres de ceux qui, de bonne ou de mauvaise foi, voudraient nous ramener au funeste système d'antan, je crois donc devoir faire au pays la proposition que voici : quand sera achevé mon propre septennat, ou si la mort ou la maladie l'interrompait avant le terme, le président de la République sera dorénavant élu au suffrage universel. Sur ce sujet, qui touche tous les Français, par quelle voie convient-il que le pays exprime sa décision ? Je réponds, par la plus démocratique, la voie du référendum. C'est aussi la plus justifiée, car la souveraineté nationale appartient au peuple et elle lui appartient, évidemment, d'abord dans le domaine constituant. »

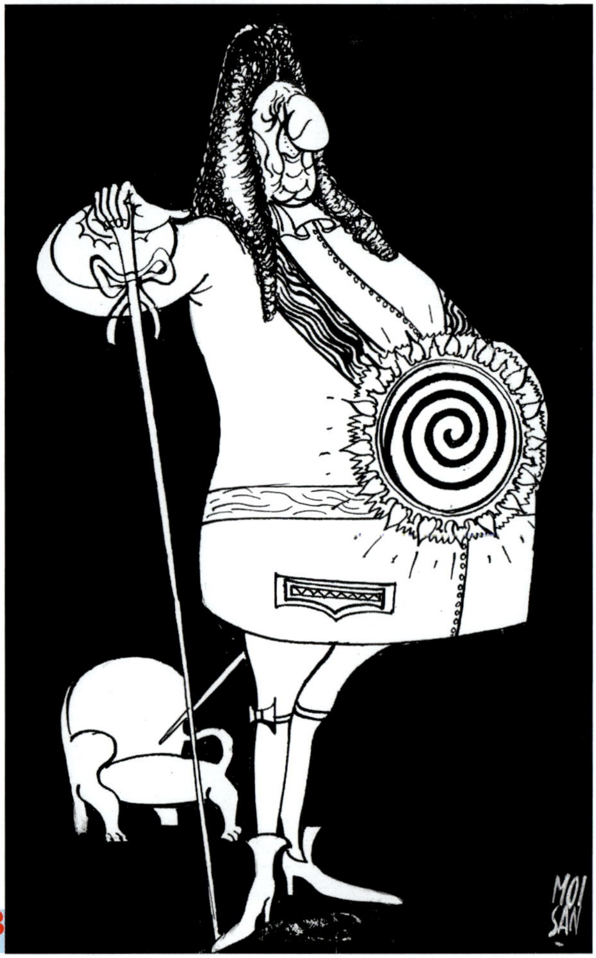


**De Gaulle, un « nouveau » Président ?** **3**
Dessin de Moisan, *Le Canard enchaîné*, 1963.

## 4 Intervention télévisée de Guy Mollet[1], 22 octobre 1962

« On vous a dit encore : "Il s'agit seulement de faire élire le président de la République par tout le monde". Nous savons bien que l'idée d'une élection directe est flatteuse, quand on n'en voit pas les dangers. Il me serait facile pourtant de vous citer, mais je n'en ai pas le temps, les textes dans lesquels en 1958 tous les porte-parole du général de Gaulle, et d'abord monsieur Michel Debré, annonçaient qu'une telle élection mènerait à la dictature. Mais ce n'est pas l'essentiel ; la vraie question n'est pas là. Le général de Gaulle le dit lui-même et en clair. Le vrai problème est de faire du président de la République le guide de la Nation. Monsieur Fouchet précise : "le chef suprême". Monsieur Michel Debré a écrit : "le monarque". C'est là la vraie et la seule question et ce sera le sens réel de votre réponse. Si vous voulez un souverain élu pour 7 ans régnant sur l'exécutif, le législatif, le judiciaire, sans responsabilité et sans contrôle, alors dites-le. Si vous voulez cela non seulement pour le général de Gaulle, mais pour ses successeurs inconnus, dites-le. Mais si vous vous rendez compte des dangers dramatiques que cela présente, de l'impossibilité ensuite de défendre vos droits, vos revendications, vos libertés peut-être, autrement que par la violence, si vous voulez éviter cela, alors, avec nous, dites "non". »

1. Homme politique socialiste, ministre d'État de 1958 à 1959.

## 6 Affiche pour le référendum sur l'élection du Président au suffrage universel,
28 octobre 1962.

## 5 La Constitution expliquée par l'image.
*Le Canard enchaîné*, 1967.

**– Alors, mon cher Pompidou, vous avez bien compris ? C'est vous qui conduisez, mais c'est moi qui dirige.**

### Questions

1. **Qu'est-ce que cette affiche annonce aux Français ?** [6]
2. **Quelles raisons le général de Gaulle avance-t-il pour instaurer ce système ?** [2, 5] [4]
3. **Quel point de vue défend Guy Mollet ? Quelles sont les raisons qui le motivent ?** [3, 4]
4. **Quel est le résultat du référendum ? Ce résultat est-il totalement sastifaisant pour de Gaulle ?** [1]

Situation 2

# Mai 1968, une crise

## ■ En quoi la crise de Mai 1968 traduit-elle un profond besoin de changement ?

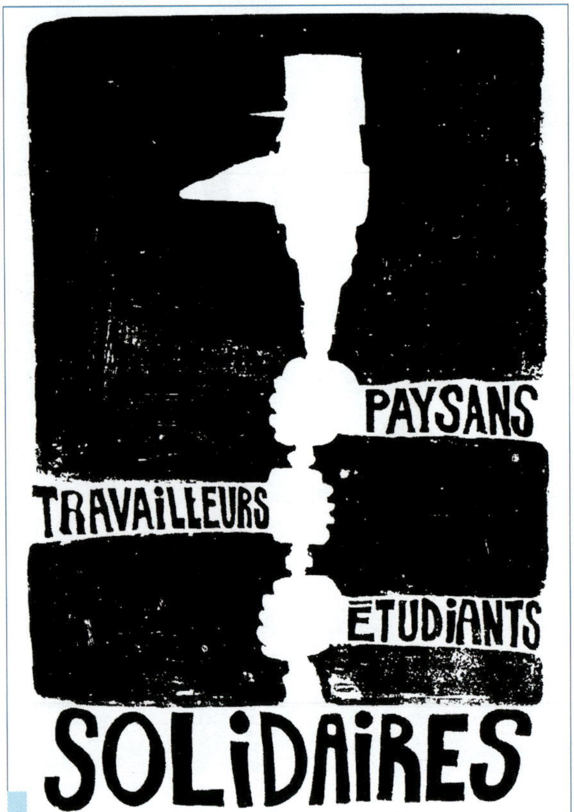

**1 Affiches étudiantes,** mai 1968.

**2 Allocution radiodiffusée du général de Gaulle, 30 mai 1968**

« Françaises, Français,

Étant le détenteur de la légitimité nationale et républicaine, j'ai envisagé, depuis vingt-quatre heures, toutes les éventualités, sans exception, qui me permettraient de la maintenir. J'ai pris mes résolutions. Dans les circonstances présentes, je ne me retirerai pas. J'ai un mandat du peuple, je le remplirai. [...] Je dissous aujourd'hui l'Assemblée nationale. [...]

Quant aux élections législatives, elles auront lieu dans les délais prévus par la Constitution, à moins qu'on entende bâillonner le peuple français tout entier, en l'empêchant de s'exprimer en même temps qu'on l'empêche de vivre, par les mêmes moyens qu'on empêche les étudiants d'étudier, les enseignants d'enseigner, les travailleurs de travailler. [...]

La France, en effet, est menacée de dictature. On veut la contraindre à se résigner à un pouvoir qui s'imposerait dans le désespoir national, lequel pouvoir serait alors évidemment essentiellement celui du vainqueur, c'est-à-dire celui du communisme totalitaire. [...] Eh bien non ! La République n'abdiquera pas. Le peuple se ressaisira. »

**3 Les événements de 1968**

| | |
|---|---|
| **22 mars** | Occupation de la faculté de Nanterre par les étudiants. |
| **3 mai** | Évacuation de l'université de la Sorbonne occupée par les étudiants. Premières échauffourées avec la police. |
| **6 au 10 mai** | Manifestations étudiantes de plus en plus importantes. Entre 30 et 50 000 étudiants défilent à Paris. Affrontements avec la police. |
| **13 mai** | Première manifestation conjointe des étudiants et des syndicats ouvriers. |
| **14 mai** | Premières occupations d'usines à Sud-Aviation (Loire-Atlantique) et Renault Cléon (Seine-Maritime). |
| **22 mai** | Entre sept et dix millions de grévistes en France. |
| **27 mai** | Accords de Grenelle entre syndicats et patronat, mais les ouvriers refusent de reprendre le travail. |
| **30 mai** | De Gaulle dissout l'Assemblée. Entre 300 000 et 800 000 personnes manifestent à Paris pour soutenir de Gaulle. |
| **4-7 juin** | Reprise progressive du travail dans les entreprises. |

**4 Réunion des ouvriers grévistes dans les usines Renault de Boulogne-Billancourt**, juin 1968.

### 5 Mai 1968, un événement historique majeur ?

« *Qui sont les jeunes qui font Mai 68 ?*

**J.-P. Le Goff :** La génération qui fait 68 est une génération intermédiaire, puisqu'elle a un pied du côté de la guerre, que ses parents ont connue, et en même temps elle vit dans une étape historique où les sociétés sont économiquement développées, où les dimensions du sacrifice, de l'aventure politique, des grandes batailles du passé sont en voie de disparition. Ce sont les enfants du baby-boom, de l'expansion économique, du développement des biens de consommation. Il y a une espèce d'explosion vitale qui ne ressemble pas aux références du passé. La jeunesse existe et s'affirme fortement et publiquement comme telle. [...]

*Pourquoi en arrive-t-on au blocage de tout un pays ?*

**J.-P. Le Goff :** La spécificité de Mai [68], en France, c'est la rencontre d'une grève générale avec un mouvement étudiant, dans un court laps de temps. D'où, d'ailleurs, le renforcement de l'idée que Mai 68 s'inscrit dans la continuité historique, puisque l'on revoit la grève comme en 36 ; "l'histoire ne se répète pas, elle bégaye", pouvait-on dire alors. [...]

*Pourquoi Mai 68 marque-t-il les mémoires ?*

**J.-P. Le Goff :** Parce que c'est le dernier grand événement historique où un pays entier s'arrête. Il n'est pas véritablement intégré, car on ne l'a pas compris. Il fascine tant positivement que négativement : c'est un Objet Historique Non Identifié, un événement de bascule, un moment problématique de critique des sociétés démocratiques développées. Mai 68 est la remise en cause de tout un héritage. »

Entretien avec J.-P. Le Goff par L. J. André, publié en janvier 2005, à propos de son ouvrage *Mai 68, l'héritage impossible*, La Découverte, 1998 (source : http://focuslibre.net/L-heritage-de-Mai-68).

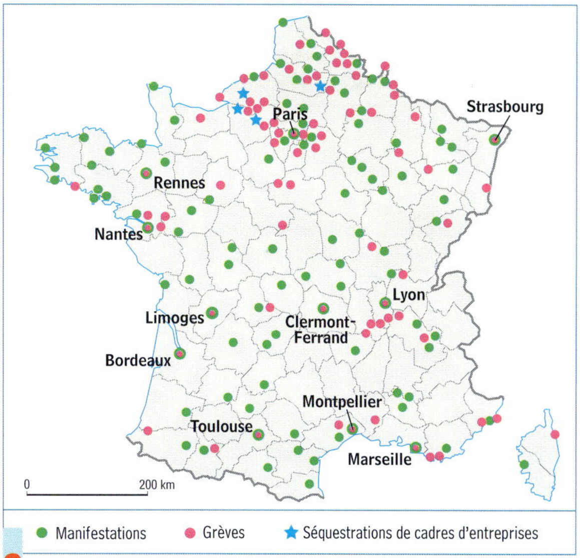


**6 Une crise nationale**, mai 1968.

## Questions

**1. Qui est à l'origine des événements de Mai 1968 ?** [1, 3 à 5]

**2. Quels sont les reproches des étudiants ? Puis des salariés ?** [1, 4, 5]

**3. Quel développement connaissent ces événements durant le mois de mai ? Quelle est la réaction du pouvoir ?** [3, 5, 6]

**4. Pourquoi Mai 1968 reste-t-il un événement important en France ?** [2, 5] [4]

# Situation 3 La cohabitation

## ■ En quoi la cohabitation constitue-t-elle une situation politique originale ?

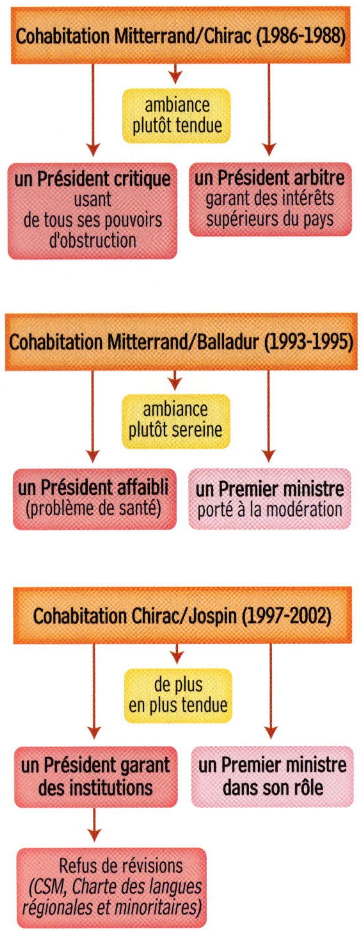


Source : H. Simonian-Geneste, *Le droit constitutionnel en schémas*, Ellipse, 2006.

**1 Les différentes cohabitations de la Vᵉ République.**

**2 Une du journal *Le Nouvel Observateur*, 21 mars 1986.**

### 3 La cohabitation selon François Mitterrand

« D'abord le président de la République doit – je dois – assurer la continuité de l'État et le fonctionnement régulier des pouvoirs publics, c'est dans l'article 5 de notre Constitution. On n'assure pas la continuité de l'État si, lorsqu'il y a un événement électoral, on s'en va. Cela n'est pas acceptable. [...]

Deuxièmement, la Constitution, dans cet article 5, me demande, demande au président de la République, d'être le garant de l'indépendance nationale et de l'intégrité du territoire, ce qui veut dire que le président de la République a un rôle éminent, pas exclusif mais éminent, primordial dans le domaine des Affaires étrangères et de la Défense, puisqu'il est le chef des armées. Le président de la République doit veiller aux grandes options de la diplomatie. Il doit choisir les voies qui conduisent à la paix. Il doit, le cas échéant, déterminer l'attitude de la France devant une menace de guerre.

J'en aurai fini en disant qu'il y a un troisième point – c'est dans le préambule de la Constitution, c'est aussi dans l'article 2 : le Président doit veiller à l'application des grands principes sur lesquels se fonde la République indivisible, laïque, démocratique, sociale, qui autorise toute croyance et qui doit respecter quiconque, quelles que soient son origine ou sa race [...] Je respecte le rôle du gouvernement. Je n'interviens que lorsque se trouve en cause, selon moi, l'une des trois responsabilités que je viens à l'instant d'énumérer. »

Entretien télévisé sur TF1, 29 mars 1987.

LUNDI 8 JANVIER 2001

Libération

Emploi

**Salariés en fusion**

L'année 2000 aura été marquée par un nombre de fusions d'entreprises sans précédent. Mais derrière ces «combats de chefs» se cache une réalité souvent beaucoup plus dure pour les salariés. Reportage chez Bordas-Larousse. Et onze pages d'annonces classées, cahier central

**Redon: tant va la crue à l'eau**

Alors qu'une décrue était observée ce week-end le long des côtes du Grand Ouest, à Redon, la Vilaine continuait de monter, dépassant le niveau historique de 1995. Reportage. Pages 16 et 17

**La Californie coupe le courant**

Une heure dans le noir chaque jour. Voilà ce qui risque d'arriver aux Californiens, qui ont décidé, en 1996, de confier leurs réseaux électriques à des sociétés privées aujourd'hui au bord de la faillite. Pages 21 et 22

**Foot: le «mercato» un peu ramollo**

Alors que le «mercato», marché d'hiver des clubs de football, s'est ouvert le 21 décembre, les dirigeants ne se précipitent pas, préférant attendre les modifications des règles de transferts. Et toute l'actualité sportive, pages 26 et 27

**Une «Médée» Huppert classe**

Controversée lors de sa création à Avignon, la «Médée» de Jacques Lassalle a, depuis, gagné en mystère et en naturel. L'occasion de retrouver, à l'Odéon, la magnifique Isabelle Huppert face à Jean-Quentin Chatelain. Pages 30 et 31

**Chirac-Jospin: ce qui va fâcher en 2001**

*CSA, sécurité, Conseil constitutionnel, Corse, retraites… les dossiers sensibles. Page 2*

M 0135 - 108 - 7,00 F www.liberation.com 1,07 euro France métropolitaine

DEUXIÈME ÉDITION NUMÉRO 6111

**4** **La cohabitation à la une du journal *Libération*,** 8 janvier 2001.

## 5 La cohabitation selon Jacques Chirac

« *Arlette Chabot (journaliste)* – Comment qualifiez-vous cette cohabitation ? On se souvient qu'en 1986, vous étiez de l'autre côté, vous étiez Premier ministre. Cela avait commencé effectivement difficilement, un 14 juillet, par le refus du président de la République de signer des ordonnances. On avait dit "cohabitation dure". Après, avec Édouard Balladur, on avait dit "cohabitation courtoise". Alors quel est l'adjectif que vous employez pour qualifier la cohabitation avec Lionel Jospin ?

*Le Président* – […] La courtoisie, naturellement, va de soi. Mais ce n'est pas le fond du problème. Dans nos institutions, dans la Constitution, dans leur pratique, il y a des rôles à peu près définis entre le président de la République et le gouvernement. Le président de la République ayant, notamment, des responsabilités pour ce qui concerne tous les grands aspects essentiels de la vie internationale et interne de la Nation. Nous avons pour objectif d'assurer ce que je disais tout à l'heure, à la fois un renforcement de la cohésion nationale, sociale et une adaptation, une modernisation de notre pays qui est indispensable et qui ne peut s'obtenir que par un retour à plus de liberté des uns et des autres, notamment dans le domaine économique. Si ces objectifs sont bien ceux du gouvernement, alors il n'y aura pas de problème ; naturellement il le fera à sa manière, avec ses convictions et sa différence par rapport à l'ancien gouvernement. Je respecte cela. Dans cette hypothèse, naturellement, ce serait, puisque vous voulez que je la caractérise, une "cohabitation constructive". »

Intervention télévisée de Jacques Chirac, 14 juillet 1997.

**6** **La première cohabitation vue par Plantu**, *Le Monde*, 10 novembre 1986.

## Questions

**1.** **Quelles sont les différentes cohabitations de la Ve République ?** [1 à 6]

**2.** **Quelles sont les prérogatives du Président selon François Mitterrand ?** [1, 3, 6] [7]

**3.** **Quel est le point de vue du président Jacques Chirac ?** [1, 4, 5] [2]

**4.** **Quelles peuvent être les relations entre le Président et le Premier ministre durant cette période ? Quels sont les inconvénients de cette situation ?** [1, 2, 4 à 6]

## Analyser un dessin de presse

**1. Repérer l'auteur,** la date, la source et les éventuels commentaires du dessin.

**2. Identifier les éléments représentés :**
– Contenu visuel : personnages présents ; attitudes ; cadre de la scène ; objets ou monuments.
– Contenu écrit : paroles prononcées par les personnages ; caractère neutre, comique ou satirique.

**3. Analyser le contenu du dessin** en repérant ce qui est réel, symbolique ou allégorique.

**4. Interpréter le dessin** en le replaçant dans son contexte historique : intention de l'auteur ; interprétation de l'événement représenté.

# L'héritage présidentiel illustré

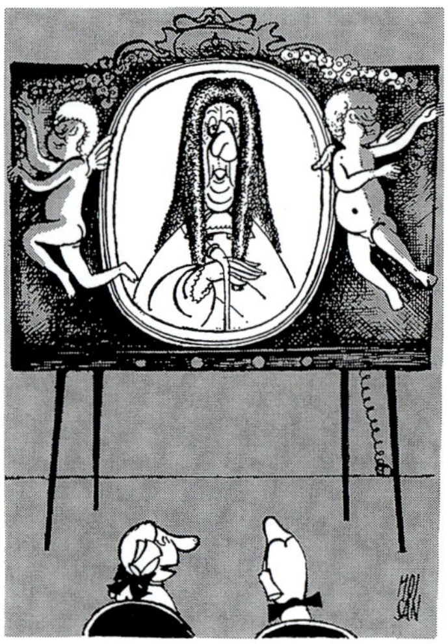


– Un style et un symbole…
Chaque fois que Sa Majesté cause au pays, un ange passe…

**1 De Gaulle s'adresse au pays.** Dessin de Moisan, *Le Canard enchaîné*.

**2 Victoire de Georges Pompidou à la présidentielle de 1969.** Dessin de J. Lap, *Le Canard enchaîné*, 1969.

**3 Mitterrand dans l'embarras.** Dessin de Tim, *L'Express*, 16 mars 1984.

– Moi, fils du Ciel !

**4 Pompidou s'adressant à Mao.** Dessin de J. Lap, *Le Canard enchaîné*, 1970.

**5 Mort de François Mitterrand, le 8 janvier 1996.**
Dessin de Plantu, *Le Monde*, 20 janvier 1996.

**6 Après la victoire du « Non » au référendum sur la Constitution européenne, 29 mai 2005.** Dessin de Kiro, *Le Canard enchaîné*, 2005.

**7 Nicolas Sarkozy et Ségolène Royal, candidats à l'élection présidentielle en 2007.**
Dessin de Cabu, *Le Canard enchaîné*, 18 avril 2007.

**8 Baisse de popularité de Nicolas Sarkozy.**
Dessin de Plantu, *Le Monde*, 5 février 2009.

## Application

1. **Quel personnage politique est évoqué dans tous les dessins ?** [1 à 8]
2. **Quelle est la place de ce personnage dans chaque dessin ? Quels sont les autres personnages ?** [2 à 8]
3. **Par quels éléments évoque-t-on le président de la République quand il n'est pas représenté ?** [2, 3, 6, 7]
4. **Pourquoi la référence aux anciens présidents est-elle importante dans la vie politique française ?** [1 à 8]

# L'essentiel

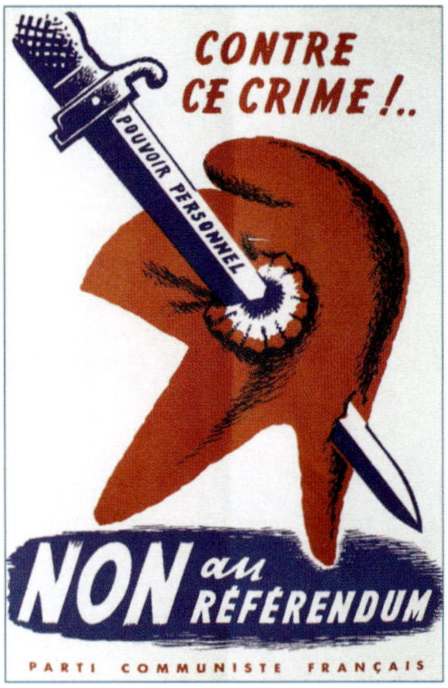


**1. Affiche du PCF lors du référendum du 18 octobre 1962.**

**2. Médaille commémorative du cinquantenaire de la Ve République.**

**3. Affiche étudiante,** mai 1968.

## 1. Une République d'un nouveau genre

■ La **Constitution** de la Ve **République** (4 octobre 1958) continue à faire de la France une **démocratie**, mais, contrairement à celle de la IVe, elle réserve une place centrale au président de la République. Élu pour sept ans par un collège de 80 000 grands électeurs, ce dernier détient de nombreux pouvoirs : nomination du Premier ministre, dissolution de l'Assemblée nationale, pouvoirs exceptionnels en cas de menace sur les institutions (article 16). Chef des armées, il décide seul de l'emploi de la force atomique. Enfin, il peut consulter les Français par **référendum**. Son élection au **suffrage universel** à partir de 1962 renforce ses pouvoirs et sa légitimité.

■ La IVe République, en usant du **scrutin proportionnel** pour élire les députés à l'Assemblée nationale, favorisait de fréquents changements de gouvernement car les majorités parlementaires étaient difficiles à trouver. La Ve République, en usant du **scrutin majoritaire**, favorise la stabilité des gouvernements. Elle limite les pouvoirs de l'Assemblée nationale qui ne peut renverser le Président, sauf en votant contre lui une **motion de censure**.

■ La réforme constitutionnelle de juillet 2008 donne un peu plus de pouvoirs à l'Assemblée nationale : partage de l'ordre du jour avec le gouvernement, consultation pour le prolongement d'une intervention militaire, vote de résolutions. Mais la possibilité nouvelle pour le président de la République de s'exprimer devant le Parlement – Assemblée nationale et Sénat réunis à Versailles – semble une étape de plus vers la **présidentialisation** du pouvoir.

## 2. Une République qui résiste aux crises

■ La stabilité de la Ve République a cependant été mise à l'épreuve depuis 1958. Ainsi, entre 1958 et 1962, les partisans de l'Algérie française refusent violemment l'indépendance de l'Algérie : le **putsch** des Généraux, en avril 1961, visant à renverser le gouvernement du général de Gaulle, pousse ce dernier à prendre tous les pouvoirs en utilisant l'article 16 (cas unique dans l'histoire de la Ve). Le putsch échoue, mais le calme ne revient qu'avec les accords d'Évian en 1962, qui mettent un terme à la guerre en Algérie et reconnaissent son indépendance.

■ Des tensions internes ont aussi révélé le désir des Français de remettre en cause le **système politique** de la Ve. Ainsi, la crise de mai 1968 exprime-t-elle un rejet de la république gaullienne : la France est paralysée par la révolte de la jeunesse étudiante et par la grève générale des salariés qui souhaitent profiter de la croissance économique des Trente Glorieuses et obtenir de meilleures conditions de travail et des augmentations de salaire.

■ Par ailleurs, en portant pour la première fois un candidat d'extrême droite au deuxième tour de l'élection présidentielle en 2002, les Français montrent qu'ils n'ont plus confiance dans le pouvoir politique. La victoire de Jacques Chirac ne règle pas les problèmes : chômage, intégration des jeunes issus de l'immigration, endettement de l'État. En 2005, les Français rejettent le référendum sur le projet de constitution européenne. En revanche, leur vote massif à la présidentielle de 2007 (83,7 % de votants au premier tour) marque leur regain d'intérêt pour la vie politique.

## L'essentiel en image

**Présentation de la nouvelle Constitution aux Français,** place de la République à Paris, 4 septembre 1958.

***Quelles connaissances du chapitre retrouvez-vous dans ce document?***

## Mots-clés

**Alternance** : changement de majorité politique à la tête de l'État ou du gouvernement, à la suite d'élections présidentielles ou d'élections législatives.

**Cohabitation** : coexistence à la tête de l'État d'un président de la République et d'un Premier ministre issus de camps politiques différents.

**Constitution** : loi fondamentale qui définit et organise le régime politique d'un État.

**Décentralisation** : transfert d'une partie des pouvoirs de l'État aux régions, départements et communes.

**Démocratie** : régime politique dans lequel le peuple exerce sa souveraineté par l'intermédiaire de représentants élus et qui respecte la séparation des pouvoirs entre l'exécutif, le législatif et le judiciaire.

**Motion de censure** : acte par lequel les députés peuvent mettre en cause la responsabilité du gouvernement et le renverser si le vote est majoritaire.

**Nationalisation** : transfert d'une entreprise ou d'une activité du secteur privé au secteur public.

**Présidentialisation** : renforcement du poids du président de la République dans les institutions et donc dans la vie politique.

**Putsch** : coup d'État militaire.

**Quinquennat** : durée du mandat présidentiel portée à 5 ans (au lieu de 7 auparavant) depuis l'approbation du référendum du 24 septembre 2000 (effective depuis 2002).

**Référendum** : consultation directe des électeurs qui répondent par « oui » ou par « non » à une question posée par le président de la République (article 11 ou 89 de la Constitution).

**République** : forme de gouvernement où le pouvoir n'appartient pas à un seul, n'est pas héréditaire et est détenu par des représentants élus.

**Scrutin majoritaire** : mode d'élection qui accorde le siège ou les sièges au candidat ou à la liste ayant obtenu la majorité des voix.

**Scrutin proportionnel** : mode d'élection qui attribue à chaque liste qui se présente un nombre de sièges proportionnel à son score.

**Suffrage universel** : système électoral dans lequel tous les citoyens ont le droit de vote.

**Système politique** : mode d'organisation d'un État (régime politique, structure économique, organisation sociale...).

**4.** **Campagne présidentielle de 1974.**

**5.** **Le paquebot *France*, 1960.**

**6.** **« Sarkozy super-Premier ministre. »**
Dessin de Pétillon, *Le Canard enchaîné*, 2007.

## 3. Une République qui renouvelle le clivage gauche-droite

■ En mai 1981, le socialiste François Mitterrand remporte l'élection présidentielle, et la gauche est majoritaire aux élections législatives. C'est la première **alternance** politique depuis 1958. La gauche met en œuvre un vaste programme de réformes sociales et politiques, en particulier la **décentralisation** des services de l'État. Malgré des mesures pour enrayer la crise économique, la gauche ne parvient pas à endiguer la montée du chômage qui franchit la barre des 2 millions de personnes en 1982. L'aggravation de la crise économique pousse alors le gouvernement à établir un plan de rigueur: gel des salaires, dévaluation du franc, réduction des déficits.

■ En 1986, les Français sanctionnent les socialistes: la droite remporte les élections législatives. C'est la première **cohabitation** (1986-1988): le président Mitterrand (de gauche) est contraint de nommer comme Premier ministre Jacques Chirac (de droite). Cette première cohabitation, comme les suivantes (1993-1995: Mitterrand-Balladur et 1997-2002: Chirac-Jospin), montre les limites d'un système politique établi pour un seul homme, le président de la République. Mais elle met aussi en évidence une certaine souplesse des institutions qui n'ont pas à affronter de crises majeures. Néanmoins, la limitation des pouvoirs du Président pousse les responsables politiques à promouvoir l'instauration du **quinquennat**: la loi, définitivement adoptée le 2 octobre 2000, qui aligne le mandat présidentiel sur celui des députés, vise à réduire les risques de cohabitation.

## 4. Une République à la mesure du Président

■ Le quinquennat renforce le rôle du président de la République, mais cette présidentialisation du pouvoir a commencé avec de Gaulle. Ce dernier conduit en effet les affaires de la France, seul ou presque. Il dote la nation de la bombe atomique en 1960 et affirme constamment l'indépendance de la nation vis-à-vis des États-Unis. Il programme aussi de grandes réalisations, comme l'avion supersonique *Concorde* ou le paquebot *France*, symboles prestigieux du savoir-faire français. Durant toute la Vᵉ République, de Georges Pompidou (1969-1974) à Nicolas Sarkozy (depuis 2007), cette présidentialisation se renforce, chaque Président désirant laisser son empreinte et affirmer la grandeur du pays en Europe et dans le monde.

■ Valéry Giscard d'Estaing (1974-1981) veut moderniser la France: ses réformes – droit de vote à 18 ans, loi sur l'IVG, collège unique – transforment en profondeur la société française, mais n'enrayent pas la crise économique. La présidence de François Mitterrand (1981-1995) marque des avancées sociales inédites: **nationalisations** d'entreprises, abolition de la peine de mort, semaine de 39 heures, cinquième semaine de congés payés, retraite à 60 ans; elle s'impose aussi dans le paysage parisien: Pyramide du Louvre, Arche de la Défense, Opéra de la Bastille, Bibliothèque Nationale de France. De même, Jacques Chirac (1995-2007) innove en supprimant le service national, mais confirme en politique étrangère l'indépendance de la France vis-à-vis des États-Unis et de la Grande-Bretagne, en s'opposant à la guerre en Irak en 2003.

## L'essentiel en image

**Inauguration de l'Historial Charles de Gaulle aux Invalides à Paris,** 22 février 2008.

***Quelles connaissances du chapitre retrouvez-vous dans ce document?***

## Retenir autrement

**CONSTITUTION DE 1958**
**une République originale**

à la fois

**parlementaire :**
L'Assemblée nationale peut renverser le gouvernement à la condition de voter une motion de censure contre lui

→ Les députés **majoritaires** à l'Assemblée nationale

ET

**présidentielle :**
- Le Président ne peut être renversé par l'Assemblée nationale
- Le Président peut décider la dissolution de l'Assemblée nationale

→ Le président de la République

si tendances politiques opposées

**COHABITATION**
entre
un gouvernement dirigé par un Premier ministre issu de la majorité parlementaire
et
un Président d'une tendance politique minoritaire devant l'Assemblée nationale

## 1 Question simple

**CAPACITÉ**
Caractériser un personnage et son action en rapport avec la situation étudiée

**En quoi le général de Gaulle apparaît-il comme indissociable de la Ve République ?**

### *Aide à la réponse*

- *Rappeler l'arrivée au pouvoir du général de Gaulle.*
- *Évoquer la mise en place de la Ve République.*
- *Caractériser l'exercice du pouvoir par le général de Gaulle.*

## 2 Question simple

**CAPACITÉ**
Raconter et caractériser un événement historique

**Quelle situation politique désigne-t-on par « alternance » ?**

### *Aide à la réponse*

- *Proposer une définition du mot « alternance ».*
- *Dater la première alternance de l'histoire de la Ve République.*
- *Préciser les changements apportés par cet événement.*

## 3 Question avec un support

**CAPACITÉ**
Expliquer contexte, rôle des acteurs et enjeux de la situation étudiée

**En quoi la situation politique exposée est-elle exceptionnelle ?**

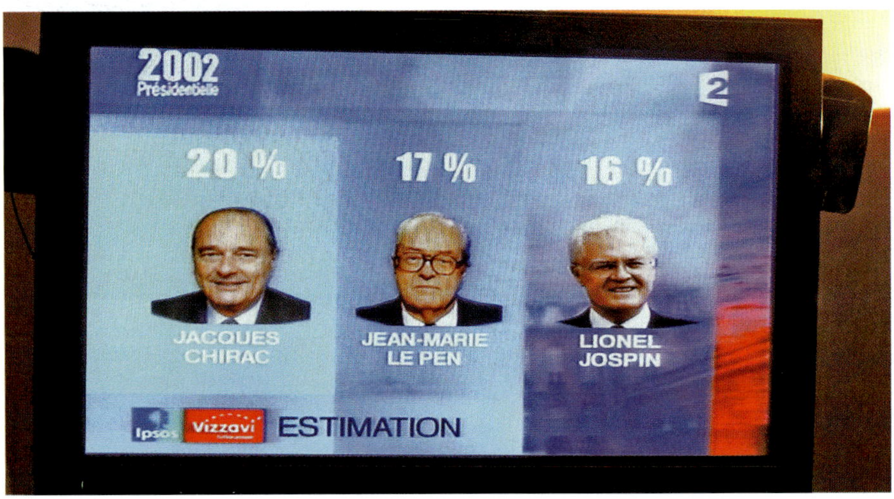


Écran de *France 2* le soir du 21 avril 2002.

### *Aide à la réponse*

- *Préciser le contexte.*
- *Identifier et situer politiquement les acteurs.*
- *Dégager les conséquences de l'événement.*

# BEP Situations

## 1 Question simple

**CAPACITÉ**
Justifier une affirmation en proposant des arguments

**Justifier l'affirmation suivante : « Le "Oui" au référendum de 1962 marque un tournant majeur pour les institutions ».**

### Aide à la réponse

- *Évoquer la Constitution en vigueur.*
- *Identifier la situation évoquée.*
- *Dégager les conséquences de ce référendum.*

## 2 Question avec un support

**CAPACITÉ**
Expliquer contexte, rôle des acteurs et enjeux de la situation étudiée

**En quoi la cohabitation crée-t-elle des tensions au sommet de l'État ?**

**La cohabitation Chirac (Président)-Jospin (Premier ministre) vue par Plantu,** 2001.

### Aide à la réponse

- *Rappeler les personnages en présence et leur fonction.*
- *Décrire et analyser chaque scène.*
- *Évoquer la différence de situations entre les deux scènes.*

Grand Angle

# 10 mai 1981, la gauche arrive au pouvoir !

**En quoi la victoire de la gauche marque-t-elle un tournant dans la vie politique française ?**

**1. Affiche socialiste pour l'élection présidentielle de 1981**

**2. L'hommage aux grandes figures du Panthéon, 1981**

## 3. Les 110 propositions du candidat François Mitterrand (extraits), janvier 1981

« 14. Un programme de relance économique fixera, dès la prochaine session de la législature, les premières orientations : emploi, prix, développement technologique, cadre de vie.

16. Un programme de grands travaux publics, de construction de logements sociaux et d'équipements collectifs (crèches, restaurants scolaires, maisons de l'enfance) sera engagé dès le deuxième semestre de 1981.

21. Nationalisation des neuf groupes industriels prévus dans le Programme commun et le programme socialiste, de la sidérurgie, de l'armement et de l'espace, financées sur des fonds publics. La nationalisation du crédit et des assurances sera achevée.

22. Le contrat de travail à durée indéterminée redeviendra la base des relations du travail. […]

23. La durée du travail sera progressivement réduite à 35 heures après négociation entre les partenaires sociaux. La cinquième équipe sera instaurée dans les métiers pénibles. La cinquième semaine de congés payés sera généralisée.

31. Le SMIC sera relevé. […]

34. Un impôt sur les grandes fortunes sera institué. […]

45. Le mandat présidentiel sera ramené à 5 ans renouvelable une fois, ou limité à 7 ans sans possibilité d'être renouvelé.

47. La représentation proportionnelle sera instituée pour les élections à l'Assemblée nationale […]. Chaque liste comportera au moins 30 % de femmes. […]

49. La vie publique sera moralisée […].

53. Abrogation de la peine de mort.

82. Le droit à la retraite à taux plein sera ouvert aux hommes à partir de 60 ans et aux femmes à partir de 55 ans.

90. Un grand service public, unifié et laïc de l'Éducation, sera constitué […].

105. Service national réduit à six mois. »

**4.** **Inauguration de la pyramide du Louvre par François Mitterrand, 1989**

## 5. Regard sur le premier septennat de François Mitterrand

« Très vite, les militants qui avaient pris au pied de la lettre le projet de rompre avec le capitalisme durent abandonner leurs espérances. Ce qui avait été le Programme commun fut liquidé en moins de deux ans. Des nationalisations eurent bien lieu, mais sans aucun effet sur le taux de chômage dont les progrès devinrent l'obsession bien naturelle de l'opinion. Quelques lois sociales furent votées, dont les plus populaires furent celles des 39 heures de travail et surtout le vote d'une 5e semaine de congés payés. Dans un autre registre, Mitterrand osa ce que ses prédécesseurs avaient repoussé aux calendes grecques, l'abolition de la peine de mort. Mais, insensiblement, le gouvernement Mauroy en proie aux dures contraintes de la réalité qui le conduisirent, entre autres, à se résigner à trois dévaluations rapprochées du franc, tourna la page des ambitions proprement socialistes pour accepter les implications de l'économie de marché. […] Le premier septennat de François Mitterrand vit aussi votée en 1982 une grande loi organique, réclamée depuis le 19e siècle par diverses familles politiques, celle de la décentralisation, sous l'impulsion de Gaston Defferre. Quelles que soient les critiques qui lui furent et lui sont encore opposées, quelles que soient ses imperfections, on n'imagine pas revenir en arrière. […] Mitterrand donna pendant une dizaine d'années l'impression d'une politique extérieure cohérente, qui n'était pas pour plaire à son allié communiste. […] Cette solidarité avec le camp occidental se confirma jusqu'au bout, jusques et y compris la guerre du Golfe en 1991. […] Dans un autre domaine, Mitterrand affirma le choix de la France en faveur de l'Union européenne. »

M. Winock, « Regard froid sur François Mitterrand », *L'Histoire*, n° 220, avril 1998.

**6.** **L'alternance vue par Plantu, 10 mai 1981**

## Questions

**1.** **Quels sont les grands thèmes de la campagne de François Mitterrand en 1981 ?** [1, 3, 4] [7]

**2.** **En quoi son élection suscite-t-elle des espoirs pour une partie des Français ?** [1, 3 à 5]

**3.** **Quelles peuvent être les craintes soulevées par cette alternance ?** [3, 5, 6]

**4.** **François Mitterrand a-t-il pu appliquer tout son programme ? Pourquoi ?** [3, 5]

Géographie

# Des territoires dans la mondialisation

SOMMAIRE

Complexe portuaire de Los Angeles-Long Beach, Californie.

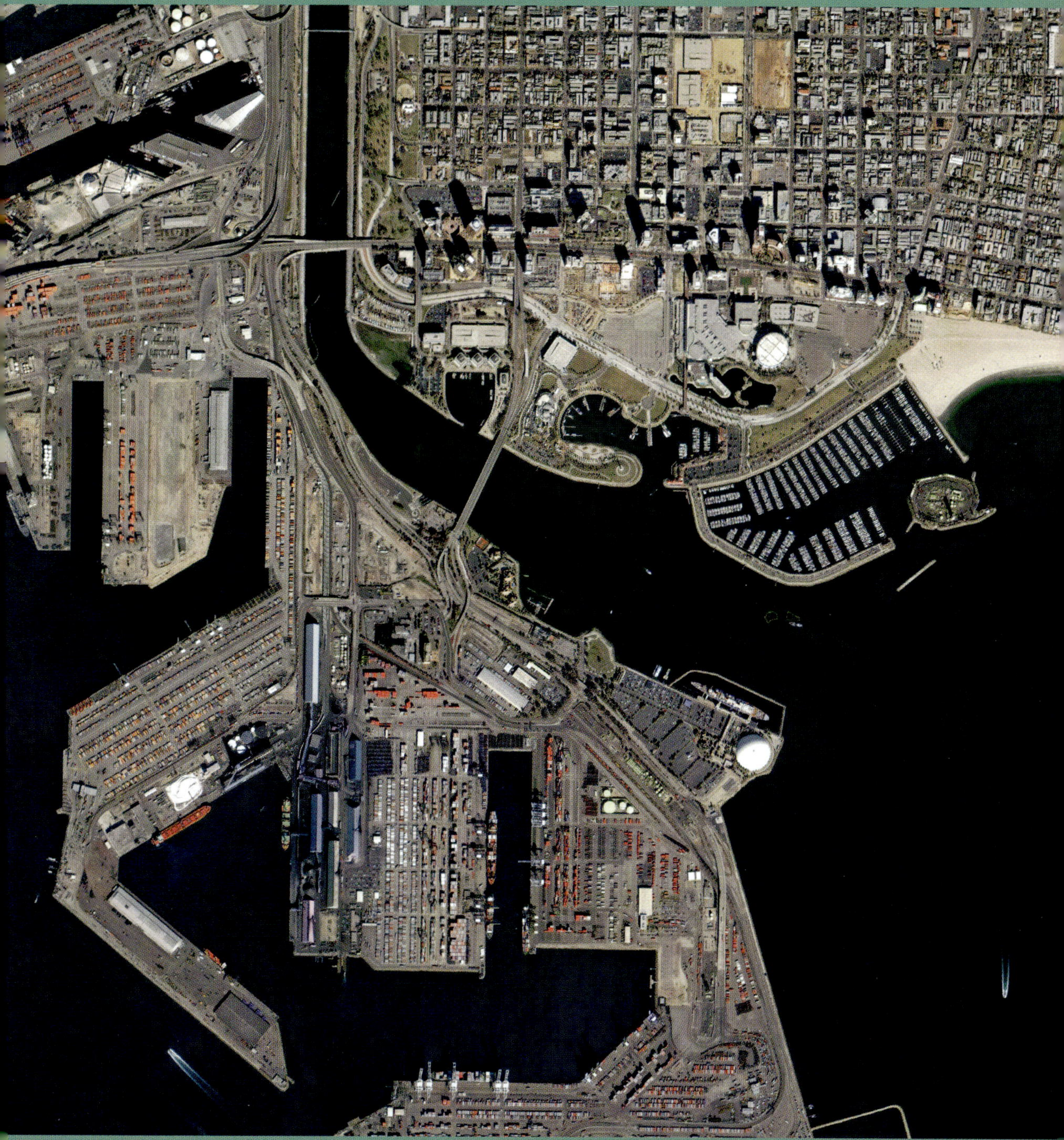

Chapitre 6

# Acteurs, flux et réseaux de la mondialisation

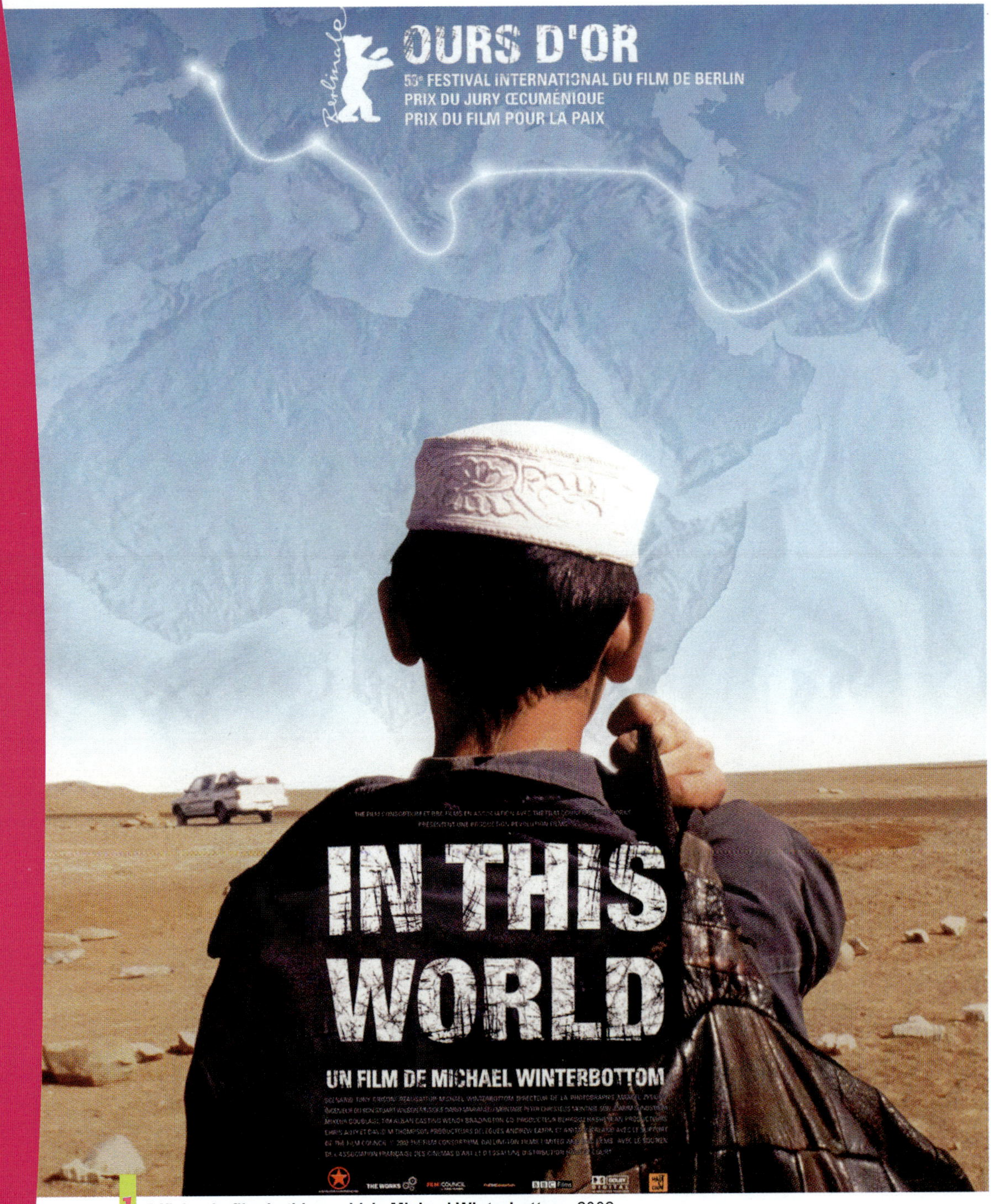


1 Affiche du film *In this world* de Michael Winterbottom, 2002.

Les sociétés humaines sont à l'origine de flux migratoires, d'échanges économiques, financiers et d'information à l'échelle planétaire. La mondialisation intègre leurs territoires dans des réseaux hiérarchisés et interdépendants autour de pôles situés pour la plupart dans les pays du Nord. Il en résulte des inégalités de développement que tente de réduire un certain nombre d'acteurs.

## Comment la mondialisation organise-t-elle l'espace géographique mondial ?

SOMMAIRE

2 **Ikea à Shanghai,** Chine, 2004.

3 **Le port de Rotterdam,** Pays-Bas, 1997.

# Les migrations internationales

## Comment expliquer la mobilité des hommes sur la planète ?

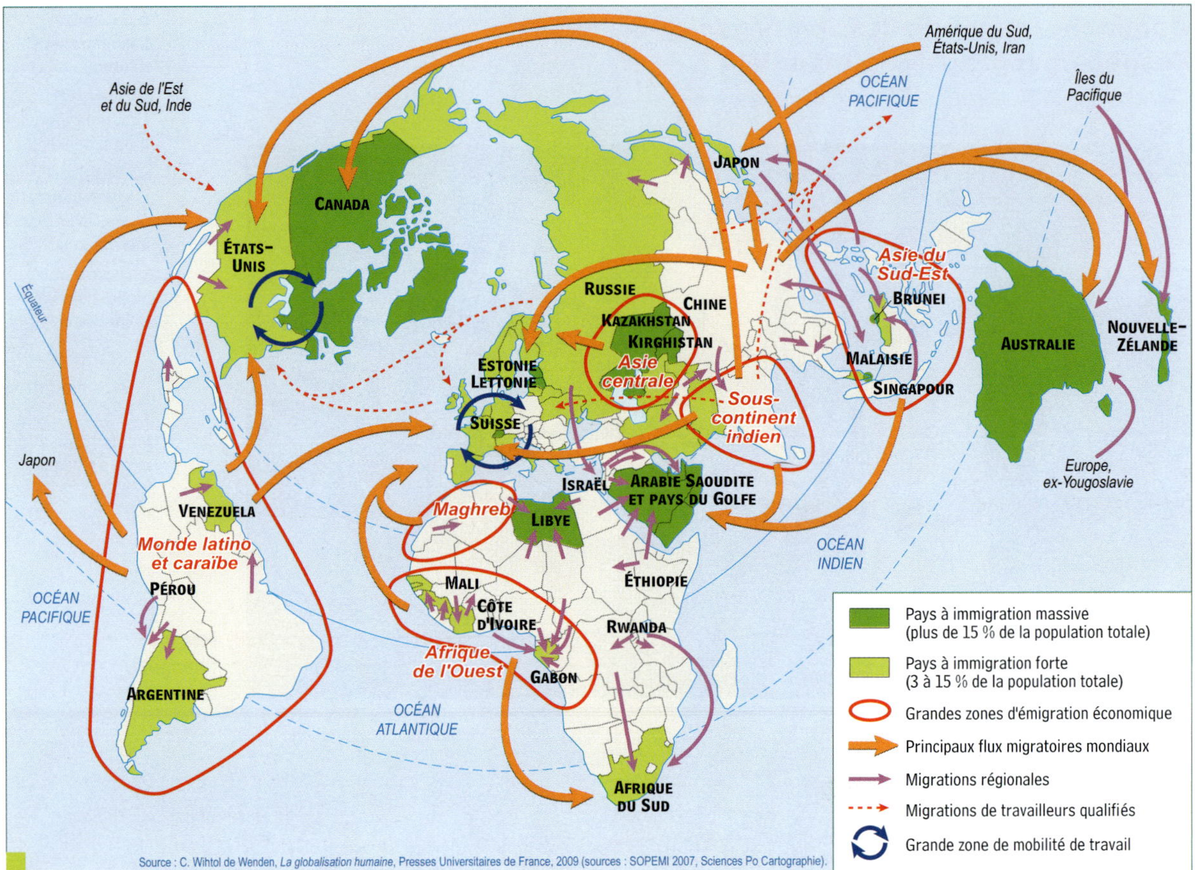


**1 Les flux migratoires dans le monde,** 2007.

**2 Pourquoi migrer ?**

« Le 21e siècle s'ouvre sur une ère de migrations mondialisées [...] : migrations de remplacement dans les pays riches et vieillissants [...], clandestins subsahariens échoués sur les îles Canaries, au large de Malte et de la Sicile, morts ou vifs, ou cherchant à escalader les murs de Ceuta, face à Gibraltar, voyages plus ou moins tragiques en mer Égée, au Sahara, en Amérique centrale, traques de sans-papiers en Europe et le long de la frontière américano-mexicaine, trafic des êtres humains et prostitution forcée en Asie, en Afrique et à l'est de l'Europe, déplacements massifs de population au Darfour, migrations forcées d'Irak et d'Afghanistan, déplacés environnementaux du fait de catastrophes naturelles et du réchauffement de la planète. [...]

Ces odyssées modernes à travers mers et déserts incluent de jeunes urbains scolarisés au chômage, des femmes et des enfants isolés, des qualifiés et des élites, des non-qualifiés qui n'ont à offrir que leurs bras, des réfugiés... »

C. Wihtol de Wenden, *La globalisation humaine*, Presses Universitaires de France, 2009.

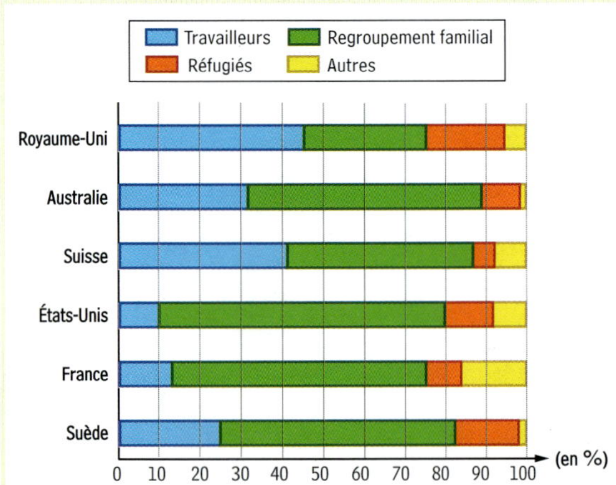


Source : OCDE 2007, in *La Documentation photographique*, n° 8063, mai-juin 2008.

**3 Flux d'immigration dans quelques pays de l'OCDE par principales catégories** (en % du total des entrées), 2007.

**4** **Affiche publicitaire de la Western Union,** Cotonou, Bénin, 2007.

**5** **La frontière entre le Maroc et Ceuta,** enclave espagnole au Maroc, 2005.

**6** **Tourisme et immigration**

« Par l'ampleur des déplacements qu'il suscite, le tourisme est aujourd'hui l'un des aspects les plus visibles de la mondialisation. [...] D'un côté, des personnes en quête de loisirs, de découverte, disposant de moyens financiers, et pour lesquelles les pays d'accueil mobilisent leur énergie afin de faciliter leur séjour. De l'autre, des migrants démunis qui se heurtent à la fermeture des frontières des pays développés, n'ayant plus le droit de quitter leur terre où les perspectives d'avenir sont rares. [...]

Le nouveau marché du tourisme attire en effet une main-d'œuvre aux compétences inégales, en décalage avec les activités traditionnelles. [En Espagne], les ressortissants nord-africains ont remplacé les premiers saisonniers, auparavant originaires du sud du pays. [...] Des spécialisations se dessinent : femmes de chambre philippines en Italie et en Espagne ou employés de cuisine indiens ou sri-lankais. Ces emplois peu rémunérés, ne nécessitant que de maigres compétences, intéressent peu les populations locales et expliquent l'ouverture permanente aux immigrants. »

R. Michel, *Les circuits parallèles du tourisme*, L'Atlas des migrations, coédition *Le Monde-La Vie*, 2008-2009.

## Questions

1. **Énumérez les facteurs qui favorisent les migrations dans le monde.** [2 à 4, 6] [4]
2. **Dans quelles conditions matérielles et humaines s'effectuent les migrations ?** [2, 5]
3. **Quelles sont les principales aires d'émigration et d'immigration ?** [1, 2, 6] [3, 4] [Rabat B]
4. **En quoi le tourisme favorise-t-il les migrations ?** [6]

Situation 2

# Le circuit mondial d'un tee-shirt

## En quoi la filière textile est-elle tributaire de la mondialisation ?

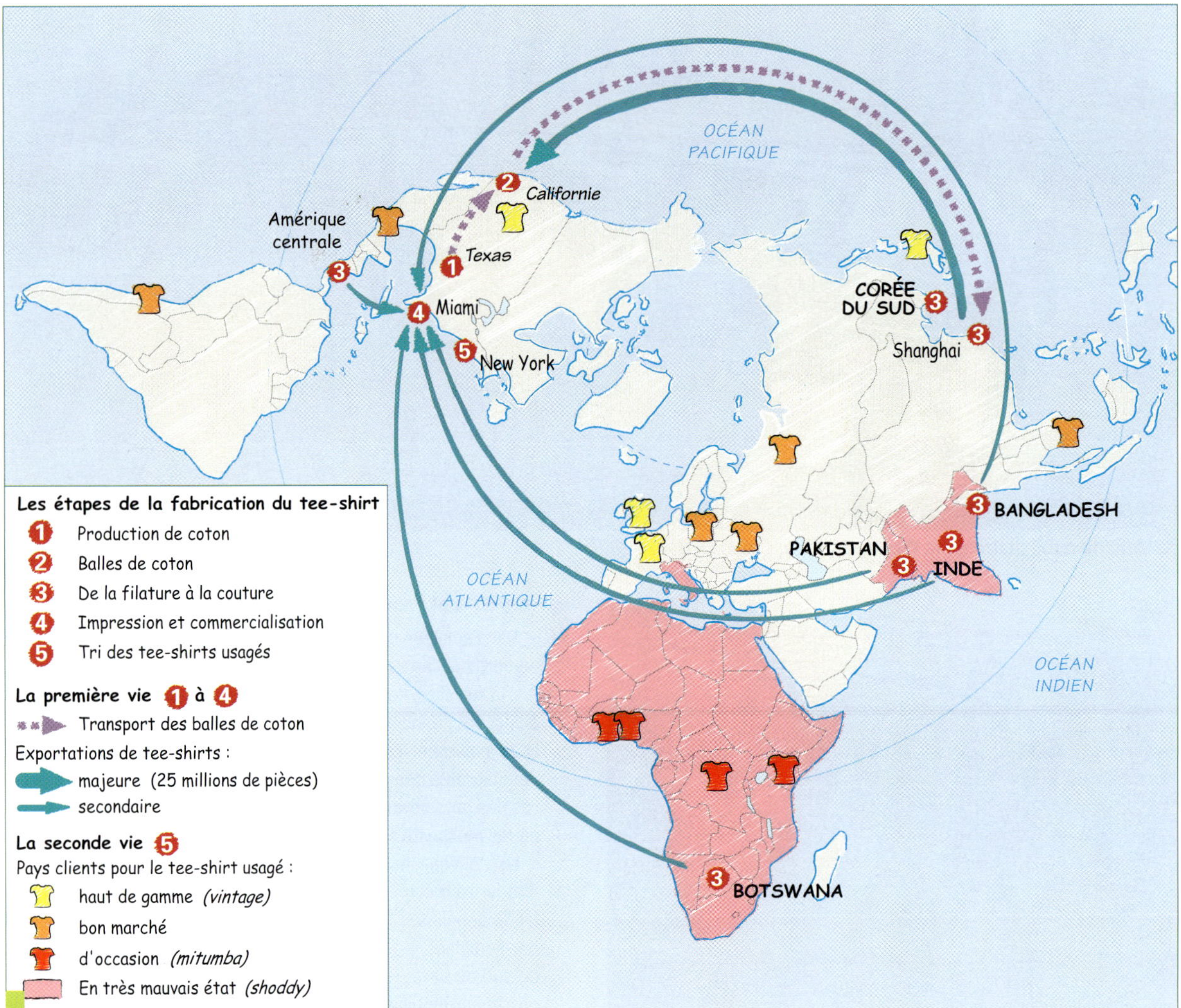


1 **La double vie d'un tee-shirt dans la mondialisation,** 2005.

### 2 Le travail à la filature Numéro 36 de Shanghai

« Jiang Lan travaille huit heures par jour, six jours par semaine, à la filature Numéro 36 de Shanghai. Son travail consiste à renouer les fils cassés. Elle est assise sur un siège en métal assujetti à un rail posé sur le plancher devant une rangée de broches. En appuyant avec le pied sur une pédale, Lan glisse le long du rail vers la droite ou vers la gauche, s'arrêtant dès qu'elle voit un clignotant rouge s'allumer au-dessus d'une broche – le signal d'une rupture de fil. D'un mouvement compliqué et habile des doigts, elle répare rapidement le fil, puis elle se déplace vers la lampe suivante. Lan fait ça toute la journée, baignant dans un air saturé de vapeur d'eau et de particules de coton, et dans le fracas métallique, assourdissant et perpétuel des machines. À la fin de la journée, Lan sort de l'atelier et pénètre dans le silence irréel qui règne à l'extérieur. Elle traverse une allée de gravier jusqu'au dortoir de la compagnie. À la fin du mois, elle reçoit un salaire d'environ 100 dollars. Elle en économise la plus grande partie. [...]

Depuis l'avènement de l'industrie au 18e siècle en Angleterre jusqu'à aujourd'hui, les travailleurs idéaux pour fabriquer des articles de textile et d'habillement bas de gamme ont été ceux qui pouvaient endurer des tâches répétitives exténuantes non seulement pour un salaire très bas, mais aussi en se montrant obéissants et sans se plaindre. »

P. Rivoli, *Les aventures d'un tee-shirt dans l'économie mondialisée*, Fayard, 2008.

**3** **Marché aux *mitumba***, Tanzanie, 2004.

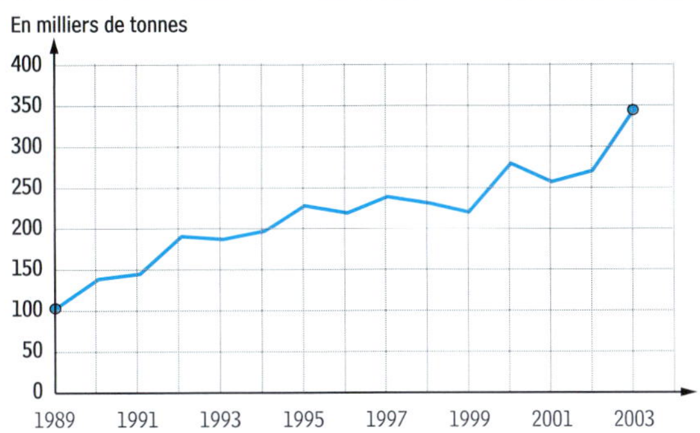


Pietra Rivoli, *Les aventures d'un tee-shirt dans l'économie mondialisée*, Fayard, 2008 (source : USITC Dataweb).

**4** **Exportations américaines de vêtements usagés.**

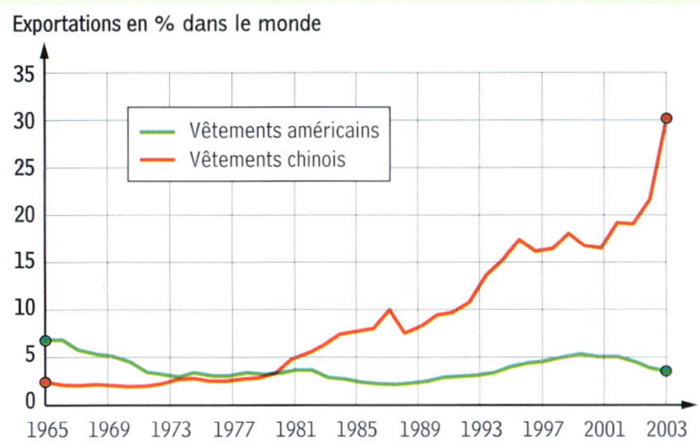


Pietra Rivoli, *Les aventures d'un tee-shirt dans l'économie mondialisée*, Fayard, 2008 (source : base de données COMTRADE des Nations unies).

**5** **Parts de la Chine et des États-Unis dans les exportations mondiales de vêtements.**

## 6 Textiles américains : l'étape africaine

« Le marché de Manzese, au nord de Dar es-Salaam, est le plus grand marché de *mitumba* de Tanzanie. Il s'étend le long de Moragora Road sur près de 2 kilomètres et contient des centaines de petites échoppes. [...] Les boutiques les plus chic exposent fièrement la mode de l'année, la mettant en valeur avec goût, mais les *dockers* [pantalons] en parfait état sont à 5 dollars, hors de prix pour les pauvres. [...]

Les *dockers* avec un tour de taille entre 30 et 40 se vendent plus cher que ceux au-delà de 40, car les Tanzaniens ont rarement la bedaine des Américains.

Geofrey Milonge a démarré sur le trottoir avec une unique balle de 50 kg de vêtements achetée à crédit. Aujourd'hui, il achète et revend environ 100 balles de vêtements par mois et fait tourner trois échoppes au marché de Manzese, chacune servant une clientèle différente. Geofrey en vend 10 à 50 par jour, à un prix généralement compris entre 50 cents et 1,50 dollar. Presque tous les tee-shirts viennent d'Amérique. »

P. Rivoli, *Les aventures d'un tee-shirt dans l'économie mondialisée*, Fayard, 2008.

## Questions

**1. À quelle étape de la « vie » du tee-shirt, illustrée sur la carte, correspond chacun des documents ?** [2 à 6]

**2. Quelle est la part de la Chine dans les exportations textiles ? Comment l'expliquez-vous ?** [1, 2, 4, 5]

**3. Qu'est-ce qu'un *mitumba* ? Pourquoi son commerce est-il aussi florissant ?** [1, 3, 4, 6]

**4. En quoi l'exemple du commerce mondial du tee-shirt traduit-il les inégalités de développement ?** [1 à 6]

Situation 3

# L'action internationale d'une ONG : Handicap International

## En quoi les ONG sont-elles des acteurs de la mondialisation ?

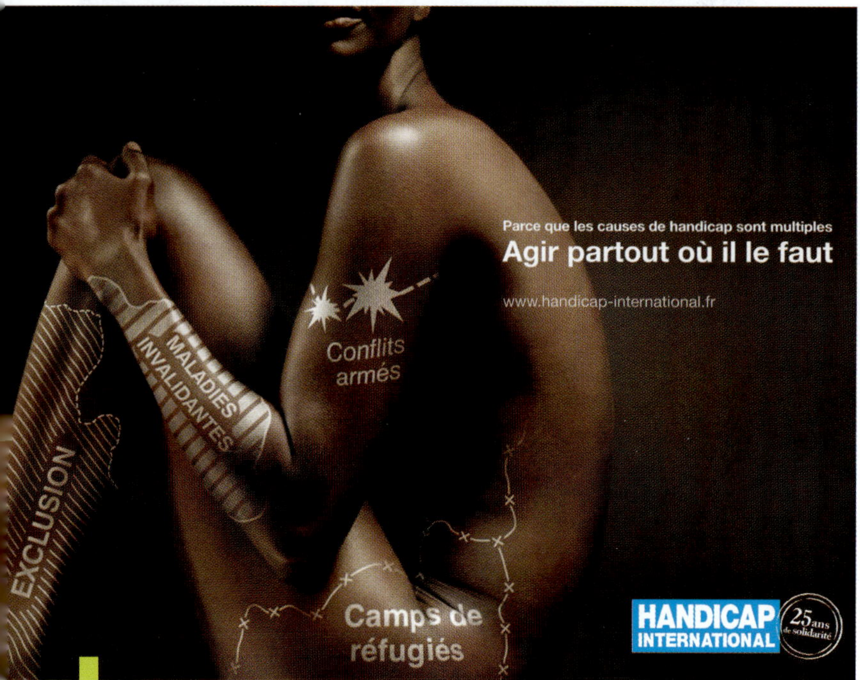


**1 Affiche des 25 ans de l'ONG Handicap International**, 2007.

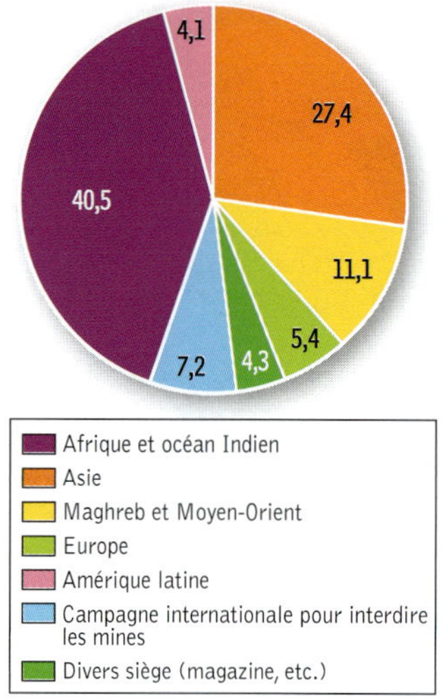


Source : Handicap International, « Journal des comptes 2008 », supplément au journal *Vivre Debout* n°45, septembre 2009.

**3 Répartition des dépenses de l'association en 2008 (en %).**

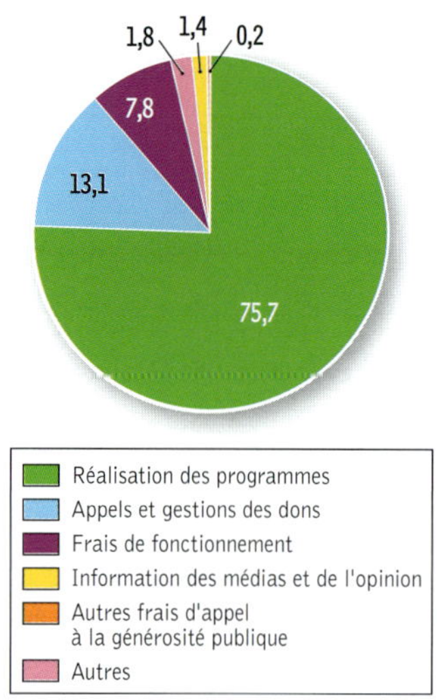


Source : Handicap International, « Journal des comptes 2008 », supplément au journal *Vivre Debout* n°45, septembre 2009.

**4 Répartition des frais pour 100 euros dépensés en 2008 (en euros).**

### 2 Les actions de l'ONG en 2008

« Le budget global des missions sociales est en légère augmentation en 2008 avec 72,7 millions d'euros (+ 7,4 % par rapport à 2007). L'association a clairement affirmé ses choix en terme d'actions de développement, choix accompagnés d'une augmentation de budget. En effet, la progression des activités en Afrique et au Maghreb a été notable dans les domaines de la santé, de l'insertion (notamment scolaire) et du soutien aux initiatives des associations de personnes handicapées.

Par ailleurs, Handicap International est intervenue dans huit situations d'urgence : en Birmanie, après le cyclone Nargis ; en Inde, à la suite des inondations dans la province du Bihar ; en Haïti, après l'ouragan Ike ; à deux reprises en République démocratique du Congo, au Nord-Kivu, après l'escalade de la violence ; en Chine, suite au tremblement de terre dans la province du Sichuan ; et enfin à Cuba, après le passage des ouragans Gustav et Ike. Parmi les principales actions : réhabilitation, construction, aide et soutien aux personnes vulnérables [...] La poursuite des actions contre les mines et les BASM[1] a été marquée par la participation de Handicap International :

– au processus d'Oslo, qui a abouti le 3 décembre 2008 à la signature du traité d'interdiction des BASM ;

– aux conférences de suivi du Traité d'Ottawa qui interdit les mines antipersonnel. »

Handicap International, « Journal des comptes 2008 », supplément au journal *Vivre debout*, n° 45, septembre 2009.

1. Bombes à sous-munitions.

**5** **Manifestation contre les BASM,** Lyon, 26 septembre 2009.

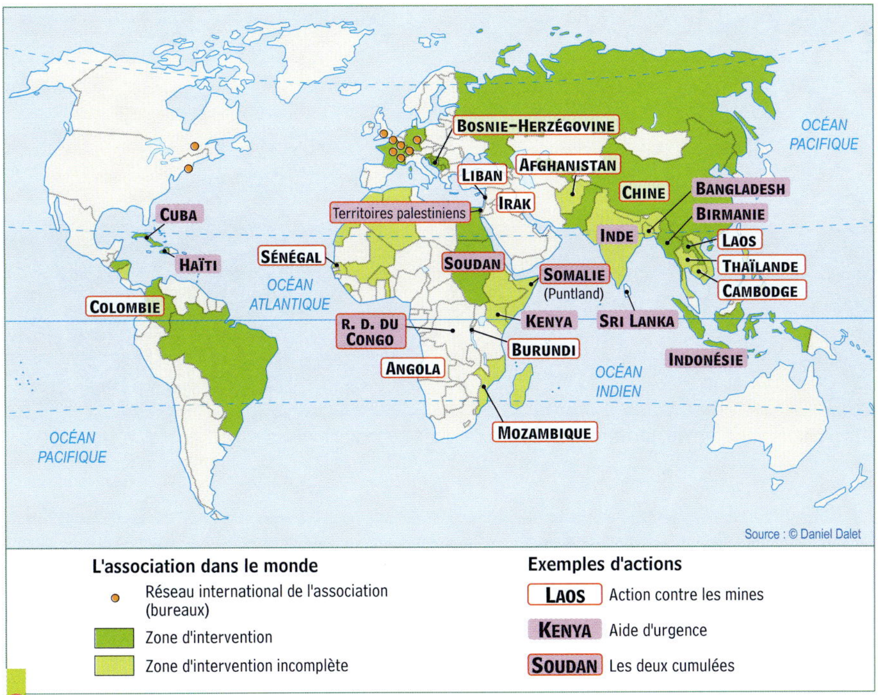


**6** **Handicap International dans le monde,** 2009.

## Questions

1. Dans quels domaines cette ONG intervient-elle ? [1, 2, 5, 6]
2. Comment se justifie l'existence d'un budget pour la communication ? [1 à 5]
3. Dans quelles régions du monde sont concentrés ses différents programmes ? En quoi ses actions en Asie et en Afrique se différencient-elles ? [1, 2, 6] [4]
4. Recherchez les différents domaines dans lesquels les ONG peuvent intervenir. Vous pouvez vous rendre sur le portail francophone de la solidarité internationale : www.portail-humanitaire.org.

Objectif

# Savoir-faire

## ■ Étudier une situation géographique à partir d'une carte

**1. Identifier la carte :** titre, thème cartographié, échelle utilisée, période ou date considérée.

**2. Comprendre sa légende :** thèmes ou parties de la légende ; types de figurés employés (ponctuel, de surface ou linéaire) ; hiérarchisation des phénomènes (figurés dont la taille ou la couleur varie).

**3. Extraire l'information :** repérer les territoires, les flux, les réseaux, les acteurs, et leur valeur (forte, faible…) ; repérer les ensembles spatiaux et les disparités (riches/pauvres, Nord/Sud, urbain/rural…).

**4. Analyser la situation représentée :** dégager la problématique traitée et les éléments permettant d'y répondre ; rédiger quelques lignes de présentation et d'interprétation de la carte (la mettre éventuellement en relation avec un autre document).

# Mondialisation et frontières

**1 Saisie de médicaments contrefaits** (vendus via Internet), provenant d'Inde et destinés au marché africain, port du Havre, août 2009.

## ■ Application

**1. Présentez la carte étudiée : titre, thème, échelle.** [2]

**2. Dans la légende, quels types de figurés représentent : des événements mondiaux ? des échanges ? des ensembles de pays ? Citez un exemple pour chacun.** [2]

**3. Quels éléments montrent : l'ouverture du monde et/ou sa fermeture ? la remise en cause de la mondialisation ? la constitution d'ensembles spatiaux distincts ?** [2]

**4. Répondez en quelques lignes à la problématique suivante : dans quelle mesure la mondialisation efface-t-elle les frontières ?** [1, 2]

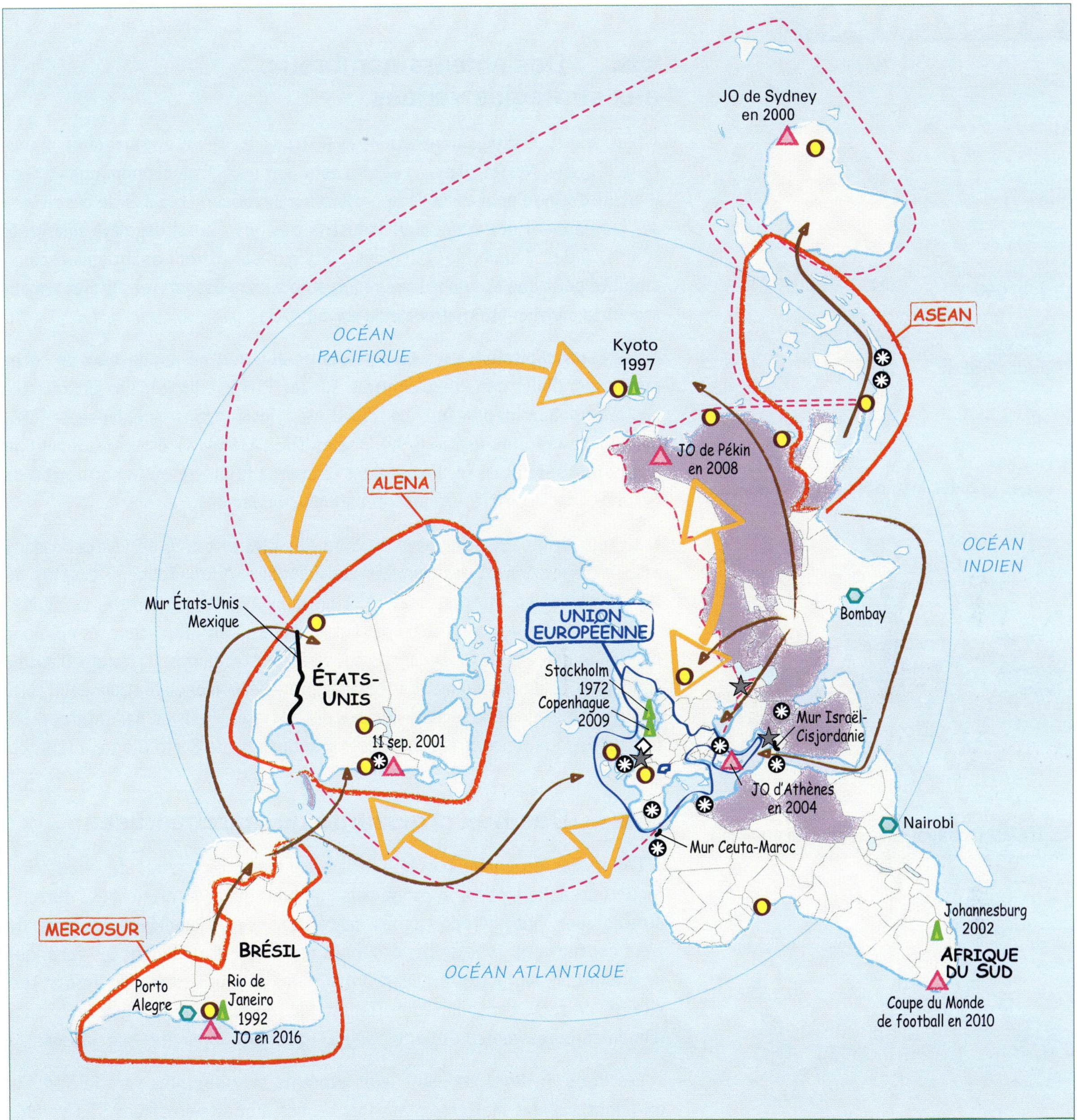


**L'ouverture au monde**

- Accord de libre-échange
- Flux en croissance qui se joue en partie des frontières (hommes, marchandises, capitaux, informations)
- Commerce de la drogue
- Lieu d'attentat (organisations terroristes transnationales)
- Uniformisation des cultures, des modes de production et de consommation dans les grandes métropoles

**Une citoyenneté planétaire**

- Grand événement médiatisé
- Siège de la Cour Pénale Internationale (CPI)
- Sommet de la Terre
- Forum social

**La multiplication des frontières**

- Renforcement des frontières et contrôle de l'immigration
- Construction de mur de séparation
- Inégalités Nord-Sud
- Mouvement régionaliste ou nationaliste, groupe armé dissident
- Pays qui interdit ou restreint l'accès à Internet

**2 Mondialisation et frontières.**

# L'essentiel

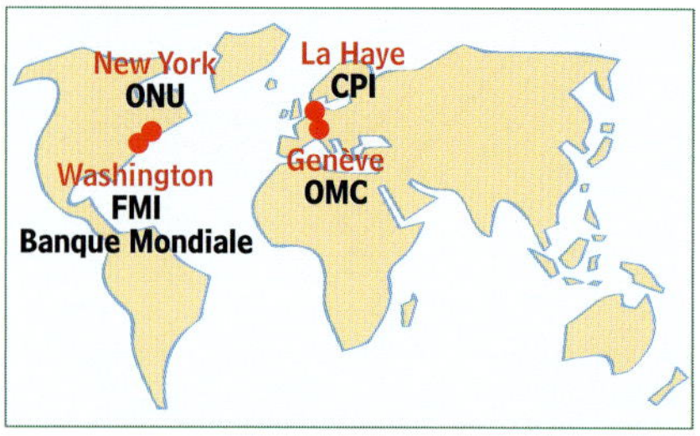


**1.** Les grandes instances internationales.

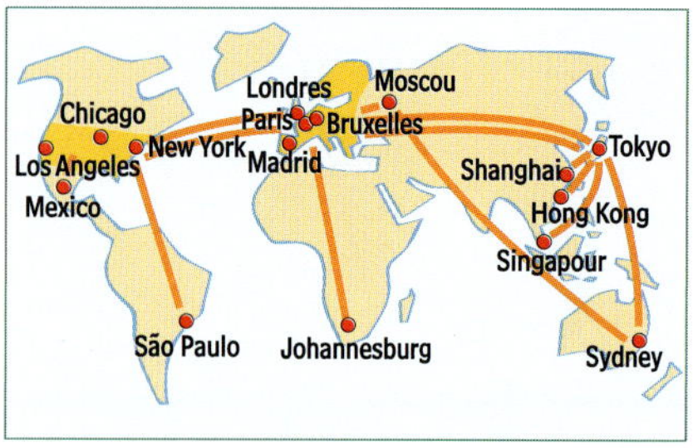


**2.** L'AMM (archipel mégalopolitain mondial).

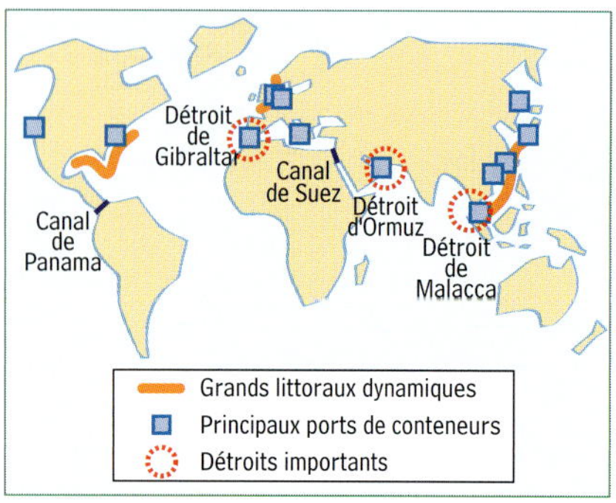


**3.** Le transport maritime dans le monde.

## 1. Des acteurs nombreux, aux stratégies variées

■ Plus de 70 000 **firmes transnationales (FTN)** développent une stratégie planétaire (Google, Nestlé, Ikea…) et affichent leur puissance économique (4 % de la main-d'œuvre pour 25 % de la production mondiale). Les 2/3 de ces richesses proviennent des vieux pays industrialisés, mais aussi des **pays émergents** (Chine, Inde). Implantées dans des États qui leur offrent avantages fiscaux, stabilité politique et main-d'œuvre adaptée à leurs besoins, ces firmes encouragent la **division internationale du travail (DIT)**.

■ Les États capitalistes les plus puissants agissent en régulateurs de l'économie mondiale, mais leur contrôle sur les FTN est limité. Les organismes supranationaux dépendant de l'ONU, les institutions spécialisées (**FMI**, **OMC**…) et les organisations régionales (UE, ALENA…) dictent souvent la conduite à suivre. En revanche, dans le Sud, la faiblesse ou la corruption de certains États constituent un frein au développement.

■ Surtout originaires des pays du Nord, les **ONG** ont créé de vastes réseaux associatifs et gèrent des budgets considérables (Croix-Rouge, Médecins du Monde, Handicap International…). Elles combattent la pauvreté, les épidémies, les dégâts des conflits ou des catastrophes... et influencent les opinions publiques grâce à des campagnes souvent spectaculaires. L'**altermondialisme** condamne le développement inégal : il prône une **mondialisation** équitable, centrée sur le développement durable des sociétés. Relayés par Internet, les forums sociaux rencontrent un succès grandissant, de Porto Alegre à Nairobi.

## 2. Des flux croissants de marchandises

■ Les routes du commerce mondial passent par des nœuds de circulation incontournables : ports à **conteneurs**, grandes façades maritimes, détroits stratégiques, **hubs** aéroportuaires, **plates-formes multimodales**... Les pays du Nord concentrent 75 % de ces échanges mondiaux et dominent les échanges de produits manufacturés. L'écart entre zones de production d'énergie et territoires de forte consommation (Chine, Russie) entraîne des **flux** croissants d'hydrocarbures véhiculés par oléoducs, gazoducs ou navires spécialisés.

■ Les États du Nord écoulent leurs produits manufacturés vers le Sud ; ils en importent des matières premières ou des produits tropicaux ; ils y délocalisent des activités (textiles, automobiles). Des pays du Sud recyclent ou offrent une seconde vie à des produits de consommation courante (produits textiles, jouets, appareils électroniques...), voire des déchets, notamment en Asie et en Afrique.

■ Les flux financiers, gérés par les bourses de la **Triade**, circulent à 95 % entre 30 pays du Nord. La Chine accueille à elle seule le tiers des **investissements directs à l'étranger** (IDE) destinés aux pays en développement alors que l'Afrique demeure dans une situation marginale (1 % des investissements). Des États de petite taille, véritables espaces de non-droit, jouent un rôle non négligeable : on compte 70 **paradis fiscaux** où transitent 50 % des finances mondiales ainsi que des États proposant des **pavillons de complaisance** (Liberia, Bermudes, Panama...).

## L'essentiel en image

**Campagne de l'ONG internationale WWF (Fonds mondial pour la Nature), mai 2007.**

***Quelles connaissances du chapitre retrouvez-vous dans ce document ?***

## Mots-clés

**Altermondialisme** : mouvement en faveur d'une mondialisation plus équitable et plus humaine.

**Conteneur** : boîte métallique de taille standardisée, adaptée à tout mode de transport et pouvant contenir 33 m$^3$ de marchandises.

**Diaspora** : mot grec signifiant « dispersion » et utilisé pour désigner une population nombreuse, originaire d'un même pays et établie dans plusieurs autres.

**DIT (division internationale du travail)** : organisation du travail qui entraîne la spécialisation des pays dans des activités économiques où ils présentent des avantages sur les autres pays.

**FTN (firme transnationale)** : entreprise qui dispose de filiales dans plusieurs États et dont le chiffre d'affaires annuel est au moins égal à 500 millions de dollars.

**Flux** : courants d'échanges visibles (personnes, marchandises) ou invisibles (informations, capitaux…) qui sillonnent la planète.

**FMI** : Fonds monétaire international, créé en 1944.

**Fracture numérique** : inégalité des États dans l'accès aux NTIC.

**Hub** : plate-forme à partir de laquelle le trafic (passagers ou fret) est centralisé puis redistribué.

**IDE (investissements directs à l'étranger)** : voir page 167.

**Migration** : déplacement de population d'un lieu vers un autre, accompagné d'un changement de résidence.

**Mondialisation** : processus d'extension progressive de l'économie de marché à l'espace mondial, dont tous les pays sont mis en relation.

**OMC** : Organisation mondiale du commerce, créée en 1995 pour réguler les échanges mondiaux.

**ONG (organisation non gouvernementale)** : association indépendante engagée dans des actions d'aide humanitaire, de défense de la nature…

**Paradis fiscal** : territoire ou pays dont les lois sont utilisées à des fins d'évasion ou de fraude fiscales.

**Pavillon de complaisance** : nationalité fictive accordée libéralement à des armateurs par certains États qui offrent des conditions avantageuses (fiscalité, législation sociale, sécurité).

**Pays émergent** : voir page 167.

**Plate-forme multimodale** : lieu qui connecte plusieurs modes de transport (routier, ferroviaire, aérien, maritime, fluvial) pour faciliter la circulation des hommes ou des marchandises.

**Réfugié** : personne menacée qui trouve refuge à l'extérieur de son pays.

**Réseau** : ensemble de lignes ou de relations, matérielles ou immatérielles, qui desservent un espace ou un territoire.

**Triade** : les trois pôles de puissance dominant l'espace-monde : Amérique du Nord, Europe occidentale et Asie orientale.

## 3. La mobilité planétaire des hommes

■ Aujourd'hui, 200 millions de migrants (3 % de la population mondiale) sillonnent la planète. Les jeunes émigrants sans emploi, venus du Sud surtout, enrichissent leur pays d'accueil mais aussi leur pays d'origine grâce à leurs transferts financiers. Les **diasporas** – notamment la diaspora chinoise et ses quelque 40 millions de membres – sont à l'origine d'importants flux économiques et financiers. L'UE et les États-Unis sont les espaces d'accueil les plus convoités par les migrants ; le contrôle de plus en plus strict de leurs frontières ne fait que renforcer les flux de clandestins (25 à 30 millions de personnes). Des routes migratoires drainent ces flux Sud-Nord vers des passages recherchés : frontière mexicaine, enclaves espagnoles de Ceuta et Melilla, archipel des Canaries, îles de la Méditerranée...

■ Fuyant guerres ou persécutions dans leur pays, 18 millions de déplacés s'ajoutent à près de 22 millions de **réfugiés**, en 2010. Les principaux foyers de départ se situent au Moyen-Orient (Irak, Afghanistan) et en Afrique (Darfour, Somalie, Côte d'Ivoire, R. D. du Congo), dans des zones en guerre. Provoqués par le réchauffement planétaire, les flux de réfugiés climatiques (20 millions en 2008) issus, par exemple, des zones côtières peu élevées (petites îles, deltas très peuplés), constituent le nouveau moteur des **migrations** internationales.

■ Le tourisme est au 4e rang des échanges internationaux : actuellement, 900 millions de touristes franchissent chaque année une frontière, malgré la peur du terrorisme et des épidémies. Le Moyen-Orient, l'Asie-Pacifique et l'Afrique enregistrent une forte progression. Toutefois, l'Europe demeure la principale destination au monde, attirant 480 millions de touristes.

## 4. Des réseaux de plus en plus denses et complexes

■ Les **réseaux** qui parcourent le monde permettent la circulation des hommes et des marchandises mais aussi celle de très nombreuses informations : en 2009, l'Internet compte 2 milliards d'usagers, la téléphonie mobile 4,6 milliards. Grâce à l'essor des télécommunications et aux progrès de la numérisation (satellite pour le téléphone mobile, fibre optique, haut débit), les nouvelles technologies de l'information et de la communication (NTIC) permettent aux acteurs politiques et économiques de gérer et contrôler les flux économiques en temps réel : les marchés financiers sont interconnectés 24 heures sur 24. Mais la « **fracture numérique** » met en évidence la marginalisation de nombreux pays du Sud, Inde et Brésil exclus.

■ Les États, acteurs-clés de la mondialisation, ne sont toutefois pas incontournables car les flux financiers et les flux d'information – et les échanges illicites plus encore – se jouent des frontières. Profitant de la mondialisation, les réseaux du crime organisé constituent une véritable économie parallèle dont le poids est colossal. On y retrouve tous les trafics illicites : produits piratés, médicaments contrefaits, drogue, armes, êtres humains... Ces réseaux s'appuient toutefois sur des bases nationales bien identifiées : mafias italiennes (Cosa Nostra sicilienne, Camorra napolitaine...), tchétchènes, russes, albanaises... ; triades chinoises ; cartels colombiens...

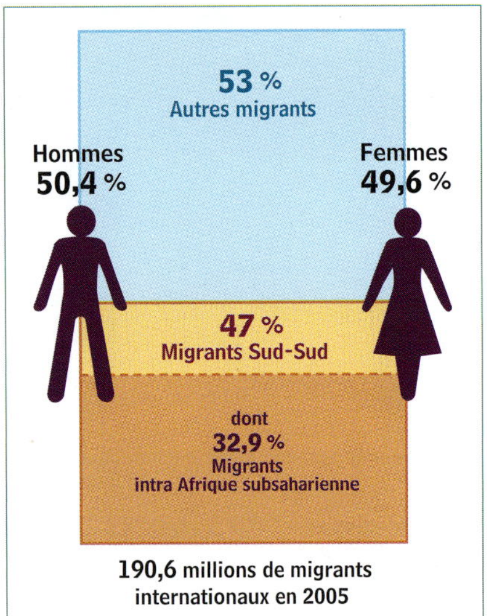


D'après *Alternatives internationales*, Hors Série n°6, décembre 2008.

**4. Les migrants dans le monde en 2005.**

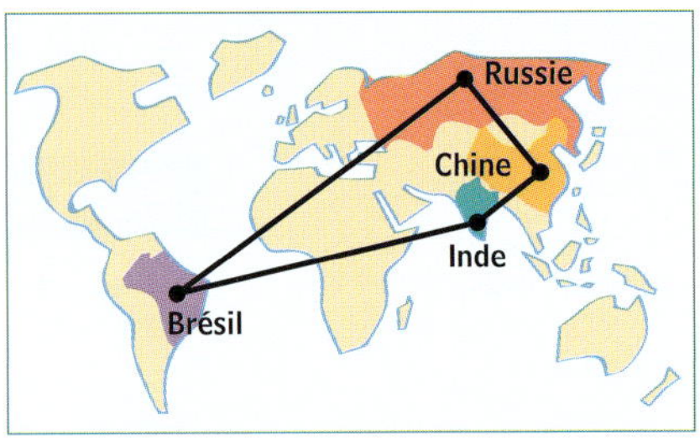


**5. Les BRIC, un nouveau groupe ?**

**6. Logotype d'Alter Eco,** 2009.

## L'essentiel en image

**Immigrés prêtant serment une fois la nationalité américaine acquise,** Phoenix, Arizona, 2007.

*Quelles connaissances du chapitre retrouvez-vous dans ce document ?*

## Retenir autrement

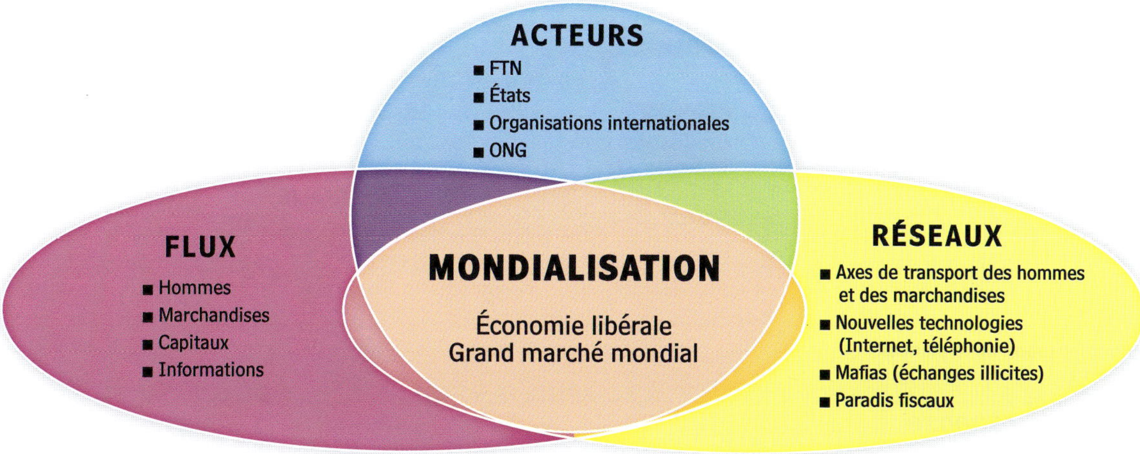

## 1 Question simple

CAPACITÉ
Mémoriser et restituer les principales connaissances et notions

**« Les flux sont au cœur de la mondialisation » : justifiez cette affirmation à l'aide de trois arguments.**

### *Aide à la réponse*

*➜ Citer les principaux flux de la mondialisation.*

*➜ Donner l'exemple de réseaux dynamiques (humains, commerciaux, financiers légaux/illégaux).*

*➜ Citer quelques nœuds majeurs : métropoles, plates-formes multimodales…*

## 2 Question avec un support

CAPACITÉ
Compléter une carte simple

**A. Complétez la légende à l'aide des 5 éléments suivants :**

– Régions intégrées à l'espace mondialisé.
– Principaux flux de produits miniers et énergétiques.
– Triade.
– Régions peu intégrées ou en marge.
– Principaux flux de marchandises, de capitaux et d'informations.

**B. Placez sur la carte les noms :**

– des pays de la Triade,
– de trois pays intégrés,
– d'une grande région en marge.

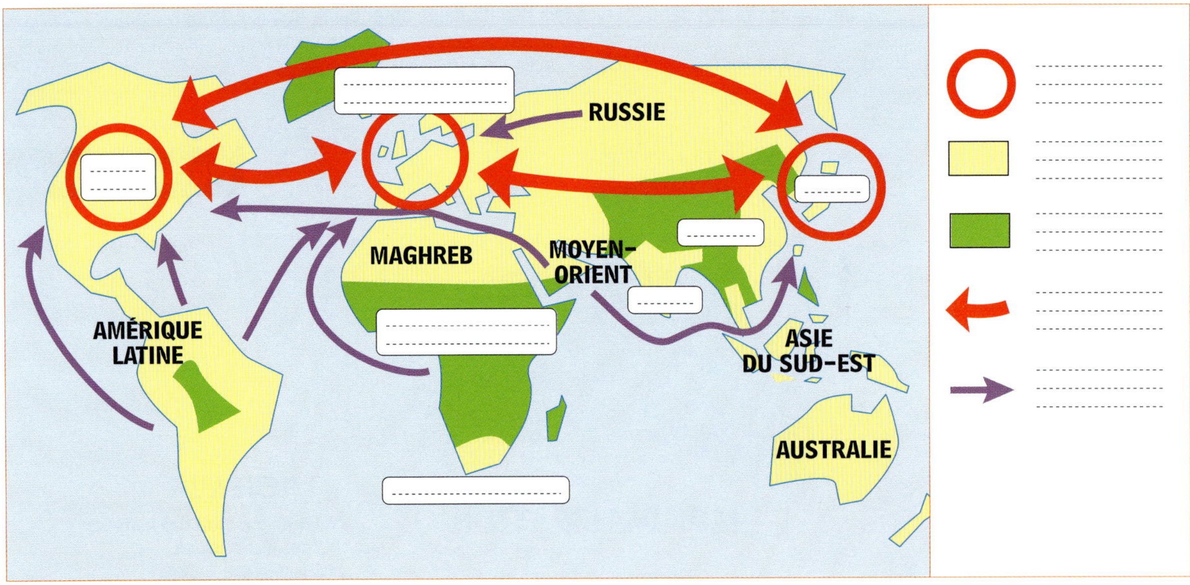


**La mondialisation de la planète.**

### *Aide à la réponse*

*➜ Distinguer les types de figurés de la légende (pôles, flux).*

*➜ Lister les territoires concernés sur la carte (pays, région, continent).*

# BEP Situations

## 1 Question simple

**CAPACITÉ**
Décrire une situation géographique

**Quels facteurs expliquent les migrations internationales ? Quels sont les flux principaux ?**

### *Aide à la réponse*

- *Énumérer les causes des migrations (économique, politique, sanitaire…).*
- *Identifier les régions ou pays de départ, les régions ou pays d'accueil.*
- *Expliquer le rôle des diasporas dans les pays d'accueil.*

## 2 Question avec un support

**CAPACITÉ**
Relever les informations essentielles d'un document et les mettre en relation avec ses connaissances

**En quoi les actions d'une ONG contribuent-elles à l'inscrire dans la mondialisation ?**

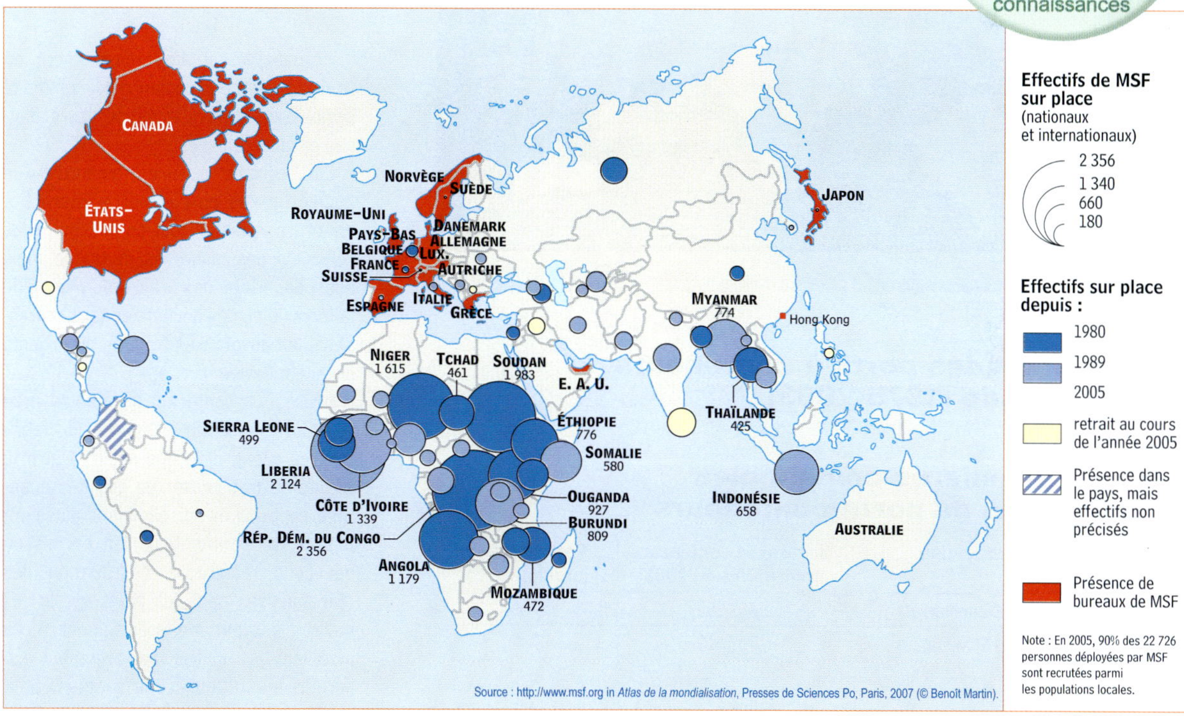


**MSF dans le monde en 2005.**

### *Aide à la réponse*

- *Repérer les différents territoires d'intervention de l'ONG afin de justifier sa dimension mondiale (pays, régions, continents).*
- *Établir le lien entre l'objet de l'association et les pays concernés (niveau de développement, épidémies, conflits ou guerres…).*
- *Mettre en évidence les inégalités centre/périphérie.*

Grand Angle

# La mondialisation mise en boîtes

## Pourquoi le conteneur parcourt-il le monde ?

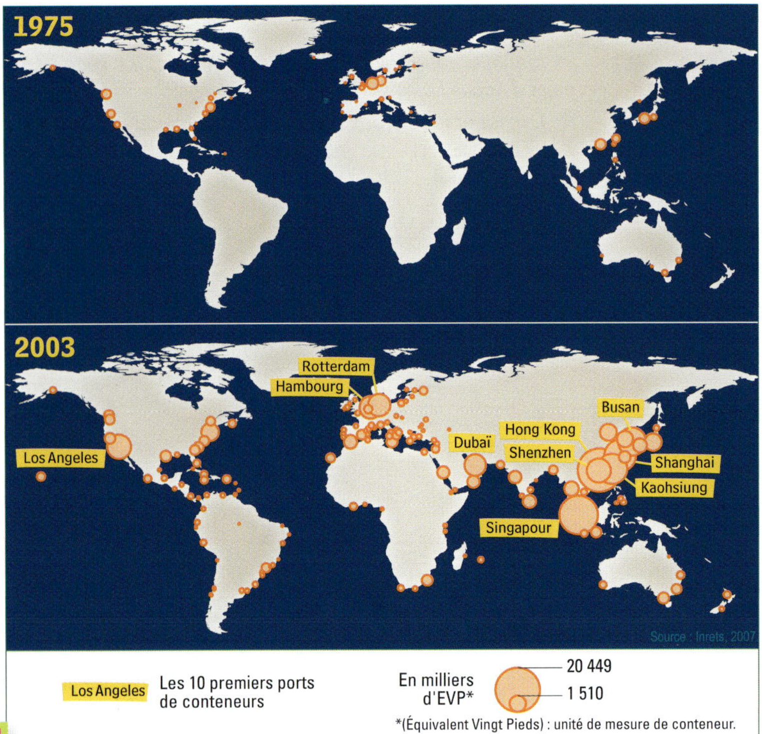


### 1. L'évolution des ports à conteneurs dans le monde (1975-2003)

### 2. Les 10 premières compagnies de transports de porte-conteneurs

| Rang | Nom et origine | Nombre de conteneurs transportés en 2005 | Part du trafic mondial (en %) |
|---|---|---|---|
| 1 | APM-Maersk (Danemark) | 1 757 855 | 17,4 |
| 2 | Mediterranean Shipping Co (Italie/Suisse) | 947 419 | 9,4 |
| 3 | CMA-CGM (France) | 644 672 | 6,4 |
| 4 | Evergreen Group (Taïwan) | 536 524 | 5,3 |
| 5 | Hapag-Lloyd (Allemagne) | 445 463 | 4,4 |
| 6 | Cosco Container Lines (Chine) | 387 007 | 3,8 |
| 7 | China Shipping Container Lines | 381 674 | 3,8 |
| 8 | Hangin/Senator (Corée du Sud) | 347 009 | 3,4 |
| 9 | APL (Singapour/États-Unis) | 339 196 | 3,4 |
| 10 | Nippon Yusen Kaïsha (Japon) | 319 667 | 3,2 |

Source : CMA-CGM, 2006.

### 3. La révolution du conteneur

« Monstre des mers transportant jusqu'à 250 000 tonnes de marchandises, le porte-conteneurs a bouleversé les échanges intercontinentaux, le rôle des armateurs et l'organisation des grands ports. La mer de Chine est au cœur d'une formidable mutation, d'où les Américains sont absents.

Il porte les couleurs et le nom de son propriétaire : le danois Maersk, le chinois Cosco ou le français CMA-CGM. Visible dans les grands ports du monde, mais aussi sur les trains, les routes ou les canaux, le *container* – conteneur, en français – s'impose aujourd'hui comme le symbole de la mondialisation des échanges commerciaux. [...]

Ces "caisses" assurent aujourd'hui la majeure partie du commerce international et transportent tout ou presque : des véhicules, des conserves, du textile, mais aussi des fruits, des grains, du papier, de la ferraille ou des déchets de tous ordres. Seuls les envois très fragiles ou urgents prennent l'avion. [...]

Pourquoi le conteneur a-t-il bouleversé le trafic commercial ? D'abord, du fabricant au client, il voyage scellé. Outre la facilité de transporter de grandes quantités de produits en éliminant plusieurs phases de manutention, il a permis de beaucoup réduire la dégradation des marchandises dans les ports et sur les navires, souvent due, précisément, à ces manutentions. Et il a fait largement disparaître les vols qui, historiquement, affligeaient ce commerce.

Conséquence : le conteneur a révolutionné l'activité portuaire. En y introduisant la mécanisation, il a amplement réduit le nombre de dockers. En France, les personnels portuaires sont passés de 22 000 en 1947 à 4 200 en 2005. Le docker, lui, est devenu un technicien à haute valeur ajoutée, portiqueur ou grutier. »

D. Buffier, *Le Monde*, 22 novembre 2006.

## 4. Publicité du groupe Allianz, 2008

## 5. De la table à la poubelle

« Sans l'Emma Maersk, la table de Noël des Britanniques aurait été fort dégarnie. Les milliers de conteneurs que nous avons vus regorgent de milliers de poulets congelés, de citrouilles et de quantités non précisées d'espadon, de thon, de nouilles, de biscuits et de pots de confiture. […] Le porte-conteneurs retournera bientôt en Chine. Mais au lieu de transporter des jeux, de la nourriture pour chat et des ordinateurs, il emportera les déchets du grand gaspillage de Noël. […] Les déchets en plastique sont devenus l'un de nos plus importants produits d'exportation vers la Chine et, une fois recyclés, ils se retrouvent dans le type de jouets et décorations que l'Emma Maersk vient d'apporter en Grande-Bretagne. »

J. Vidal, *The Guardian*, in *Courrier international*, n° 836, du 9 au 15 novembre 2006.

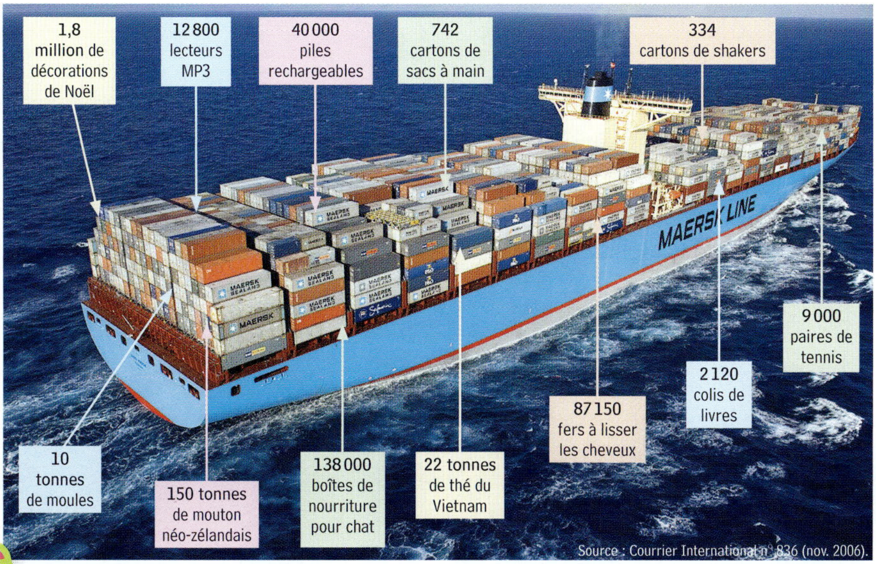


## 6. Porte-conteneurs de la firme danoise Maersk Line, 2006

### Questions

**1.** Où est née la conteneurisation ? À qui profite-t-elle le plus aujourd'hui ? [1 à 4] [2]

**2.** Quels sont les types de produits transportés par conteneur ? [3, 5, 6]

**3.** Quels sont les atouts majeurs de ce mode de conditionnement des marchandises ? Présente-t-il des aspects négatifs ? [3, 5, 6]

**4.** Dans quelle mesure la conteneurisation traduit-elle le phénomène de la mondialisation ? [1 à 6]

# Chapitre 7

# Mondialisation et diversité culturelle

**1 À chacun son exotisme !** Affiche du film *Uthaman* de V. B. Rajendra Prasad, 1979.

Influencées d'abord par le mode de vie européen, les pratiques culturelles dans le monde semblent l'être de plus en plus par la diffusion planétaire de *l'American way of life*. Le modèle culturel occidental pénètre désormais les lieux les plus reculés, aux particularismes locaux encore très vivaces.

## La mondialisation menace-t-elle d'uniformisation la diversité culturelle de la planète ?

SOMMAIRE

**2** **Plage de la Marina**, Dubaï, 2008.

**3** **Au bord de la route,** près de Bafia, Cameroun, 2004.

Situation 1

# Le cinéma en Asie

## ■ Quels sont les effets de la mondialisation sur le cinéma en Asie ?

**1** **Jaquette du DVD *Les Seigneurs de la guerre*,** du réalisateur chinois Peter Chan (acteurs : Andy Lau de Hong Kong, Jet Li de Pékin et Takeshi Kaneshiro du Japon), 2007.

**2** **Le cinéma dans le monde en 2006**

| Rang | Nombre de films produits | Nombre d'écrans de cinéma |
|---|---|---|
| 1 | Inde : 1 091 | États-Unis : 38 415 |
| 2 | Nigeria : 872 | Chine : 37 753 (dont 3 527 modernes) |
| 3 | États-Unis : 485 | Inde : 11 183 |
| 4 | Japon : 417 | France : 5 362 |
| 5 | Chine : 330 | Nigeria : 4 871 |
| 6 | France : 203 | Japon : 3 062 |
| 7 | Allemagne : 174 | Ukraine : 2 740 |
| 8 | Espagne : 150 | Italie : 1 910 |
| 9 | Italie : 116 | Corée du Sud : 1 880 |
| 10 | Corée du Sud : 110 | Allemagne : 1 823 |

Sources : UNESCO (PopulationData.net, 5 mai 2009) ; Observatoire Européen de l'Audiovisuel.

**3** **« Bollywood, le cinéma qui chante »**

« C'est la mode : depuis *Slumdog Millionaire*, succès planétaire, le grand public occidental a entendu parler de Bollywood, cinéma issu de Bombay. [...] En fait, il s'agit d'un genre, d'un mode de production, d'un fait culturel, d'un marché. Bollywood, c'est la version ourdoue du cinéma des grands studios hollywoodiens, vague déferlante qui comprend des milliers de films, consommés par d'immenses populations asiatiques ou moyen orientales. Seuls quelques rares titres parviennent chez nous. Il suffit de se promener du côté de la place de la Chapelle, à Paris, pour voir des centaines de DVD bariolés dont, honnêtement, nous ne savons rien. C'est toujours le même moule, depuis les années 1940 : un garçon aime une fille, il ne peut pas l'épouser, il chante, elle consent, ils sont heureux.

Les scénarios sont souvent inspirés par les textes sacrés, le *Ramayana* ou le *Mahabharata*, ou carrément plagiés sur des productions étrangères.

[...] Diffusés au Népal, en Afghanistan, au Sri Lanka, voire dans le golfe Persique ou en Turquie, les films de Bollywood pénètrent même sur les marchés nigérians, tchadiens, somaliens ou éthiopiens. Et l'argent rentre : ainsi, un film comme *Love Aaj Kal*, sorti le 31 juillet dernier, a totalisé 1,5 million d'euros de recettes en une semaine en Angleterre et en Australie ! Cela dit, un très grand nombre de films disparaissent rapidement, sans laisser de trace. Piratés, clonés, diffusés dans des salles de quartier ou dans des cafés, ils sont, littéralement, l'opium du peuple. Bollywood ? Un continent à découvrir. »

*Télé Obs*, 24 août 2009.

**4** **Affiches du film *Slumdog Millionaire,*** Bombay, Inde, janvier 2009. Long-métrage du Britannique Danny Boyle, récompensé par 8 Oscars à Hollywood : Meilleur film, Meilleur réalisateur…

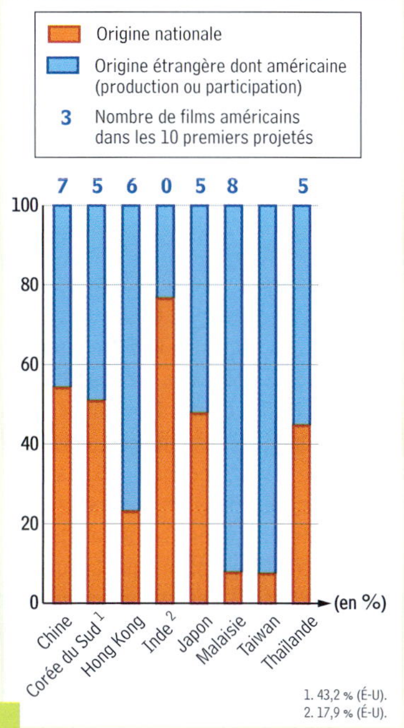


**5** **Origine des films projetés en Asie,** 2007.

**6** **Habitants d'un bidonville exigeant de changer le titre du film *Slumdog Millionaire*,** Bombay, 22 janvier 2009.

## Questions

**1. Quelles sont les forces et les faiblesses du cinéma en Asie ?** [2, 5 + 1 p. 135]

**2. Qu'est-ce qui caractérise les films « Bollywood » ?** [3, 4 + 1 p. 120]

**3. En quoi le film *Slumdog millionaire* est-il un film exceptionnel ?** [3, 4, 6]

**4. Quels indices témoignent du succès des films asiatiques ? Comment expliquez-vous ce succès ?** [1 à 6 + 1 p. 135] [5]

Situation 2
# Géographie des goûts alimentaires

## ■ Quel est l'impact de la mondialisation sur les pratiques alimentaires ?

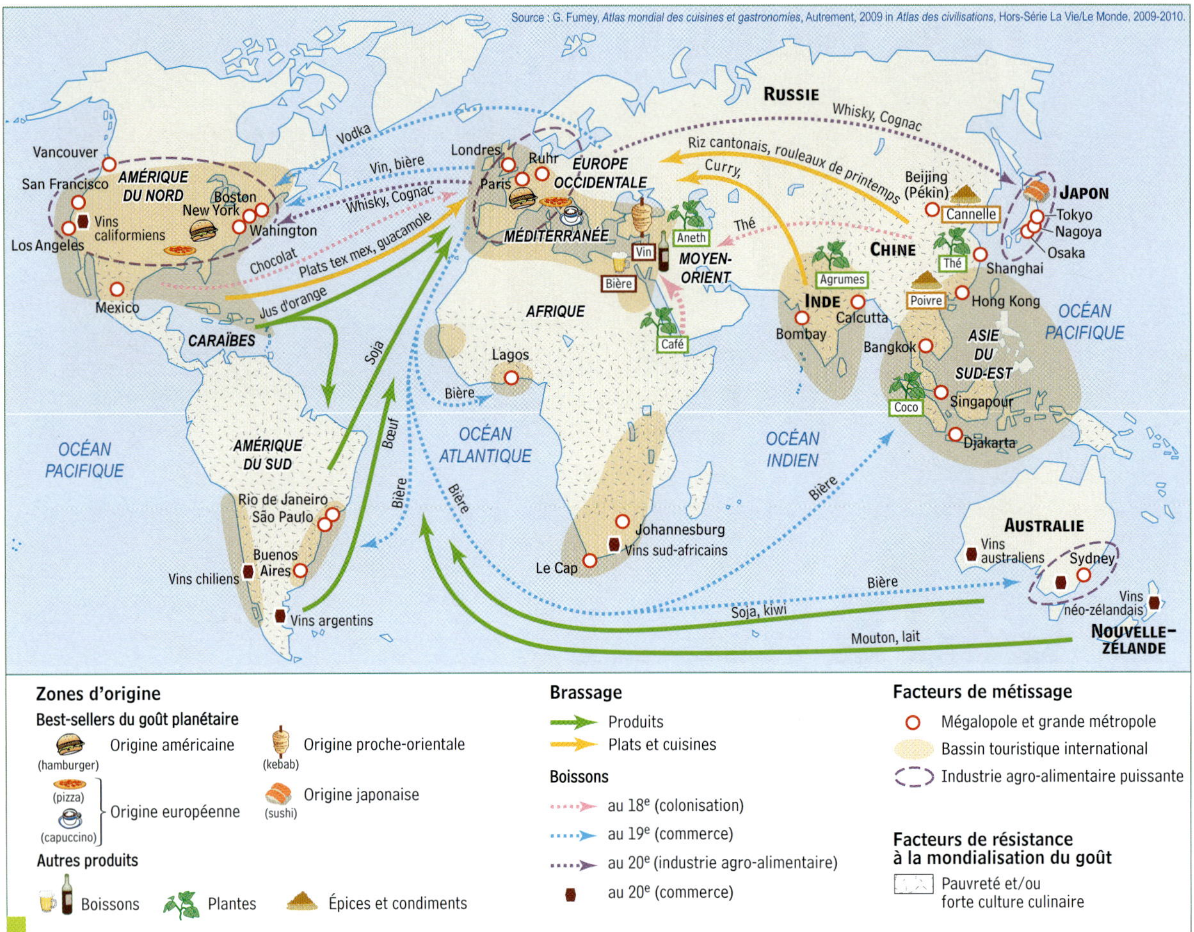


**1 Goûts et produits à la conquête du monde,** 2009.

### 2 Quels sont les plats de la *world food* ?

« Aujourd'hui, après les boissons comme le thé, le café, le chocolat, la bière et le vin qui se sont mondialisées à partir du 18e siècle, ce sont les plats qui deviennent des références partagées du goût dans le monde entier.

Cette *world food* qui se consomme dans les grandes villes et les lieux du tourisme international s'appuie sur les valeurs de l'exotisme et du métissage. Elle traduit notre soif de l'autre, qui offre des valeurs jugées positives comme le soleil, la jeunesse, la santé, la forme, etc. Elle recompose nos pratiques alimentaires à l'instar de ce qui s'est passé après les grandes découvertes qui, à partir du 16e siècle, ont changé certaines manières de manger et intégré de nouvelles plantes en Europe comme la pomme de terre, la tomate et le haricot. »

G. Fumey, O. Etcheverria (sous la dir. de), *Atlas mondial des cuisines et gastronomies,* Autrement, 2009.

### 3 Modèles alimentaires conquérants

« Parmi les modèles alimentaires conquérants, on trouve aussi bien des multinationales alimentaires que des firmes de la distribution qui adaptent leur offre aux marchés locaux, voire des familles dans la tradition entrepreneuriale asiatique (Inde, Chine, Philippines) s'appuyant sur de solides diasporas. Un modèle alimentaire conquérant, ce peuvent être aussi des plats comme le sushi japonais, le kebab turc, la pizza et le hamburger états-uniens, des boissons comme la bière, le vin, le café ou encore les épices. Mais aussi des manières de manger, moins la table réservée aux expériences festives que le "manger rapide", là où on travaille et on circule. […] L'alimentation moderne est bien marquée par des processus de recomposition qui empruntent à l'exotisme de nouvelles épices, de nouveaux modes de cuisson, comme le wok, de nouvelles saveurs redécouvertes à la faveur des inventaires de terroirs. »

G. Fumey, « Les civilisations dans l'assiette », *Atlas des civilisations,* Hors-Série La Vie/Le Monde, 2009-2010.

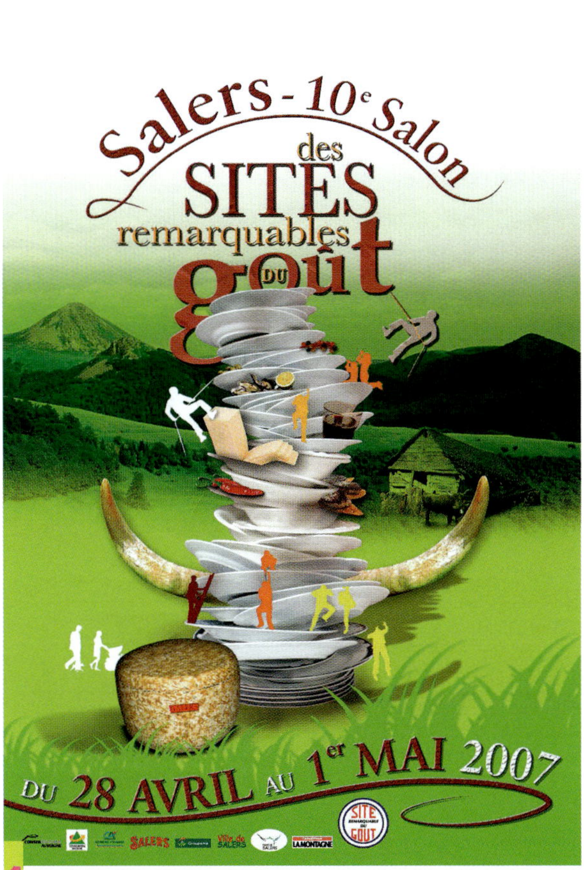


**4 Affiche du 10e Salon des sites remarquables du goût**, 2007.

**5 Marché de Luang Prabang**, Laos, avril 2009.

**6 Documentaire sur l'industrie alimentaire**, décembre 2009.

**7 L'éthique dans l'assiette**

« Pour Slow Food, "être un vrai gastronome, c'est ne pas ignorer les liens qu'il y a entre l'assiette et la Planète". L'assiette, lieu du plaisir à condition de savoir goûter et apprécier la diversité des ressources alimentaires produites sur la planète, à condition que cette diversité soit préservée et avec elle ceux qui en sont les garants : les agriculteurs. Au carrefour de l'éthique et du plaisir, de l'écologie et de la gastronomie, Slow Food, née en Italie en 1986, est devenue en 1989 une association internationale. Reconnue par la FAO (Organisation des Nations unies pour l'alimentation et l'agriculture) en 2004, elle compte aujourd'hui plus de 80 000 membres dans une centaine de pays, dont la France, où l'association existe depuis 2003.

Ce n'est pas un hasard si Slow Food a vu le jour en Italie, et tout particulièrement à Bra, dans le Piémont, au nord-ouest du pays. Une région renommée pour ses vins, ses truffes blanches, son fromage et son bœuf. Ce n'est pas un hasard non plus si Jean Lhéritier, professeur d'histoire économique, est devenu le président de Slow Food France. "Passionné de vins et d'Italie, attaché à la diversité et inquiet de la standardisation de nos assiettes et de nos champs", dit-il, c'est après avoir rencontré l'équipe italienne de Slow Food qu'il propose de créer le mouvement en France. "Un mouvement qui depuis le début des années 2000 s'intéresse beaucoup aux questions alimentaires et de culture alimentaire, sur toute la planète", précise Jean Lhéritier. »

D. Birck, RFI, 22 août 2007.

## Questions

**1. Faites l'inventaire des produits de la *world food* en les classant (produits, période, lieu d'origine). Comment expliquez-vous leur circulation ?** [1 à 3]

**2. Quels sont les « modèles alimentaires conquérants » cités ? Pourquoi les appelle-t-on ainsi ?** [3]

**3. Quelles sont les revendications alimentaires de l'association Slow Food ?** [5, 6]

**4. La mondialisation est-elle contraire à la « diversité de nos assiettes » ?** [1 à 7 + Essentiel en image p. 131 et p. 133 + 1, 2, 4, 5 p. 136-137]

# Géographie des langues en Europe

## ■ À quoi tient la diversité linguistique de l'Europe ?

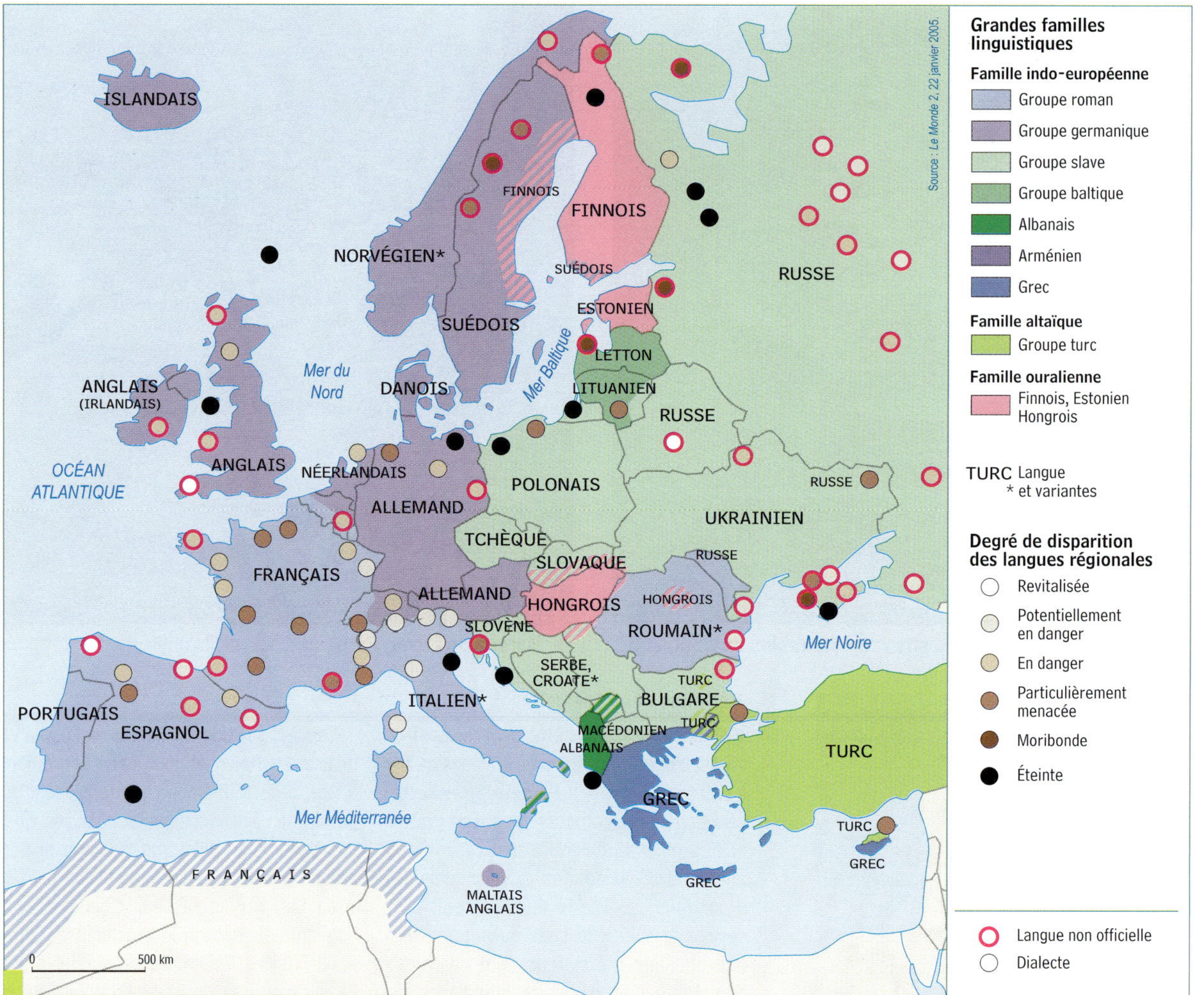


**1 Langues d'Europe : une richesse en péril ?**, 2005.

### 2 Une certaine vision du monde

« Chaque langue exprime, incarne une certaine vision du monde, une connaissance du cadre végétal, animal, climatique plus ou moins particulier et inventorié. La disparition des langues est comparable à celle des espèces, et les deux sont liées car nos langues prétendues "encyclopédiques" n'ont pas pu inclure tous les inventaires exprimés par les "petites" langues qui ont chacune traduit une certaine richesse locale utilisée dans leur vie quotidienne. L'inventaire de toutes les langues et de leurs cultures propres reste donc une tâche essentielle pour mieux comprendre l'humanité et mieux connaître sa planète. Et, de ce fait, les menaces pesant sur toutes les façons de parler visent également notre capital intellectuel commun. »

R. Breton, « Les langues, liens de civilisation », *Atlas des civilisations*, Hors-Série La Vie/Le Monde, 2009-2010.

### 3 En Europe, près de 50 langues

| | |
|---|---|
| **7 langues internationales** | anglais, français, espagnol, portugais, néerlandais, allemand et russe. |
| **26 langues nationales officielles** | danois, suédois, norvégien, islandais, finnois, estonien, letton, lituanien, biélorusse, ukrainien, polonais, tchèque, slovaque, hongrois, roumain, bulgare, macédonien, albanais, serbo-croate, slovène, italien, grec, maltais, irlandais, romanche et luxembourgeois. |
| **13 langues régionales officialisées** | ladin, sarde, catalan, basque, galicien, corse, breton, gallois, gaélique [irlandais], sorabe, frison, lapon ou same, et féroïen. |

R. Breton, « Les langues, liens de civilisation », *Atlas des civilisations*, Hors-Série La Vie/Le Monde, 2009-2010.

**4** **Concert organisé par le chanteur occitan Joanda et Gardarem la Tèrra,** arènes de Béziers, 17 mars 2007.

**5** **Panneaux de signalisation routière,** Quimper, 2005.

**6** **Les langues régionales en France : quelle reconnaissance ?**

« "Les langues régionales appartiennent au patrimoine de la Nation". Voilà ce que les députés ont décidé d'ajouter à l'article 1 de la Constitution. [...] Objectif : permettre l'adoption d'une loi pour normaliser et organiser l'apprentissage et l'emploi de ces langues.

[...] Députée socialiste de la 5e circonscription du Morbihan et présidente du Groupe d'études sur les langues régionales à l'Assemblée, Françoise Olivier-Coupeau (PS) estime que l'amendement adopté le 22 mai est "une belle victoire pour tous ceux qui croient dans les langues régionales qui forment le patrimoine et l'unité de notre pays". Mais elle espère aussi qu'il s'agit là "d'un premier pas" pour aller jusqu'à la ratification de la Charte européenne des langues régionales que la France a signée en mai 1999 mais toujours refusé de ratifier[1]. [...] "La non-reconnaissance de la Charte européenne des langues régionales ou minoritaires n'aboutit qu'à une uniformisation factice de l'identité française. Dans toute l'Europe s'épanouissent les langues régionales, que ce soit en Italie, en Espagne, aux Pays-Bas ; 40 millions de citoyens européens utilisent régulièrement une langue régionale ou minoritaire, transmise de génération en génération, sans que l'affirmation de leur différence pose un problème particulier." »

Eliane Patriarca, « Les langues régionales, un bout de patrimoine national », *Libération*, 2 juin 2008.

1. La Charte européenne des langues régionales ou minoritaires (1992) est en contradiction avec l'article 2 de la Constitution française : « La langue de la République est le français ».

## Questions

**1. L'expression « en péril » vous semble-t-elle justifiée ?** [1, 3 + 3 p. 134]

**2. En quoi les langues représentent-elles une « richesse » ?** [1 à 3]

**3. Dans quelle mesure la diversité linguistique est-elle préservée en Europe ? En France ?** [1 à 6 + 2 p. 134] [6]

## ■ Faire une recherche sur Internet

**1. Se connecter au réseau Internet,** choisir un moteur de recherche et saisir le mot-clé qui permet de lancer la recherche sur le thème ou le domaine étudié.

**2. Repérer,** dans les notices ou les images qui s'affichent à l'écran, les sites les plus intéressants (thèmes, lieux, dates…) puis cliquer dessus.

**3. Relever les informations pertinentes** par rapport au sujet à traiter. Enregistrer les fichiers consultés et/ou utiliser la fonction copier-coller pour sauvegarder des extraits dans un fichier « texte ».

**4. Vérifier l'exactitude des informations trouvées** en les croisant avec d'autres sources documentaires (presse, encyclopédies, manuels scolaires…).

# Le carnaval, une tradition locale et mondiale

**1** Recherche « web ».

**2** Recherche « images ».

### 3 D'où vient le mot « carnaval » ?

« Le mot "carnaval" dévoile son sens par deux pistes étymologiques. La plus usitée est *carne levare* ("enlever la chair") ; celle-ci est directement en rapport avec le catholicisme et la période où l'on festoie une dernière fois avant les quarante jours du carême à Pâques. L'autre définition est, quant à elle, païenne : *carrus navalis* ("char naval") propre aux barques sur lesquelles Dionysos, dieu venu de la mer, pénétrait dans les îles grecques. Cette dernière est la plus ancienne, car le carnaval, se situant en hiver, était ritualisé pour faire revenir le printemps et donc la nouvelle année. Les hommes primitifs se paraient de peaux de bête, ce qui explique les nombreux costumes d'animaux, de plantes, de fruits, de légumes et autres en rapport avec la nature, encore présents aujourd'hui. »

http://fr.wikipedia.org/wiki/Carnaval_de_Nice, 19 décembre 2009.

### 4 D'où vient la tradition du carnaval ?

« Liés généralement à la fête chrétienne de Mardi gras, les carnavals sont un type de fête relativement répandu en Europe et en Amérique du Sud. [...]

Ils consistent généralement en une période où les habitants de la ville sortent déguisés (voire masqués ou bien maquillés) et se retrouvent pour chanter et danser dans les rues, jeter des confettis, éventuellement autour d'une parade.

D'après le calendrier religieux, le carnaval débute à l'Épiphanie (le 6 janvier), date qui marque la fin des fêtes de Noël et s'arrête le Mardi gras, veille du début de la période de carême.

En Allemagne, le carnaval débute en principe le 11 novembre à 11 h 11 et se termine l'année suivante le Mardi gras. En Grèce, il s'appelle *Apokriá* et se termine le Lundi pur.

Les travestissements de tout genre, les bals nocturnes et masqués, les promenades du Dimanche gras et du Mardi gras sont les principaux amusements auxquels on se livre pendant le carnaval. Le Carnaval de Venise et en général ceux des pays méridionaux sont les plus célèbres et les plus brillants. »

http://fr.wikipedia.org/wiki/Carnaval, 19 décembre 2009.

**5 Carnaval de Rio,** Brésil, 2007.

**6 Carnaval Batik de Solo,** île de Java, Indonésie, 28 juin 2009.
Costume créé à partir de *batik* [tissus] traditionnels.

**7 Le Lundi pur**

« Le Lundi pur a lieu quarante jours avant le dimanche de Pâques.

C'est la date qui marque la fin du carnaval et le début du carême. Les plus pratiquants des orthodoxes s'abstiennent de toute nourriture animale durant cette période. Le jour même, les femmes lavent les maisons à grande eau pour les débarrasser de toute souillure, et dans les villages, les églises et les habitations sont repeintes à la chaux.

Partout dans le pays, dans les jardins et sur les collines, sont organisés des banquets et des pique-niques, au cours desquels on déguste le *langada*, sorte de pain traditionnel sans levain. Dans certaines régions de Grèce, on peut également voir des milliers de cerfs-volants que font voler petits et grands... »

http://fr.wikipedia.org/wiki/Lundi_pur, 19 décembre 2009.

## Application

1. **Quel est le mot-clé utilisé dans la recherche ? Où le retrouve-t-on ?** [1 à 7]
2. **Quelles informations (caractères, localisations) sur la tradition étudiée les notices « web » ou « images » nous apportent-elles ?** [1, 2]
3. **Comment expliquez-vous le succès de cette manifestation culturelle ?** [3 à 7] [7]
4. **Prolongez la recherche : visitez les sites proposés ; consultez d'autres ouvrages ; étudiez un lieu précis.**

# L'essentiel

**1.** **Une du magazine *Alternatives Internationales*,** juillet-août 2005.

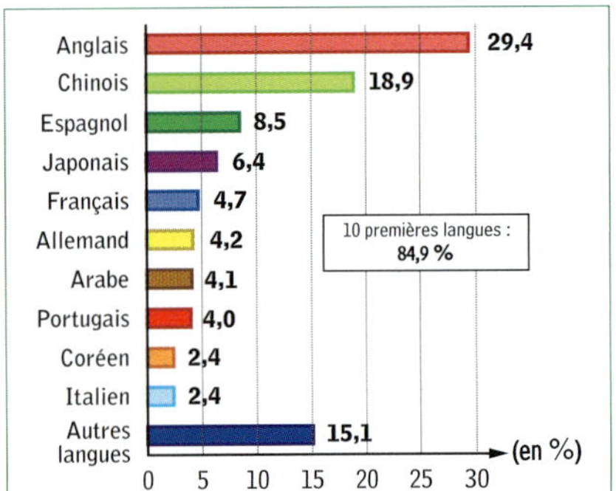


Source : Internet World Stats, www.internetworldstatss.com in *Atlas de la mondialisation 2009*, Presses de Sciences Po, 2009.

**2.** **Part des 10 premières langues sur Internet,** juin 2008.

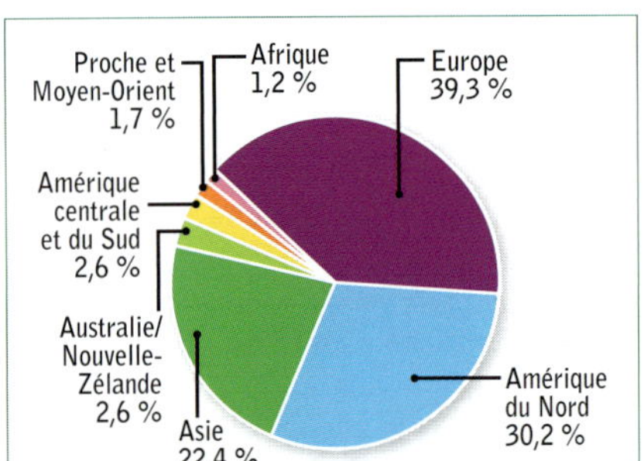


Source : *Atlas des civilisations*, Hors-Série La Vie/Le Monde, 2009-2010.

**3.** **Part mondiale des publications scientifiques,** 2006.

## 1. Une culture mondiale en voie d'uniformisation ?

■ Depuis 2008, le monde compte 50 % de citadins dont le **mode de vie** tend à se ressembler : paysages urbains des centres-villes du Nord, et de plus en plus souvent du Sud, identiques ; rythmes de vie marqués par le trajet entre résidence et lieu de travail – dans des conditions plus ou moins faciles ; courses dans les centres commerciaux… Même la taille des familles tend à s'uniformiser : la cohabitation entre les générations, incompatible avec l'exiguïté des logements urbains, décline ; et la famille à deux enfants semble devenir le modèle mondial, sauf dans les pays très pauvres.

■ La consommation des ménages montre aussi des similitudes : presque partout, la part consacrée à la nourriture diminue, et celle des vêtements, de l'équipement domestique (électroménager, audiovisuel…) et des transports augmente. De plus, tout le monde boit, mange, revêt la même chose : accusée de provoquer une uniformisation des goûts et des idées, la **mondialisation** favorise la diffusion d'une **culture de masse** à la surface de la planète.

■ Les loisirs sont un exemple presque parfait de cette **standardisation de la culture** : le sport avec la « planète foot » et les grandes marques internationales sur les vêtements ; la musique et ses idoles planétaires ; le cinéma et ses films à grand spectacle projetés sur les écrans du monde entier ; les fêtes comme Noël, célébré même par les non-chrétiens… Tout le monde voit et écoute la même chose – et surtout de l'anglais, devenu la langue internationale.

## 2. La prédominance du modèle américain

■ Parmi les acteurs de cette uniformisation des pratiques culturelles, les FTN américaines jouent un rôle majeur, qu'il s'agisse de McDonald's, de Coca-Cola, de Levi's ou de Nike… Fabriqués et vendus partout dans le monde, leurs produits s'insinuent dans les habitudes alimentaires (les *hamburgers*, les *fast-food* et les *sodas*) ou vestimentaires (les *jeans* et les *baskets*)… aidant à la diffusion d'un modèle culturel, celui de l'***American way of life***.

■ Mais cette influence est aussi due à la domination sur les ***mass media*** des FTN américaines comme TimeWarner ou CNN, dont les réseaux d'information couvrent presque toute la planète, et à la puissance des géants de l'informatique et d'Internet comme Microsoft et Google. De plus, les ***majors*** d'Hollywood envahissent tous les domaines de la culture : cinéma, télévision, musique, information… Leurs produits inondent la planète : films et surtout ***blockbusters***, en tête du *box-office* mondial (*Titanic* depuis 1997, *Avatar* en 2010) ; séries télévisées les plus regardées au monde (*Dr House*, *Desperate Housewives* en 2008) ; disques de *Madonna*, *Michael Jackson*… ; parcs de loisirs *Disneyland*… En dominant le marché des biens culturels, ces FTN imposent à travers eux les valeurs américaines : c'est le ***soft power***.

■ Même si la France cherche à préserver son « **exception culturelle** » et à développer le réseau de la francophonie ; même si, du Canada à l'Australie, en passant par l'Europe et le Japon, chacun cherche à éviter une élimination de ses produits culturels par ceux des États-Unis, il semble bien que le modèle américain soit devenu le modèle occidental.

## L'essentiel en image

**Noël au supermarché *Bonjour,*** Beijing (Pékin), décembre 2005.

***Quelles connaissances du chapitre retrouvez-vous dans ce document?***

## Mots-clés

**Aire culturelle** : zone délimitée selon une certaine unité culturelle (langue, traditions, religion, mode de vie...).

***American way of life*** : style de vie fondé sur la consommation de biens matériels (maison individuelle, équipement électroménager, voiture), de biens culturels (cinéma, télévision, loisirs) et sur les valeurs américaines (liberté et réussite individuelle).

***Blockbuster*** : produit dont la diffusion massive doit rapporter des bénéfices massifs.

**Carnaval** : moment de réjouissances (bals, cortèges, mascarades...) situé avant le carême (période de jeûne chez les chrétiens).

**Civilisation** : ensemble des caractères propres à la vie intellectuelle, artistique, morale, sociale et matérielle d'un pays ou d'une société.

**Culture** : voir page 21.

**Culture de masse** : ensemble des productions culturelles diffusées par des techniques industrielles (presse, télévision, radio, cinéma) auprès d'un large public ; expression parfois synonyme de culture médiocre et conformiste.

**Culture mondiale** : ensemble des pratiques ou manifestations culturelles communes à tous les peuples de la planète ou presque.

**Dialecte** : variante régionale d'une langue.

**Exception culturelle** : clause commerciale qui vise à protéger les produits culturels nationaux (français notamment) de la domination des Américains dans le domaine de l'audiovisuel.

**Identité culturelle** : ensemble de caractères communs à un groupe humain (histoire, langue, religion, coutumes, mode de vie...).

***Majors*** : les 8 grands studios d'Hollywood (Fox ; Metro-Goldwyn-Mayer ; Paramount ; Columbia ; NBC Universal ; Warner Bros ; Walt Disney ; DreamWorks).

***Manga*** : bande dessinée ou dessin animé japonais.

**Médias (ou *mass media*)** : ensemble des techniques de diffusion de l'information ou de la culture (presse, cinéma, télévision...).

**Métissage** : résultat d'un croisement ou d'une influence mutuelle de deux éléments, de deux variétés, d'origine différente.

**Mode de vie** : forme sous laquelle s'accomplit la vie quotidienne.

**Mondialisation** : voir page 113.

***Soft power*** : puissance « douce » ou rayonnement culturel, pouvoir d'attraction et d'influence d'un État.

**Standardisation** : production d'un seul modèle en grande série.

**Terroir** : territoire considéré du point de vue de ses aptitudes agricoles (nature du sol, climat...).

**UNESCO** : Organisation des Nations unies pour l'éducation, la science et la culture.

**4.** ***Rickshaw* dans une rue de Kochi,** Inde, août 2009.

**5. Affiche du festival *Musiques métisses*,** Angoulême, 2004.

## 3. La résistance des territoires ou la revendication identitaire

■ Malgré la diffusion à l'échelle planétaire d'une **culture mondiale** américanisée, les manifestations d'une **identité culturelle** nationale ou locale existent: déjeuners sous les cerisiers en fleurs au Japon, ablutions dans les eaux du Gange en Inde, musique des mariachis au Mexique... Partout dans le monde, les populations cultivent leurs particularismes, qu'ils soient religieux, artistiques, vestimentaires, culinaires... ou linguistiques, souvent avec le soutien de l'**UNESCO**. Même si l'anglais est la langue internationale la plus courante, devant l'espagnol et le français, c'est le chinois qui a le plus de locuteurs et on dénombre pas moins de 6 700 langues parlées dans le monde.

■ En Europe même, malgré un fonds commun hérité de la **civilisation** gréco-latine, les traditions culturelles ou religieuses, les habitudes alimentaires, les pratiques architecturales déterminent des **aires culturelles**. Méditerranéennes, slaves ou nordiques, les populations diffèrent par leurs modes de vie, leurs langues, leur culture, leur passé. Cette mosaïque pose d'ailleurs la question de l'existence d'une identité européenne: les 27 pays de l'Union européenne représentent 23 langues sans compter les **dialectes**. En France même, les langues régionales (corse, basque, breton, alsacien, occitan...) restent vivaces; il en va de même en Espagne pour le castillan, le catalan et le basque. Leur défense, inscrite dans la Charte européenne des langues régionales ou minoritaires depuis 1992, mobilise de nombreux militants.

## 4. Brassages, métissages... au service de la diversité culturelle

■ La circulation planétaire des hommes, qu'ils soient touristes en quête d'exotisme ou migrants en quête de travail, provoque un brassage des pratiques et des goûts, alimentaires notamment. Les uns découvrent ce que les autres emportent avec eux: des saveurs, des plats, voire des modes de cuisson... Les condiments d'ailleurs viennent accommoder les légumes labellisés de nos **terroirs**, mettant ainsi du **métissage** jusque dans nos assiettes. Après les grandes découvertes et la colonisation, la mondialisation continue à diversifier nos menus: couscous nord-africain, *curry* indien, *sushi* japonais, *chili con carne* mexicain... Presque partout fleurissent les enseignes des restaurants «ethniques»: on vend aujourd'hui trois fois plus de *kebabs* en Allemagne que de *hamburgers*.

■ La production artistique n'échappe pas à ce processus de métissage, notamment dans la BD et le cinéma. Si les ***mangas*** modernes, influencés par les *cartoons* de Walt Disney, restent encore une spécialité très japonaise, les arts martiaux (originaires d'Asie mais de plus en plus pratiqués partout) inspirent des films chinois comme *Tigre et Dragon,* mais aussi... d'Hollywood, comme dans *Kung Fu Panda! Coup de foudre à Bollywood* est un film anglo-américain... Adapté dans 50 pays, le jeu télévisé anglais *Qui veut gagner des millions?* est au cœur d'un film anglais tourné en Inde, *Slumdog Millionaire*. Les défilés des **carnavals** qui colorent les rues de nombreux pays témoignent d'un héritage partagé tout en cultivant leur identité: géants à Lille, samba à Rio, masques à Venise...

**Restaurants du Quartier latin,** Paris (5e arr.), 2009.

*Quelles connaissances du chapitre retrouvez-vous dans ce document ?*

## Retenir autrement

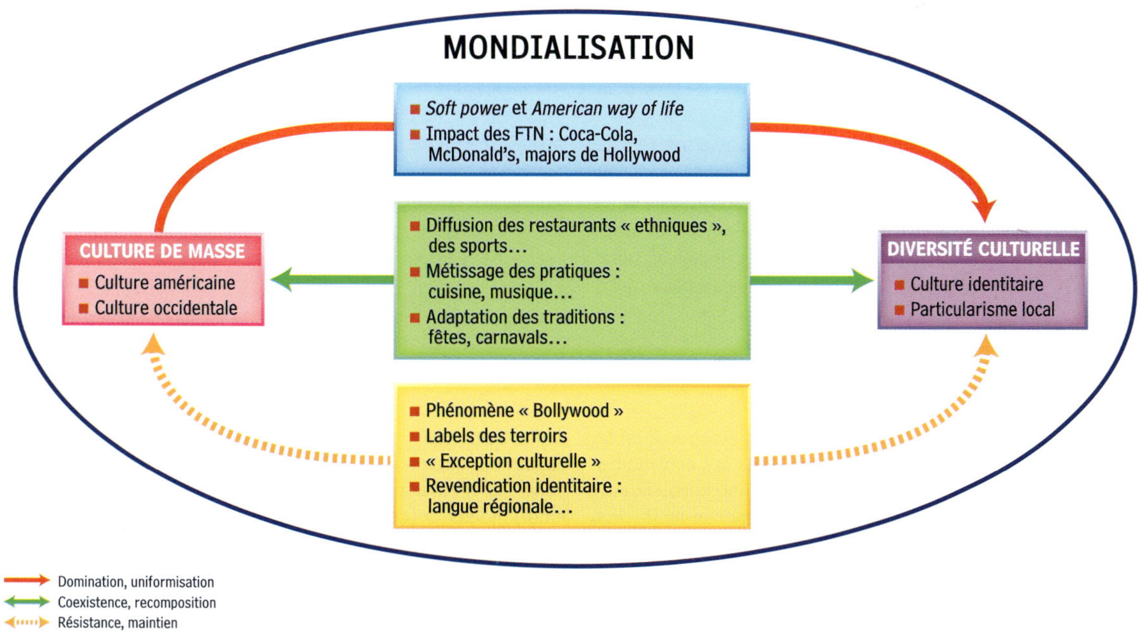

Thème du dossier choisi

## Exemple à suivre… Géographie des langues dans le monde

Problématique posée

### La mondialistion menace-t-elle la pluralité linguistique de la planète ?

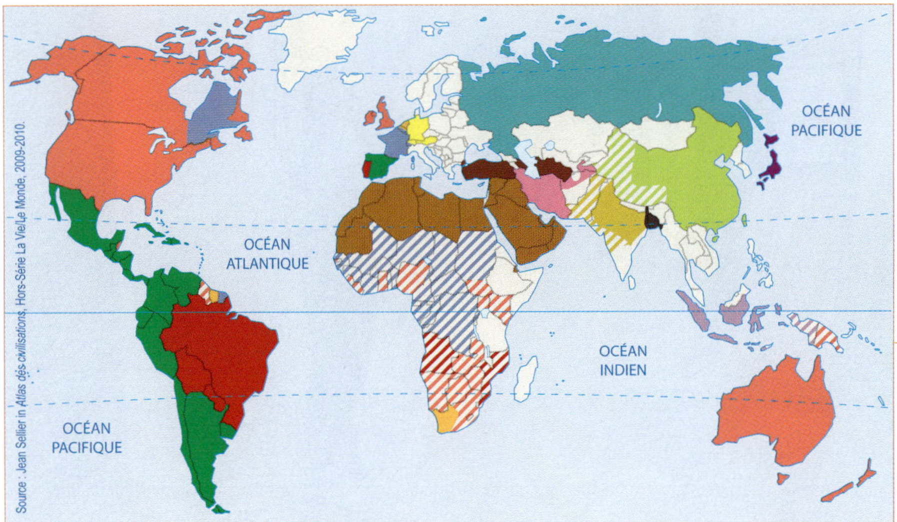


**1.** **Les 15 langues les plus parlées dans le monde,** 2009.

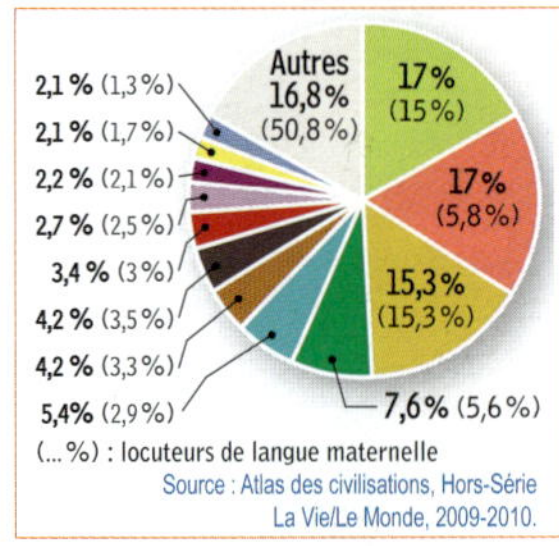


**2.** **Le poids des langues dans la population mondiale,** 2009.

Des documents de nature variée

Principales informations repérées

**3. Alerte sur les langues**

« Le français et l'allemand – deux des trois langues de travail de l'UE, qui compte vingt-trois idiomes[1] officiels – continuent de perdre du terrain à Bruxelles au profit de l'anglais. […]

La progression de l'anglais résulte en partie des élargissements successifs, en particulier ceux de 1995 (Autriche, Finlande, Suède) et de 2004 (Chypre, Malte et huit pays communistes) : les représentants des nouveaux États-membres, parfois diplômés d'universités américaines ou britanniques, parlent souvent l'anglais. Toutefois, selon M. Lönnroth[2], cette percée est surtout liée à la mondialisation, qui a imposé en Europe, depuis les années 1970, la langue de l'économie dominante. "Plus de 80 % des jeunes Européens, note-t-il, choisissent l'anglais comme première langue étrangère".

La politique de l'Union est d'encourager l'apprentissage de deux langues étrangères dès le plus jeune âge. La création d'un portefeuille du multilinguisme […] témoigne, selon la Commission, d'une volonté de défendre la pluralité des langues. Mais, rappelle-t-elle, l'éducation continue de relever, pour l'essentiel, de chacun des États membres. »

T. Ferenczi (Bruxelles, Bureau Européen), *Le Monde,* 10 juin 2008.

1. Langue, dialecte, patois…
2. Directeur général (finlandais) de la direction de la traduction à la Commission européenne.

Réponse organisée à la problématique

La pratique de l'anglais semble se généraliser. D'abord, on le parle dans de très nombreux pays et sur tous les continents (carte 1). Ensuite, sa pratique croît dans l'Union européenne, à la fois au sein des populations et des personnels des institutions où il s'impose comme langue de travail (texte 3). Enfin, c'est la langue la plus parlée dans le monde et c'est la langue dominante de l'économie (graphique 2 et texte 3).
Pour autant, la diversité linguistique de la planète paraît en mesure de résister. En effet, sur les 6 700 langues mondiales, il y a d'une part d'autres langues internationales (français, espagnol, allemand, portugais…), d'autre part des langues dont les locuteurs nationaux sont très nombreux (chinois, hindi, malais…) (carte 1 et graphique 2). L'Union européenne elle-même concentre 23 langues officielles et affiche une volonté forte de protéger cette pluralité, notamment par l'enseignement obligatoire de plusieurs langues étrangères (texte 3). Si l'anglais est la plus internationale des langues, cela n'empêche apparemment pas les autres langues d'exister.

# Entraînez-vous ! Le cinéma américain

## La mondialisation du cinéma renforce-t-elle le *soft power* américain ?

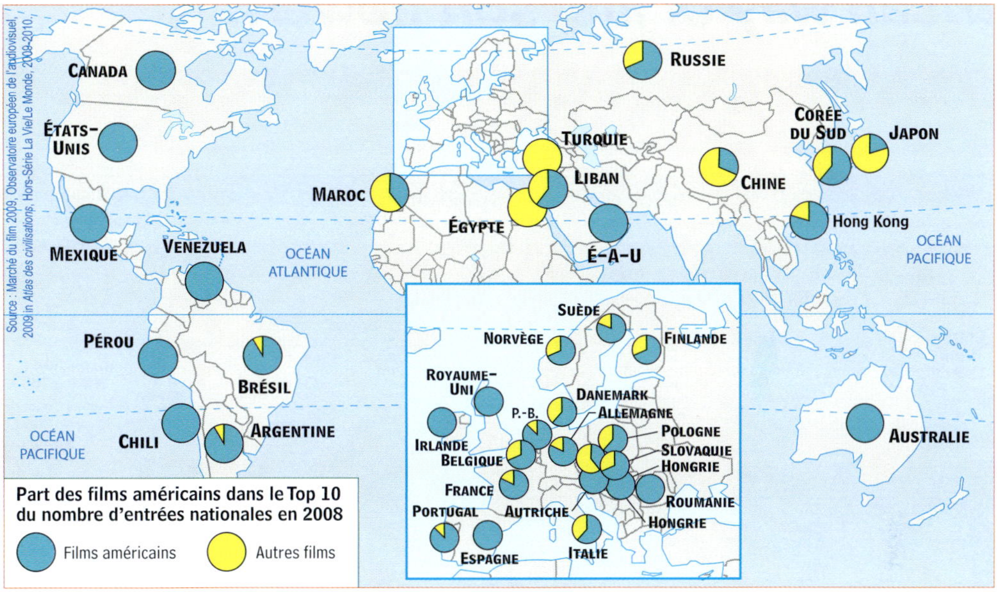


**1.** **Le poids des films américains,** 2009.

**2.** **Les 10 plus gros succès de l'histoire du cinéma mondial, 2009**

| **Titre/Année/Studio/Pays/Recettes en milliards de $** (% à l'étranger) |
|---|
| 1. *Titanic*/1997/Paramount/É-U/1,84 (67,4) |
| 2. *Avatar*/2009/Fox/É-U/1,13 (66,9) |
| 3. *Le Seigneur des Anneaux : Le Retour du roi*/2003/New Line[1]/ É-U/1,12 (66,3) |
| 4. *Pirates des Caraïbes : Le Secret du coffre maudit*/2007/BuenaVista[2]/ É-U/1,06 (60,3) |
| 5. *Le Chevalier noir*/2008/Warner Bros[1]/É-U/1,00 (46,8) |
| 6. *Harry Potter à l'École des sorciers* /2001/Warner Bros/ É-U/0,97 (67,4) |
| 7. *Pirates des Caraïbes : Jusqu'au bout du monde*/2007/Buena Vista/ É-U/0,96 (67,8) |
| 8. *Harry Potter et l'Ordre du Phénix*/2007/Warner Bros/É-U/0,93 (68,9) |
| 9. *Harry Potter et le Prince de sang-mêlé*/2009/Warner Bros/ É-U/0,92 (67,5) |
| 10. *Le Seigneur des Anneaux : Les Deux Tours*/2002/New Line/ É-U/0,92 (63,1) |

Source : All Time Worldwide Box Office Grosses, www.boxofficemojo.com

1. Time Warner Company.
2. Walt Disney Motion Pictures Group.

**3.** **Affiche du film *Le Royaume interdit*,** du réalisateur américain Rob Minkoff (acteurs chinois : Jackie Chan de Hong Kong, Jet Li de Pékin et Collin Chou de Taiwan), 2008.

### Aide à la réponse

- *Définir la notion de* soft power.
- *Repérer les atouts du cinéma américain : diffusion géographique, acteurs économiques, parts de marchés...*
- *Repérer ses faiblesses : diffusion géographique, sources d'inspiration...*
- *Faire la part des atouts et des faiblesses : le soft power des États-Unis est-il véritablement « mondial » ?*

Grand Angle

# American way of life, soft power…

## Comment expliquer la planétarisation de la culture américaine ?

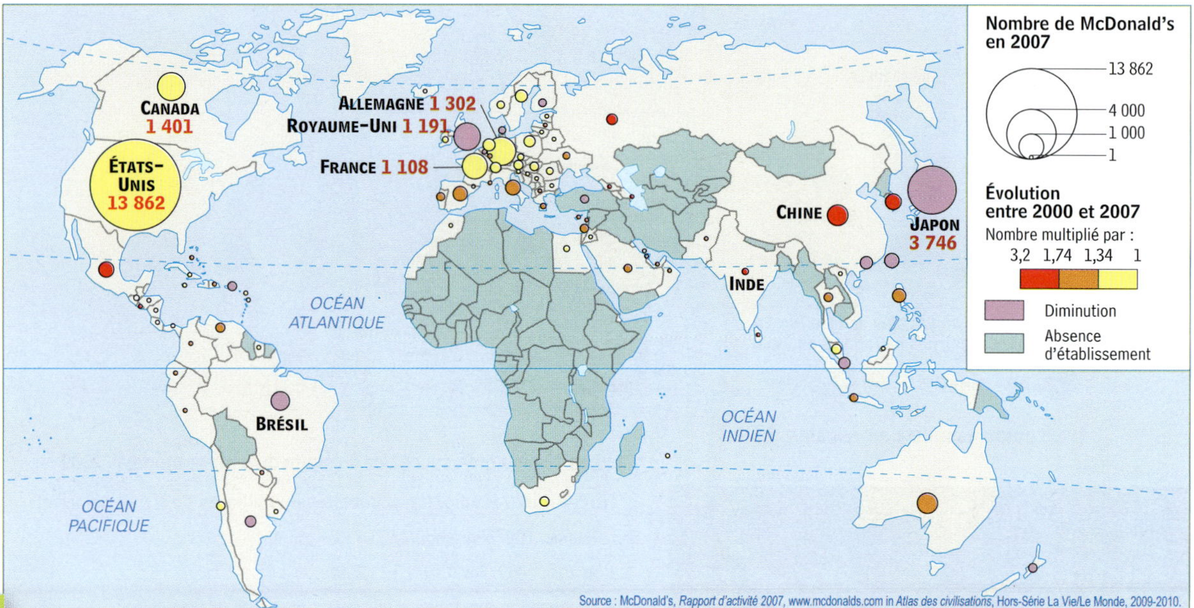


### 1. La présence des restaurants McDonald's dans le monde, 2007

### 2. Le *hamburger*, emblème de l'Amérique

« Variation alimentaire du sandwich, le *hamburger* fut conçu sur les bords de l'Elbe, en Allemagne, comme le steak du pauvre pour ceux qui, au 19e siècle, voyageaient sur les bateaux de l'Hapag, la ligne maritime Hambourg-New York. Rappelant la mère patrie aux immigrants, il fut adopté là avant d'être servi au *Delmonico's*, un restaurant de New York en 1884, à moins que son origine ne fût à la foire de Saint-Louis (1904) ou dans une échoppe de New Haven (Connecticut, 1913)… On doit à Ray Kroc et aux frères McDonald's ce pain fourré de steak, salade et ketchup pour 15 cents.

Copiée, la formule se décline dans le monde entier : végétarien ou au poulet en Inde (le "Maharadjah Mac"), au fromage en Suisse ("Mac Raclette"), au riz frit au Japon ("Mc Chao"). À l'entrée du 21e siècle, McDonald's est confronté aux États-Unis au risque judiciaire de l'obésité, dont le taux a doublé entre 1983 et 2003. »

G. Fumey, O. Etcheverria (sous la dir. de), *Atlas mondial des cuisines et gastronomies*, Autrement, 2009.

### 3. La force de frappe d'Hollywood

« La culture américaine s'est toujours distinguée de la vieille Europe en ciblant non pas l'aristocratie intellectuelle, les élites parisiennes, berlinoises ou encore londoniennes mais le peuple. En témoignent les icônes du cinéma américain : de Humphrey Bogart à Bruce Willis, il s'agit de sublimer la *middle class*. En ce sens, le succès de la culture américaine est aussi lié à son format hérité de la société de consommation (cinéma, *comic books*, *mass media*). [...] Cette banalisation des idéaux américains dans notre société vient de la stratégie exportatrice redoutable des studios hollywoodiens. Au cours des dernières années, le cinéma américain a représenté près de 60 % des recettes totales cinématographiques au Japon, 70 % au Royaume-Uni, 65 % en Espagne et 52 % en France. Les films américains sont distribués dans 150 pays et les programmes télévisuels (les *Experts*, *Desperate Housewives* entre autres) s'exportent sur 125 marchés. Si le *soft power* américain trouve dans la culture populaire symbolisée par Hollywood un parfait levier, il ne s'y limite pas pour autant. Ainsi, ces 50 dernières années, la civilisation américaine est également devenue incontournable, du fait de son rayonnement scientifique et universitaire. »

J.-L. Samaan, « États-Unis, pouvoir de séduction et de persuasion », *Atlas des civilisations*, Hors-Série La Vie/Le Monde, 2009-2010.

**4.** **Coca-Cola, une boisson « visible » partout dans le monde, Lalibela, Éthiopie**

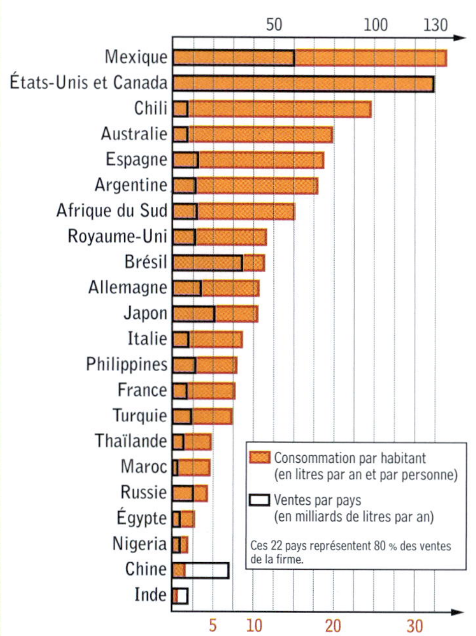


Source : Coca-Cola, *Rapport d'activité annuel 2007*
www.coca-cola.com in *Atlas de la mondialisation 2009*, Presses de Sciences Po, 2009.

**5.** **Ventes de Coca-Cola, 2007**

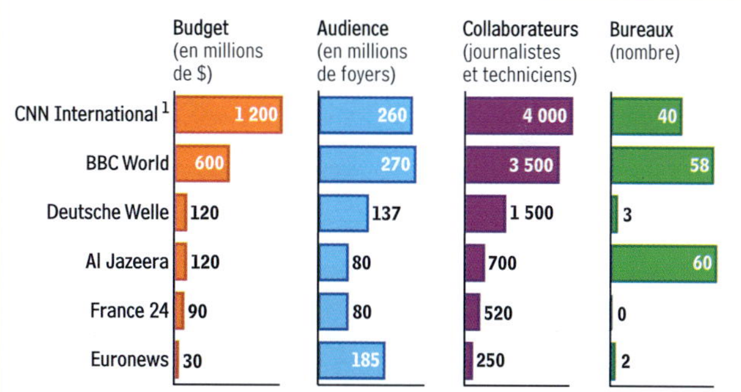


1. Rachetée par la firme Time Warner en 1996, CNN émet en 7 langues (anglais, allemand, arabe, coréen, espagnol, japonais, turc).

Source : B. Martin, *Atlas de la mondialisation 2009*, Presses de Sciences Po, 2009.

**6.** **Poids de quelques chaînes d'information internationales, 2008**

## Questions

**1.** **Quels aspects de la culture américaine sont évoqués ici ?** [1 à 4]

**2.** **Comment expliquer la diffusion de cette culture à travers le monde (acteurs, moyens, valeurs) ?** [1 à 6] [8]

**3.** **Cette culture est-elle : totalement américaine ? parfaitement mondialisée ?** [1, 2, 4, 5]

Chapitre 8

# Pôles et aires de puissance

1 **Shanghai, le quartier d'affaires de Liujazui (Pudong),** face au Bund (Puxi), 2002.

L'espace mondial s'organise autour des mégalopoles américaine, japonaise et européenne qui constituent le cœur des aires de puissance de la Triade. Ces centres d'impulsion majeurs de l'économie mondiale sont relayés par d'autres territoires (villes mondiales, régions attractives…) qui concentrent, à une moindre échelle, richesses et pouvoirs de commandement.

## Quelle est l'influence des centres d'impulsion sur l'organisation de l'espace mondial ?

SOMMAIRE

**2 Le littoral de Kobé et Port Island**, Japon.

**3 New York, quartier de Manhattan,** à la confluence de l'Hudson et de l'East River.

Situation 1

# La mégalopole japonaise

■ **Quelles dynamiques font de la mégalopole japonaise un centre d'impulsion de l'économie mondiale ?**

**1 Le port de Yokohama au sud de la baie de Tokyo,** 2003.

**2 Tokyo, première conurbation du monde.**

« Tokyo concentre toujours davantage les habitants et les activités économiques, en particulier les services supérieurs et les décisions. Le grand Osaka perd des habitants, comme la moitié des départements japonais (1995-2000) au profit du Grand Tokyo en général. Les deux départements de Tokyo et Kanagawa (Yokohama) concentrent 13,3 % de la production industrielle japonaise, presqu'un quart de la production manufacturière, 41 % des étudiants, 58,1 % des sièges sociaux, un tiers des salariés. [...] La Mégalopole s'étend à nouveau sur la baie. »

Philippe Pelletier, *Japon, peuple et civilisation*, J.-F. Sabouret (dir.), La Découverte, 2005.

**3 La production automobile**

« Les constructeurs ont privilégié les sites littoraux pour faciliter les importations d'acier et les exportations de véhicules. Ils recourent massivement à une sous-traitance nombreuse et géographiquement proche d'un petit nombre d'unités de production. Toyota maximise le système du juste-à-temps dans la région de Nagoya. Nissan a pour fief la région de Tokyo, Daihatsu celle d'Osaka et Mazda celle de Hiroshima. Mitsubishi est plus dispersé dans l'archipel. La pénurie de main-d'œuvre à partir des années 1970 pousse les constructeurs à élargir leur aire géographique. Honda et Nissan s'installent à Kyushu (dès 1975-1976), suivis par Toyota (années 1990), qui choisit également Hokkaido et le Tohoku. Les constructeurs de la région tokyote se desserrent dans le nord de Kanto. »

Philippe Pelletier, *Atlas du Japon*, Autrement, 2008.

**4 Le viaduc de Seto,** qui relie les villes d'Okayama et Kagawa par les îles de la Mer intérieure, 2004.

**5** **Toyota City dans la périphérie de Nagoya**, 2003.

## 6 Le redéploiement de l'emploi industriel

« De 1995 à 2005 environ, l'emploi industriel progresse en dehors de la Mégalopole (Tohoku, Hokuriku, Kyushu), à l'exception majeure de la région de Nagoya, suite au redéploiement en province des activités de sous-traitance à la recherche d'une main-d'œuvre peu qualifiée et moins onéreuse (construction automobile, électronique, etc.). Du milieu des années 1995 à 2005, il regagne certains départements environnant Tokyo où se trouve une main-d'œuvre plus qualifiée dans les secteurs de pointe (plasturgie, robotique). Rapporté à l'ensemble de la population active, le secteur secondaire est au total très important dans le cœur de Honshu, entre Tokyo et Osaka. »

Philippe Pelletier, *Atlas du Japon*, Autrement, 2008.

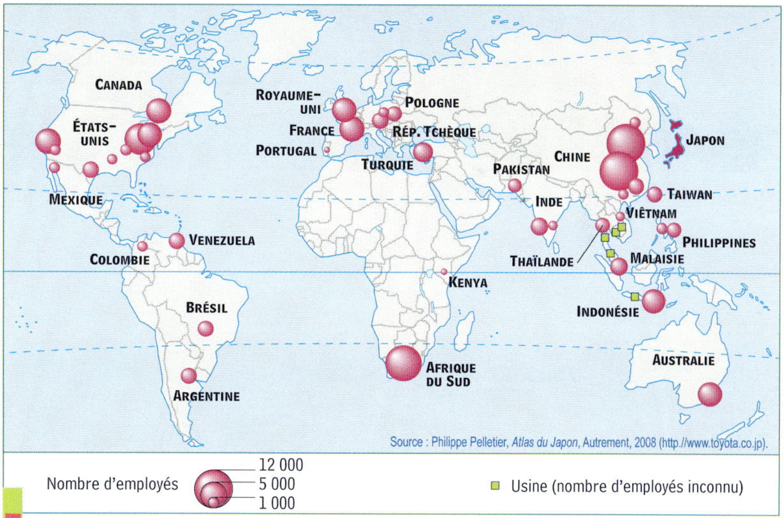


**7** **Toyota dans le monde**, 2009.

## Questions

**1. Quels avantages présente la localisation de la mégalopole ? Quelles contraintes pèsent sur l'organisation de l'espace ?** [1, 3 à 6 + 2 p. 139] [10]

**2. Comment la production industrielle organise-t-elle le territoire mégalopolitain ?** [1 à 3, 5, 6] [10]

**3. Montrez que l'industrie et les transports jouent un rôle déterminant dans la puissance japonaise.** [1 à 7 + 2 p. 139] [10]

**4. Quels éléments font de Tokyo un centre d'impulsion de première importance ?** [1 à 3, 6] [9, 10, 16]

# Situation 2 La Chine littorale

## ■ Quelle stratégie la Chine a-t-elle déployée pour devenir un acteur majeur de la mondialisation ?

**1 Province de Jiangsu (delta du Yangzi),** atelier de fabrication pour une marque américaine de sportswear (New Balance), 2006.

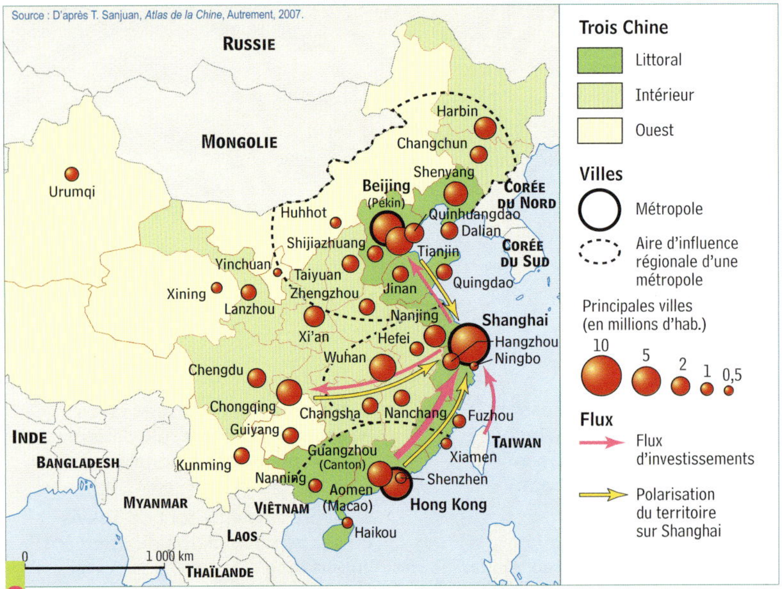


**2 La Chine dans la mondialisation,** 2007.

### 3 Shanghai et son arrière-pays

« Le succès de Shanghai est fondé aussi sur l'existence de nombreuses villes-relais qui ont saisi l'adhésion à l'OMC [2001] comme une opportunité inespérée. Elles réalisent une part importante de la production mondiale d'un produit déterminé, à partir d'initiatives spontanées, soutenues par l'administration locale. On a ainsi : Hangji, 22 % des brosses à dents ; Suzhou, 25 % des ordinateurs portables et 65 % des souris d'ordinateur ; Shangyu, 22 % des parapluies ; Shengzhou, 30 % des cravates ; Qiaotou, 80 % des boutons et des fermetures ; Wenzhou, 50 % des chaussures et 90 % des briquets ; Xiaoshan, 80 % du duvet ; Da, 33 % des chaussettes ; Fenshui, 80 % des stylos-billes, etc. »

Philippe Pelletier (dir.), *Géopolitique de l'Asie*, Nathan, 2006.

**4 Les populations « flottantes » (*Mingong*) à Shanghai** : les paysans quittent les campagnes pour travailler dans les villes.

**5 Les premiers ports mondiaux en 2008**

| Rang | Port | Pays | Trafic (en millions de tonnes) | Croissance du trafic (2005-2008) |
|---|---|---|---|---|
| 1 | Shanghai | Chine | 582 | + 31 % |
| 2 | Ningbo/ Zhoushan | Chine | 520,1 | + 91 % |
| 3 | Singapour | Singapour | 515,3 | + 22 % |
| 4 | Rotterdam | Pays-Bas | 421,1 | + 14 % |
| 5 | Tianjin | Chine | 355,9 | + 45 % |
| 6 | Guangzhou (Canton) | Chine | 344,3 | + 42 % |
| 7 | Quingdao | Chine | 300,3 | + 63 % |
| 8 | Hong Kong | Chine | 259,4 | + 13 % |
| 9 | Quinhuangdao | Chine | 252,2 | + 51 % |
| 10 | Busan | Corée du Sud | 241,7 | + 11 % |
| 11 | South Louisiana | États-Unis | 233,7 | - 4 % |
| 12 | Houston | États-Unis | 227 | + 18 % |
| 13 | Nagoya | Japon | 218,1 | + 17 % |
| 14 | Shenzhen | Chine | 211,2 | + 37 % |

Source : Port of Rotterdam d'après conférence Y. Boquet, Saint-Dié, octobre 2009.

**6 Les disparités régionales en Chine (en %)**

| | Ouest | Intérieur | Littoral | Delta du Yangzi | Shanghai |
|---|---|---|---|---|---|
| **Superficie** | 56,3 % | 30,2 % | 13,5 % | 2 % | 0,07 % |
| **Population** | 10,9 % | 46 % | 43,1 % | 10 % | 1,3 % |
| **Densité (hab/km²)** | 26 | 204 | 425 | 1 000 | 2 804 |
| **Produit intérieur brut (PIB)** | 6,7 % | 31,6 % | 61,7 % | 31 % | 5 % |
| **Investissements directs étrangers (IDE)** | 2,1 % | 12,1 % | 85,8 % | 50 % | 14 % |
| **Exportations** | 1,5 % | 5,8 % | 92,7 % | 38 % | 12 % |

Source : Bureau national des statistiques, 2006, d'après T. Sanjuan, *Atlas de la Chine*, Autrement, 2007 et T. Sanjuan, *Atlas Mégapoles Shanghai*, Autrement, 2009.

## Questions

1. **Pourquoi dit-on que la Chine est « l'atelier du monde » ? Quel atout valorise-t-elle ?** [1, 3, 4, 6]

2. **Quels sont les indices du dynamisme économique chinois ? Ceux de l'intégration de la Chine dans la mondialisation ?** [1 à 5 + 1 p. 138 et 5 p.150] [9, 11, 16]

3. **Quelles sont les conséquences de cette intégration sur l'organisation de l'espace chinois ?** [1 à 6 + 1 p. 138 et 6 p. 150]

Situation 3
# La Californie

## Quels éléments font de la Californie la 7e puissance économique mondiale ?

**1 La Silicon Valley.**

### 2 Hollywood et le cinéma américain

« La production américaine – symbolisée par Hollywood depuis l'entre-deux-guerres – domine très largement le marché mondial du fait du gigantisme de ses studios (Walt Disney, Metro Goldwyn Mayer, Paramount, etc.), de ses volumes de production, du rayonnement de ses stars, de ses capacités d'innovation et de la puissance de ses réseaux de commercialisation et de diffusion. [...] Le cinéma américain touche ainsi directement des centaines de millions de consommateurs dans le monde puisque les projections en salle sont relayées par les réseaux de télévision (27 %) et la vente de produits dérivés (cassettes, DVD, etc. : 37 %), malgré le piratage croissant. De plus, les États-Unis exportent à eux seuls autant de séries télévisées que le reste du monde réuni alors qu'ils n'en importent que 2 %. »

L. Carroué, « La mondialisation en débat », *La Documentation photographique*, n° 8037, 2004.

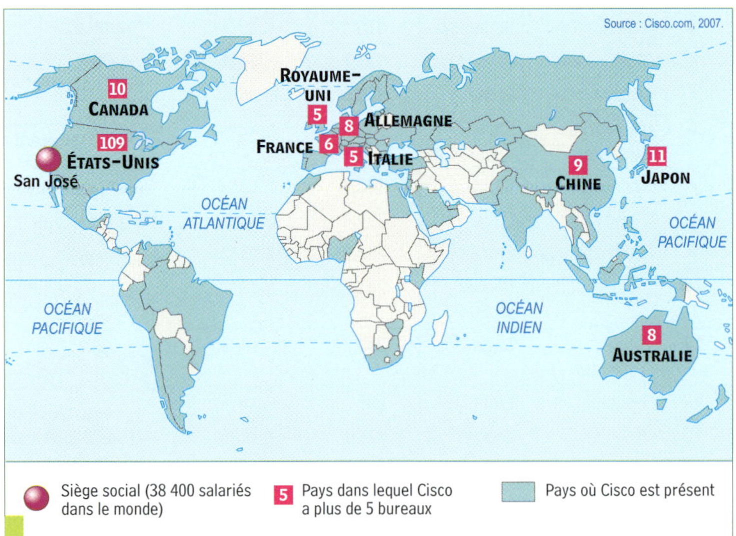


**3 Cisco Systems, firme transnationale de matériel de télécommunications** (80 % des serveurs dans le monde), 2007.

## 4 L'Université de Californie

« L'Université de Californie (*University of California System*, UC) compte plus de 200 000 étudiants et 7 500 enseignants-chercheurs. Elle regroupe dix campus, de Berkeley, fondé en 1868, à Merced, inauguré en 2005. [...] Grâce à ses différents centres et instituts, l'UC réalise plus de 7 % de toutes les activités de recherche et développement en Californie : plus de 2 600 brevets UC ont été validés entre 1998 et 2004, 160 compagnies ont été créées à partir de ces brevets, sans compter celles qui ont été fondées par d'anciens élèves (Chiron, Inktomy ou Agility Communications), 30 000 diplômés travaillent dans la Silicon Valley, 600 chez Hewlett-Packard, 400 chez Intel. Des dizaines de prix Nobel, toutes disciplines confondues, enseignent ou sont issus des campus de l'UC, Berkeley en tête, qui se situe au premier rang des universités publiques américaines et au vingt-et-unième, toutes universités confondues. »

M. Goussot, « Les États-Unis », *La Documentation photographique*, n° 8056, 2007.

**5 Napa Valley,** nord de San Francisco, 2006. La Californie est le 4e producteur viticole mondial et un exportateur dynamique.

## 6 Le poids de la Californie aux États-Unis (2005-2006)

| Critères | Part de la Californie dans les États-Unis | Rang |
|---|---|---|
| Superficie (terres et lacs) | 4,4 % | 3 |
| Population | 12,2 % | 12 |
| Population née à l'étranger | 26,9 % | 1 |
| Revenu moyen par habitant | 10,7 % | 11 |
| Produit brut | 13,1 % | 1 |
| Valeur ajoutée par l'industrie | 9,9 % | 1 |
| Valeur de la production agricole | 13,3 % | 1 |
| Valeur des exportations agricoles | 16 % | 1 |
| Commerce extérieur (exportations) | 12,9 % | 1 |

Source : G. Dorel, *Atlas de la Californie*, Autrement, 2008.

**7 La Silicon Valley,** espace d'innovation, 2006.

## Questions

**1. Quels indices révèlent la réussite californienne ? Sur quels secteurs d'activités repose-t-elle ?** [2, 3, 5 à 7]

**2. Quels facteurs expliquent le dynamisme des nouvelles technologies (NTIC) en Californie ? Comment ce secteur participe-t-il à l'enrichissement de la Californie ?** [1, 3, 4, 6, 7]

**3. Comment la Californie contribue-t-elle au rayonnement de l'aire de puissance américaine ?** [1, 3 à 7 + Essentiel en image p. 149] [9]

# Savoir-faire

Objectif

## ■ Comparer des situations géographiques

**1. Identifier les critères pertinents :** localisation, richesse, population, activités économiques, rayonnement culturel, environnement géopolitique, insertion dans des réseaux…

**2. Relever les informations essentielles :** classer par domaine, repérer points communs, différences, écarts…

**3. Apprécier chaque situation :** puissance, pouvoir de commandement, rôle dans la mondialisation, dynamiques…

# La hiérarchie des villes mondiales (ou globales)

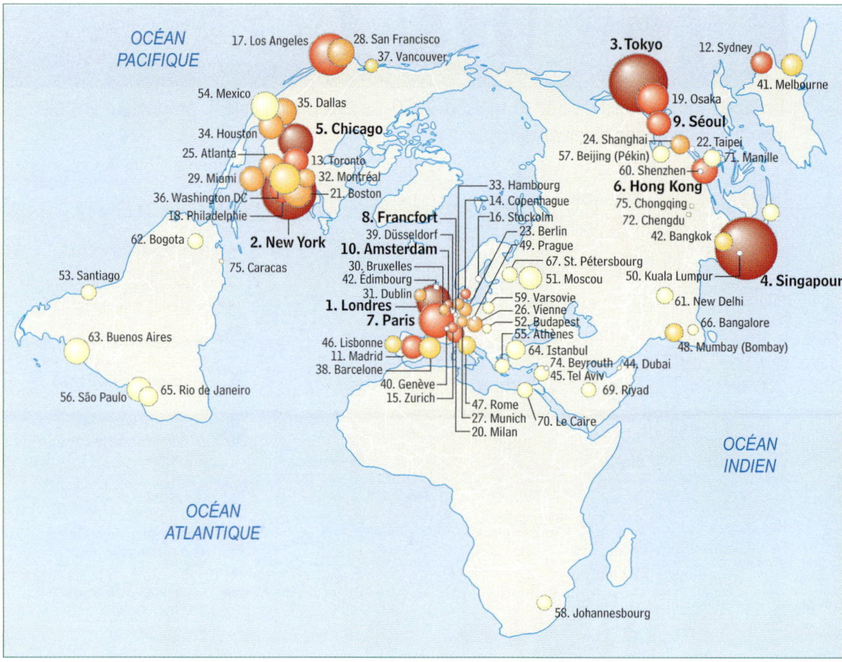


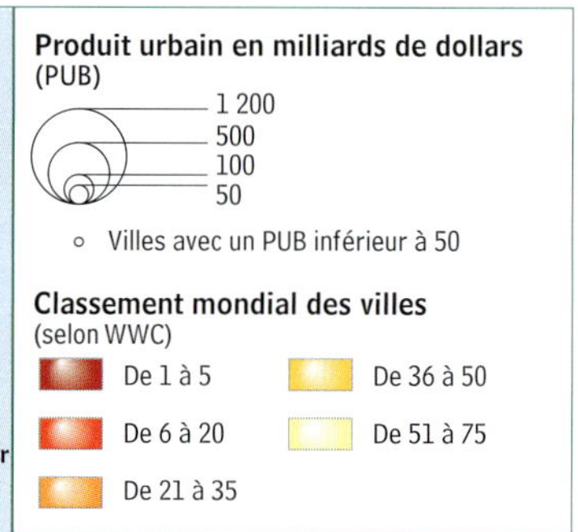


**1 Classement MasterCard des villes mondiales**, 2008.

Le classement MasterCard (WCC) hiérarchise les villes mondiales selon leur rôle dans le pilotage de l'économie mondiale. Plus de 70 indicateurs sont pris en compte pour attribuer à chaque ville un indice qui synthétise son score dans plusieurs domaines : environnement juridique et politique ; stabilité économique ; environnement favorable aux affaires ; flux financiers, de personnes, de marchandise et d'information ; création de savoir ; qualité de vie.

**2 Le CBD de Chicago,** sur les bords du lac Michigan.

### 3 Savoirs et flux d'information

| | |
|---|---|
| 1 | Londres |
| 2 | New York |
| 3 | Tokyo |
| 4 | Paris |
| 5 | Séoul |
| 6 | Zurich |
| 7 | Chicago |
| 8 | Genève |
| 9 | Stockholm |
| 10 | Los Angeles |

Le classement prend en compte le nombre d'universités, de chercheurs, l'accès à Internet…

Source : MasterCard Worldwide Centers of commerce index, 2008.

### 4 Centre d'affaires

| | |
|---|---|
| 1 | Hong Kong |
| 2 | Londres |
| 3 | Singapour |
| 4 | Shanghai |
| 5 | Dubaï |
| 6 | Tokyo |
| 7 | Paris |
| 8 | New York |
| 9 | Amsterdam |
| 10 | Séoul |

Le classement prend en compte les flux de marchandises et de passagers, le trafic portuaire et aéroportuaire…

Source : MasterCard Worldwide Centers of commerce index, 2008.

### 5 Qualité de vie

| | |
|---|---|
| 1 | Vancouver |
| 2 | Düsseldorf |
| 3 | San Francisco |
| 4 | Francfort |
| 5 | Vienne |
| 6 | Munich |
| 7 | Zurich |
| 8 | Tokyo |
| 9 | Copenhague |
| 10 | Paris/Séoul |

Le classement prend en compte l'accès à la santé, la liberté de mouvement, les libertés individuelles…

Source : MasterCard Worldwide Centers of commerce index, 2008.

**6** **Publicité du groupe bancaire ING,** 2000.

### 7 Les villes mondiales

« La mondialisation favorise les très grandes métropoles des pays les plus développés, dont certaines, au sommet de la hiérarchie, concentrent au plus haut niveau des activités de commandement à l'échelle mondiale (sièges sociaux d'entreprises transnationales, places boursières majeures, grands organismes nationaux ou internationaux) symbolisés par des *Central Business District* […]. Ces centres de pouvoirs économiques, industriels et financiers sont aussi des espaces de production et des nœuds privilégiés de la circulation des richesses, des hommes, des connaissances et des informations (ports, aéroports, télécommunications, recherche et innovation). »

L. Carroué, *La mondialisation*, Bréal, 2006.

## Application

**1. Repérez les 5 villes les mieux classées, les 3 villes les plus riches. Dans quelles zones se situent-elles ?** [1]

**2. Comparez les situations de Londres, New York et Tokyo. Que constatez-vous ? Comment se situent Paris et Chicago ? Quels sont leurs atouts ?** [1 à 5, 7]

**3. Identifiez les monuments représentés ici. Quels aspects de la puissance urbaine symbolisent-ils ?** [6, 7]

**4. Nommez les trois zones qui concentrent le plus de villes « mondiales » selon le classement MasterCard. Quels profils de villes regroupent-elles ? Comment sont-elles réparties ?** [1 à 7]

# L'essentiel

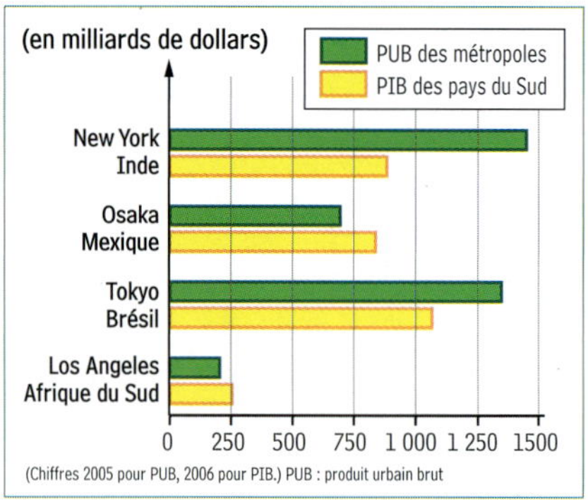


**1. La richesse des villes mondiales.**

**2. Les grandes places boursières.**

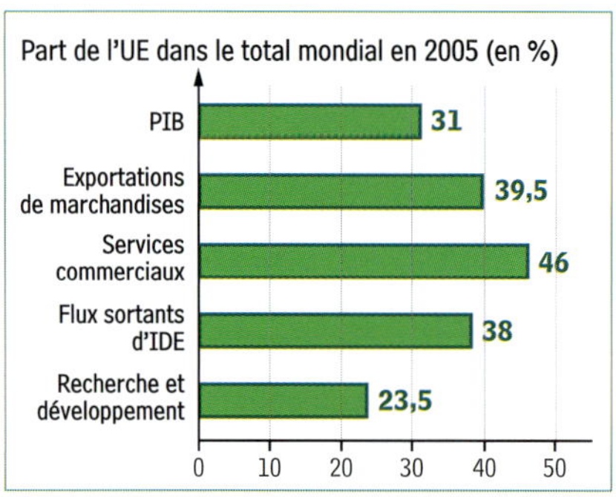


**3. La puissance économique de l'UE.**

## 1. Un monde interdépendant et hiérarchisé

■ Croissance économique, libéralisation et accélération des échanges, développement spectaculaire des **NTIC** constituent les moteurs de l'actuelle **mondialisation**. La planète produit 2 fois plus de richesses qu'en 1990 ; le commerce mondial, multiplié par 4 en 20 ans, représente 25 % du PIB mondial ; le trafic maritime mondial a augmenté de 65 % depuis 1975, renforçant la **littoralisation** des activités de production ; en une dizaine d'années, le nombre d'internautes a été multiplié par 35 et celui des abonnés au téléphone mobile par 37.

■ La mise en relation accrue des territoires s'effectue au bénéfice des **pôles** de la **Triade**. Ils concentrent 20 % de la population, 80 % de la richesse, de l'industrie, des **IDE** et des échanges mondiaux. Ils enregistrent 52 % de la croissance économique, regroupent les principaux centres de décision, d'innovation et de commandement de la planète, contrôlent l'essentiel des médias et dominent l'espace mondial.

■ **FTN**, États et territoires sont les acteurs d'une mondialisation qui n'abolit pas la distance. Les échanges s'effectuent d'abord entre voisins, notamment dans les aires d'**intégration** régionale (UE, ALENA, ASEAN). Les 100 premières FTN réalisent 50 % de leur activité dans leur pays d'origine, y maintiennent leur siège social et 60 % de leurs effectifs. Trois grandes **aires de puissance**, polarisées par des États pivots (États-Unis, Japon, Chine) ou des alliances régionales (UE), forment les **centres** qui organisent l'espace mondial.

## 2. Trois aires de puissance majeures

■ L'aire nord-américaine est dominée par les États-Unis, 1er centre d'impulsion de l'économie mondiale, qui bénéficie d'**interfaces** maritimes actives avec l'Europe occidentale et l'Asie orientale. La **puissance** américaine concerne le ***hard power*** (28 % du PIB mondial, 40 % des dépenses militaires, 15 % du commerce) comme le ***soft power*** (industries de divertissement, grandes marques). Le rôle dominant des États-Unis dans les NTIC illustre ce double aspect : 40 % de la recherche-innovation, 25 % de la production de haute technologie, contrôle de la gestion d'Internet basé en Californie.

■ L'UE à 27 est la 1re puissance commerciale. Son poids (40 % du commerce mondial) s'explique par l'importance des échanges intracommunautaires (1/3 du commerce mondial) entre pays à niveau de vie élevé. Articulé autour de l'axe rhénan et de la ***Northern Range***, ce centre multipolaire étend son influence vers l'Europe orientale, le monde méditerranéen, l'Afrique. Géant économique, l'UE peine à s'affirmer au plan politique ou militaire sur la scène internationale.

■ Aire de puissance la plus récente et la plus dynamique, l'Asie orientale a bâti sa réussite sur une main-d'œuvre abondante et sur de vastes zones industrialo-portuaires, plaques tournantes du commerce international. Pôle majeur, le Japon appuie sa puissance sur une industrie diversifiée et sur des FTN influentes dans toute l'aire asiatique. Il est désormais concurrencé par les **NPIA** et la Chine littorale, **pays-ateliers** qui ont fait le choix de l'industrialisation et de l'ouverture au commerce mondial.

## L'essentiel en image

**Complexe portuaire de Los Angeles-Long Beach**, Californie.

*Quelles connaissances du chapitre retrouvez-vous dans ce document ?*

## Mots-clés

**Archipel mégalopolitain mondial** : réseau formé par les grandes villes mondiales entretenant entres elles des relations privilégiées.

**Aire de puissance** : portion de l'espace géographique qui, par ses capacités de production et d'innovation, son poids démographique, son influence culturelle, joue un rôle majeur dans l'organisation du monde et constitue un centre d'impulsion de l'économie mondiale.

**CBD** : *Central Business District.*

**Centre** : espace qui concentre population, activités, richesse et pouvoir décisionnel et exerce sa domination sur des périphéries.

**FTN** : voir page 113.

***Hard power*** : terme qui désigne la puissance économique et militaire d'un État.

**IDE** : voir page 113.

**Intégration** : situation des espaces qui participent à différents degrés au processus de mondialisation.

**Interface** : zone de contact (entre deux espaces distincts) susceptible de favoriser des échanges de toute nature.

**Littoralisation** : concentration des hommes et des activités sur les façades littorales favorables aux échanges.

**Mégalopole** : système urbain étendu sur des centaines de kilomètres, regroupant des villes et des zones périurbaines de toutes tailles.

**Métropole** : ville qui exerce une fonction de commandement sur l'espace environnant à l'échelle régionale, nationale, continentale ou mondiale.

**Métropolisation** : concentration des hommes, des activités et des fonctions de commandement dans des métropoles.

**Mondialisation** : voir page 113.

***Northern Range*** : façade maritime du Nord de l'Europe, de Dunkerque à Hambourg.

**NPIA** : Nouveaux pays industriels d'Asie.

**NTIC** : Nouvelles technologies de l'information et de la communication.

**Pays-atelier** : voir page 113.

**Pôle** : centre exerçant une attraction sur un espace donné et autour duquel s'organisent les activités, les échanges et les flux.

**Puissance** : capacité d'un acteur à influer sur le comportement des autres ou à s'imposer sur les plans économique, géopolitique, culturel et territorial.

***Soft power*** : voir page 131.

**Technopôle** : parc « technologique » qui concentre des activités de recherche, de fabrication et de commercialisation liées aux technologies de pointe.

**Triade** : voir page 113.

**Ville mondiale (ou globale)** : métropole accumulant richesses et pouvoirs de commandement et exerçant une influence mondiale ; lieu majeur de la mondialisation.

**ZES (zone économique spéciale)** : zone franche industrielle qui produit pour l'exportation et attire les IDE grâce à une législation du travail, des conditions fiscales et douanières favorables aux entreprises.

**4.** La croissance démographique de Shanghai.

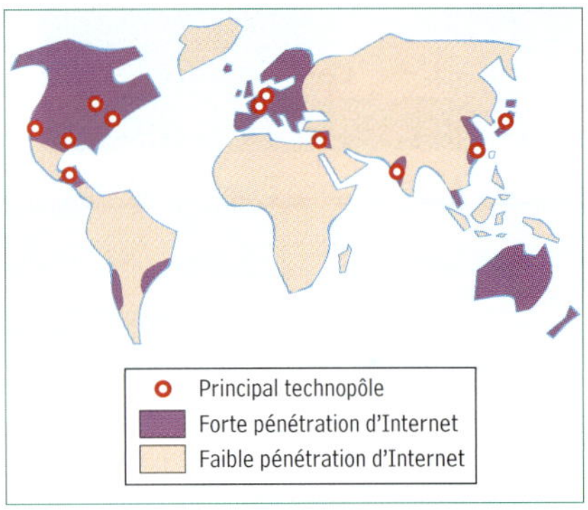


**5.** Les NTIC dans le monde.

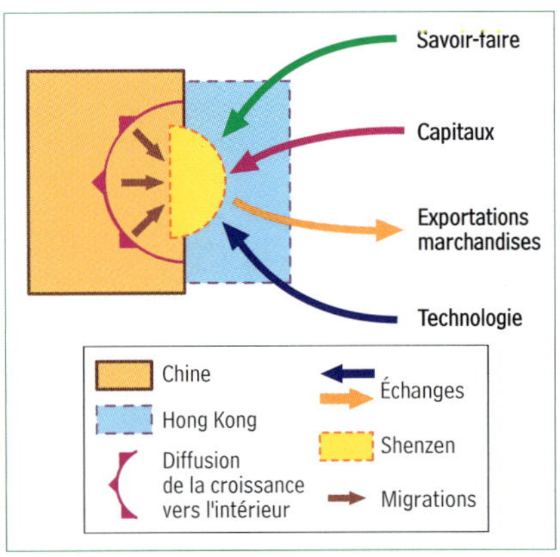


**6.** Le modèle d'une ZES (Shenzhen).

## 3. Une métropolisation renforcée

■ La mondialisation accélère le processus de **métropolisation** en favorisant les grandes **métropoles** qui concentrent les activités économiques et financières stratégiques (innovation, production de pointe, sièges sociaux, services aux entreprises, bourses) ainsi que les emplois les plus qualifiés : le PIB/hab. de Shanghai représente 3 fois celui de la Chine et son IDH est celui d'un pays développé. Les grandes métropoles sont aussi des nœuds privilégiés de circulation des richesses, des personnes et des informations.

■ La concentration des métropoles forme de vastes ensembles urbanisés, les **mégalopoles**, dont la localisation reflète la hiérarchie des aires de puissance. Dominée par New York, la mégalopole atlantique regroupe plus de 70 millions d'habitants sur plus de 1 000 km, de Boston à Washington. La mégalopole déployée entre Tokyo et Fukuoka (85 % de la population sur plus de 1 300 km) est au cœur de la puissance japonaise : c'est la 1re région industrielle et la 1re façade portuaire du monde. La puissance économique de l'UE se concentre dans la mégalopole européenne (entre Londres et Milan) qui pèse 50 % du PIB, 60 % de l'industrie et comprend le 1er port de fret au monde, Rotterdam.

■ Au sommet de la hiérarchie urbaine se trouvent les **villes mondiales (ou globales)** comme New York, Londres ou Tokyo, véritables centres d'impulsion de la planète. Elles concentrent les richesses (84 % des capitaux, 63 % des banques mondiales) et les postes de commande et de contrôle de l'économie mondiale (sièges des FTN, grandes places boursières, organismes internationaux). Reliées par des réseaux de communication performants, elles entretiennent des relations de concurrence et de complémentarité et forment l'**archipel mégalopolitain mondial**.

## 4. Des territoires en réseaux

■ Certains territoires, fortement intégrés dans la mondialisation, assurent des fonctions très spécialisées. Ils constituent aussi, à différentes échelles, des centres d'impulsion et jouent un rôle d'interface entre leur environnement et le reste du monde auquel ils sont étroitement reliés.

■ Le **technopôle** de la Silicon Valley, en Californie, est un centre mondial d'impulsion qui regroupe, sur un espace réduit, universités et entreprises de haute technologie fonctionnant en étroite collaboration. Il draine une main-d'œuvre très qualifiée, à 40 % étrangère, et favorise la diffusion de savoir-faire vers l'Asie en développement. Premier quartier d'affaires européen, la City est un pôle financier de rang mondial. Sur un territoire parfaitement relié au reste du monde (City Airport), le **CBD** de Londres regroupe la plus forte concentration mondiale de banques, de compagnies d'assurance, d'activités juridiques de haut niveau et le 1er marché de change.

■ Les façades maritimes de la Triade polarisent le trafic et fonctionnent en interaction de plus en plus dense et rapide. Les zones industrialo-portuaires s'adaptent aux exigences logistiques (conteneur, terre-plein, plate-forme multimodale, manutention) en développant des espaces spécifiques. Les **ZES** forment d'autres espaces d'échanges qui témoignent de l'ouverture et de la montée en puissance de la Chine littorale.

## L'essentiel en image

Le centre de Londres.

*Quelles connaissances du chapitre retrouvez-vous dans ce document ?*

## Retenir autrement

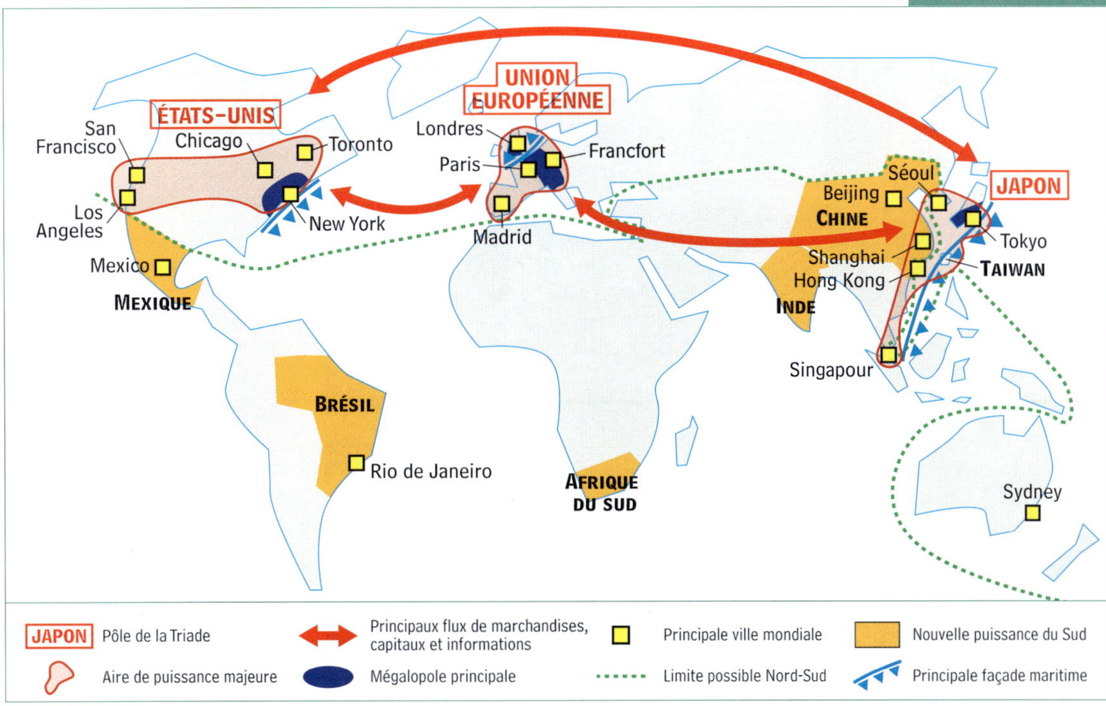

## 1 Question simple

CAPACITÉ
Mémoriser et restituer les principales connaissances et notions

**Qu'est-ce que la Triade ?**

*Aide à la réponse*

- *Citer les trois pôles de la Triade.*
- *Indiquer les principales caractéristiques communes.*
- *Préciser le rôle dans l'économie mondiale.*

## 2 Question simple

CAPACITÉ
Mémoriser et restituer les principales connaissances et notions

**Qu'est-ce qu'une ville mondiale ou globale ?**

*Aide à la réponse*

- *Énumérer les caractéristiques des villes mondiales dans différents domaines.*
- *Donner quelques exemples de villes mondiales.*
- *Préciser leur localisation à différentes échelles.*

## 3 Question avec un support

CAPACITÉ
Relever les informations essentielles contenues dans un document et les mettre en relation avec ses connaissances

**Pourquoi peut-on dire que Singapour est un centre d'impulsion de l'économie mondiale ?**

La Cité-État de Singapour.

*Aide à la réponse*

- *Définir la notion de « centre d'impulsion » de l'économie mondiale.*
- *Repérer dans le paysage les indices montrant l'intégration dans la mondialisation.*
- *Localiser Singapour et évoquer sa place dans l'économie mondiale.*

# BEP Situations

## 1 Question simple

**À partir de l'exemple de la mégalopole japonaise, expliquez ce qu'est la littoralisation.**

**CAPACITÉ**
Décrire une situation géographique

### Aide à la réponse

- *Définir la littoralisation.*
- *Citer les principales caractéristiques de la mégalopole japonaise.*
- *Illustrer par des exemples précis.*

## 2 Question avec un support

**CAPACITÉ**
Compléter un croquis simple relatif à la situation étudiée

**Complétez la légende du croquis (A, B et C).**
**Nommez sur la carte les trois pôles de décision.**
**Complétez dans la légende les trois éléments manquants.**

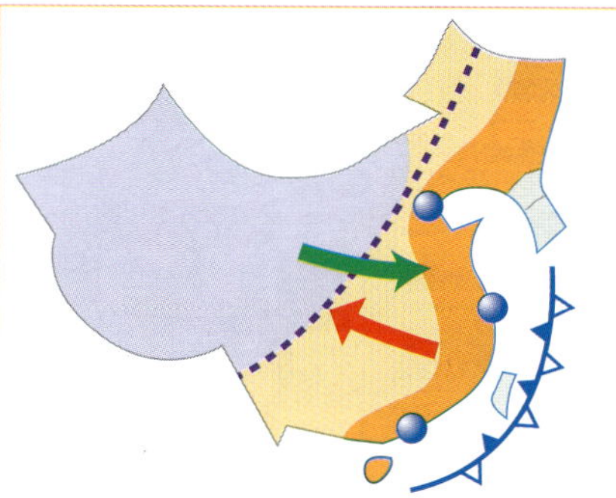

| | |
|---|---|
| [orange] | Littoral très dynamique |
| [jaune] | Intérieur essentiellement agricole |
| [violet clair] | ............................................ |
| [point bleu] | Pôle de décision |
| [ligne pointillée] | 90% de la population à l'Est de cette ligne |
| [vide] | Flux migratoires |
| [vide] | Axe de développement majeur |
| [symbole] | Interface avec l'espace mondial |

**Développement et inégalités territoriales en Chine.**

### Aide à la réponse

- *Se reporter aux cartes p. 142 et* [11].

## 3 Question avec deux supports

**CAPACITÉ**
Produire un raisonnement relatif à la situation étudiée

**Montrez ce qui fait de la Silicon Valley le modèle du technopôle.**
**Expliquez les raisons de son dynamisme.**

**1. La Silicon Valley**

« La Silicon Valley est unique par son environnement : elle possède une concentration phénoménale de matière grise, issue des universités de renommée internationale (Berkeley et Stanford) et des grands laboratoires fédéraux ou industriels. Grâce au transfert de technologie et au financement des nombreux "capitaux-risqueurs" présents dans la région, ces centres de recherches sont à l'origine d'une activité économique intense (en 2000, elle représentait 20 % de l'activité mondiale des technologies de l'information). La région est aussi remarquable par sa convivialité qui permet la création de réseaux relationnels entre des personnes de tout profil, à l'origine de création d'équipes multidisciplinaires qui favorisent le partage de la connaissance et le brassage des idées. [...] Grâce à cet environnement très favorable à l'innovation, la Silicon Valley est depuis plusieurs décennies à l'origine des grandes tendances technologiques mondiales. »

C. Regas, C. Lerouge, *Un aperçu des technologies dans la Silicon Valley : tendances et perspectives*, France-science.org, 2004.

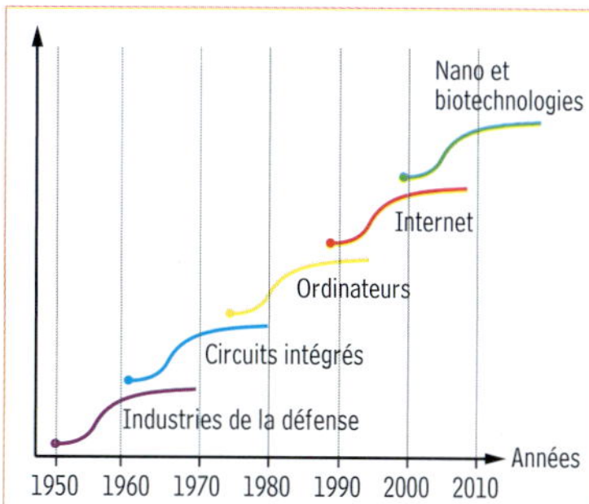


**2. Les cycles de la Silicon Valley.**

### Aide à la réponse

- *Définir la notion de « technopôle ».*
- *Localiser la Silicon Valley et son environnement.*
- *Repérer les activités successives.*

Grand Angle

# La puissance s'affiche

**Pourquoi la puissance des territoires s'affiche-t-elle ?**

**1.** **Carte de la Silicon Valley, 2008,**
calendrier édité et distribué par une agence de publicité de San José (Californie).

国家开发银行
China Development Bank

- **Directory** : Home → About CDB → Projects and Clients

Building the Yangshan Deep Water Port in Shanghai

The Yangshan Deep Water Port in Shanghai

The construction of the Yangshan Deep Water Port is a major strategic decision made by the State Council. The port serves as a container hub port for Shanghai as an international shipping center. It plays a crucial role in the economic development of the region surrounding Shanghai. Total investment for the first two phases amounts to RMB 20.2 billion, including total commitments of RMB 3.1 billion from CDB. By the end of 2005, RMB 1.67 billion had been disbursed. [1]



## 2. Portail d'accueil du site de la China Development Bank

(spécialisée dans le financement de projets d'infrastructures et de développements industriels) en 2005, année de l'inauguration du port en eaux profondes de Yangshan (Shanghai).

1. La construction du port en eaux profondes de Yangshan est une décision stratégique du Conseil d'État. Le port est à la fois une plateforme de conteneurs pour Shanghai et un centre international d'acheminement par bateau. Son rôle est crucial pour le développement économique de la région de Shanghai. L'investissement total pour les deux phases de construction s'élève à 20,2 milliards de yuans (3 milliards US$), dont 3,1 milliards de yuans (500 millions US$) engagés par la CDB. À la fin 2005, 1,67 milliards de yuans (250 millions US$) avaient été déjà déboursés.

## 3. Vues du port à conteneurs de Yangshan,

dans la capitainerie du port, au large de Shanghai, Chine, mai 2009.

### Questions

**1.** **Quels territoires sont représentés dans ces publicités ? Quelles sont leurs fonctions ? Où sont-ils localisés ?** [1, 2 + 1 p. 144 + 6 p. 147] [11, 16]

**2.** **Déterminez quels aspects de ces images renvoient à la réalité des paysages et quels aspects les réinventent.** [1 à 3 + 1 p. 144 + 7 p. 145 + 6 p. 147]

**3.** **Qui sont les commanditaires de ces publicités ? Quels messages veulent-ils transmettre ?** [1, 2 + 6 p. 147]

**4.** **En quoi ces territoires sont-ils symboliques de la mondialisation ? Quels aspects de la puissance mettent-ils en scène ?** [1 à 3 + 6 p. 147]

Chapitre 9

# Les dynamiques des périphéries

**1** ***La Chinafrique,*** première de couverture du livre de S. Michel, M. Beuret et P. Woods (photos), édition chinoise, 2009.

Autour des centres d'impulsion de la Triade gravite un certain nombre de périphéries du Nord comme du Sud, plus ou moins intégrées dans la mondialisation. Alors que certains États s'affirment comme puissances émergentes aux échelles régionales et mondiales, d'autres ne parviennent pas à assurer leur développement et stagnent dans la pauvreté.

## Dans quelle mesure la mondialisation permet-elle le développement de ces périphéries ?

**SOMMAIRE**

**2** **Les dirigeants du G5 au sommet du G8**, Aquila, Italie, juillet 2009.

**3** **Rue d'Antananarivo,** Madagascar, août 2007.

Situation 1

# Le Burkina Faso, un PMA

## ■ Quels sont les freins au développement de ce pays d'Afrique ?

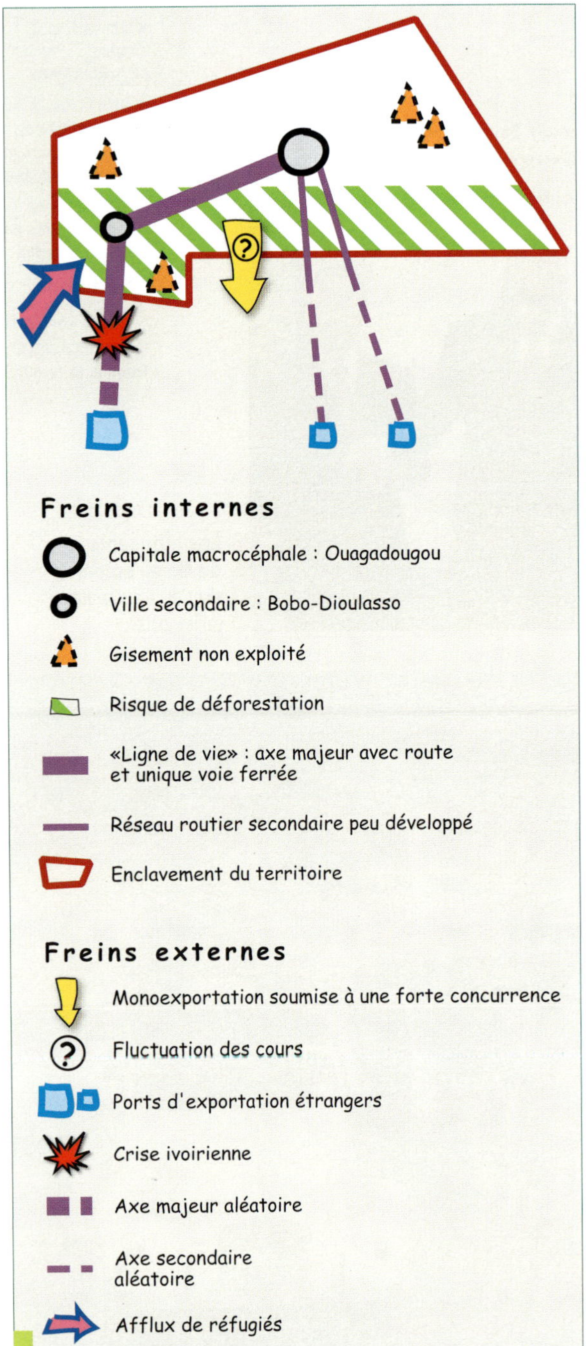


**1 Les freins au développement du Burkina Faso,** *Le Dessous des cartes* (2^e^), Belin/Arte, 2007.

**2 Le Burkina Faso, un pays du Sahel,**
site de l'association SOS Sahel (www.sossahel.org).

### 3 La corruption au Burkina Faso

« L'organisation internationale de lutte anti-corruption Transparency International (TI) publie ce 17 novembre son indice de perception de la corruption (IPC) 2009. Cette année, le Burkina Faso améliore d'un dixième de point son score par rapport à 2008. Avec un indice de 3,6, il se classe 79^e^ sur 180 pays. [...]

En Afrique subsaharienne, le trio Botswana, Île Maurice et Cap-Vert arrive en tête des pays les moins corrompus, comme en 2008. Le Burkina Faso est à la 8^e^ place des pays d'Afrique subsaharienne où la corruption se pratique le moins. [...]

Toutefois, l'arbre ne doit pas cacher la forêt. Ce classement est une perception instantanée de la situation de la corruption au Burkina Faso. La méthodologie utilisée par TI repose sur une marge d'erreur de 10 %. [...]

La corruption affecte tous les secteurs d'activités au Burkina Faso. Elle tend à s'établir comme une norme dans le processus d'offre et de demande de services dans les administrations. La politique d'impunité, l'absence de sanctions dissuasives frappant principalement les auteurs de la grande corruption conduisent nécessairement à de telles situations. Au Burkina Faso, c'est la volonté politique pour combattre la corruption qui manque le plus. Les Burkinabés attendent toujours un signal fort de la part des premiers responsables. »

http://www.lefaso.net/spip.php?article34134, 19 novembre 2009.

**4 Mise en balles du coton,** Pama, Burkina Faso, 2007.

### 5 Le développement économique du Burkina Faso

« Le pays est en train de progresser rapidement vers le développement. Cependant, de là où il vient, il lui reste un grand chemin à parcourir. Les infrastructures, dans tous les domaines, le travail, la santé, l'éducation, les transports, tout manque dans ce petit pays enclavé et sans accès à la mer.

Ces dernières années, la croissance économique annuelle forte (environ 6-7 %) a permis enfin au Burkina Faso de se remettre dans un cycle plus vertueux. Mais la faiblesse de l'industrie et des services, qui, à eux deux, comptent pour seulement 14 % de la population active, doivent être une priorité pour les autorités.

L'agriculture représente 86 % de la population active, et l'économie repose essentiellement dessus. Les conditions climatiques, favorables ces dernières années, fragilisent les fondamentaux du pays, qui en sont dépendants.

La croissance démographique folle de la capitale Ouagadougou, qui atteint désormais presque les 1,5 million d'habitants, est également un problème en terme de pollution, de transports, d'infrastructures de santé et d'éducation, qui ne sont pas adaptées à une telle population. »

http://www.populationdata.net/index2.php?option=pays&pid=35&nom=burkina_faso, 2009.

### 6 Données socio-économiques du Burkina Faso

| Indicateurs | Valeurs |
|---|---|
| IDH (2007) [1] | 0,38 (rang : 179/185) |
| Mortalité infantile (2009) | 84,49 ‰ |
| Taux d'accroissement naturel (2009) | 3,10 % |
| Taux d'alphabétisation des plus de 15 ans (2007) | 28,7 % |
| Travail des enfants de 5 à 14 ans (1999-2007) [2] | 47 % |
| Population de moins de 15 ans (2009) | 46,2 % |
| Population de plus de 64 ans (2009) | 2,5 % |
| Population urbaine (2008) | 19,5 % |
| Population active agricole (2009) | 86 % |
| Taux de chômage (2004) | 77 % |
| Nombre de médecins [3] | 5 pour 100 000 |

http://www.statistiques-mondiales.com/burkina_faso.htm.

1. PNUD rapport 2009 et populationdata.net.
2. UNICEF.
3. etatdumonde.com.

## Questions

**1. Quels types de contraintes limitent le développement de ce pays ?** [1 à 3, 5, 6]

**2. De quels atouts dispose-t-il ?** [1, 3, 5]

**3. En quoi ce pays est-il dépendant de ses voisins immédiats ? des grandes puissances mondiales ?** [1 + 1 p. 156] [12]

**4. Pourquoi le Burkina Faso fait-il partie des PMA ?** [1 à 6]

# Situation 2 L'Inde, pays émergent

■ **Comment se manifeste l'intégration de l'Inde dans la mondialisation ?**

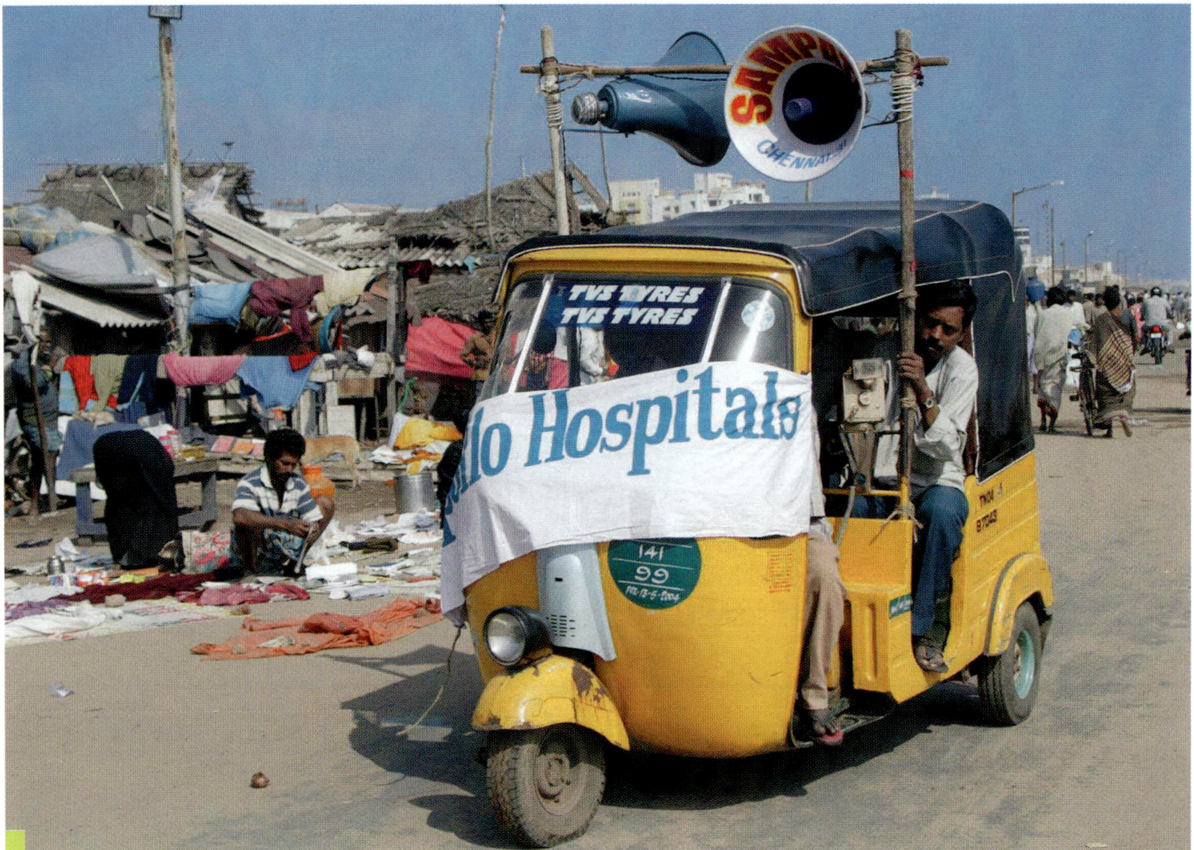


**1 Campagne de prévention des épidémies après le tsunami,** Chennai, Inde, 29 décembre 2004.

**2 Les ressortissants indiens aux États-Unis en 2006**

| | | Ressortissants indiens | Population des États-Unis |
|---|---|---|---|
| Démographie | Population totale | 2 482 141 | 299 398 485 |
| | 18-34 ans (en %) | 33,1 | 23,2 |
| Éducation (titulaires, en %) | Baccalauréat | 90,3 | 84,1 |
| | Licence | 68,6 | 27 |
| | Diplôme de 3e cycle | 36,5 | 9,9 |
| Ressources | Revenu par personne (en dollars) | 34 895 | 25 267 |
| | Personnes sous le seuil de pauvreté (en %) | 8,2 | 13,3 |

Source : C. Jaffrelot (dir.), *L'enjeu mondial, les pays émergents*, Presses de la fondation nationale des sciences politiques, 2008.

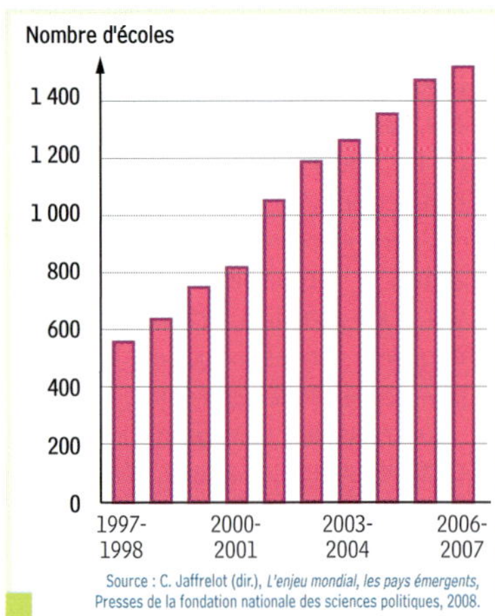


**3 Évolution du nombre d'écoles d'ingénieurs en Inde** (1997-2007).

**4 Centre commercial à Gurgaon,** banlieue sud de Delhi, Inde, 2003.

**5 L'Inde dans la mondialisation**

« Alors que les petits pays d'Asie du Sud-Est étaient des "dragons" ou des "tigres", on comparait souvent l'Inde à un éléphant. Pesant et avançant lourdement. Mais son poids démographique et économique apparaît aujourd'hui comme un atout autant qu'une charge. L'éléphant s'est mis au trot – et quand un éléphant trotte… Le taux de croissance annuel du PIB s'est désormais stabilisé au-dessus de 8 %. […]

Un exemple : l'industrie du logiciel et des services informatiques, pour les trois-quarts tournée vers l'exportation, a vu son chiffre d'affaires tripler en cinq ans. Elle représente aujourd'hui le cinquième des exportations nationales. […]

L'infogérance de l'Inde, secteur hétéroclite incluant aussi bien les centres d'appel employant un personnel peu qualifié que les centres de recherche en biotechnologie ou les entreprises spécialisées dans les effets spéciaux pour le cinéma, représentait, en 2006, 36 % de l'infogérance mondiale. »

F. Landy, « L'Inde ou le grand écart », *La Documentation photographique*, n° 8060, novembre-décembre 2007.

**Exportations**
En 2005, en millions de dollars

**Importations**
En 2005, en millions de dollars

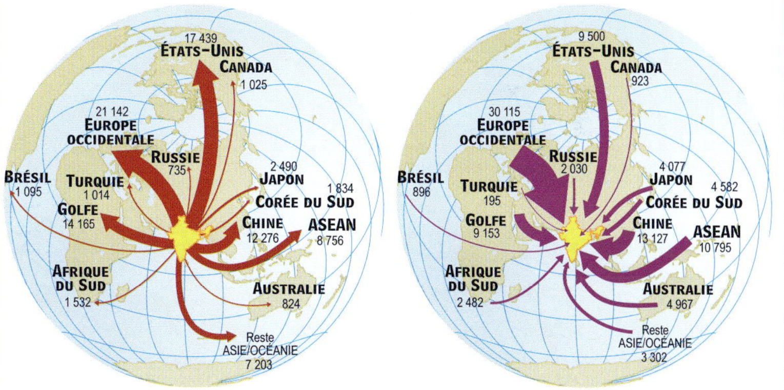


Source : http//comtrade.un.org/db/. Atelier de cartographie de Sciences Po, octobre 2007 in *La Documentation photographique*, n° 8060, nov.-déc. 2007.

**6 Les échanges commerciaux de l'Inde,** 2005.

## Questions

1. **Sur quels atouts l'Inde fonde-t-elle sa puissance ?** [3, 5, 6]
2. **En quoi la diaspora indienne constitue-t-elle un avantage pour les États-Unis ? Pour l'Inde ?** [2]
3. **Dans quelle mesure la population indienne profite-t-elle de la mondialisation ?** [1, 4]
4. **Pourquoi peut-on dire que l'Inde est un pays émergent ?** [1 à 6]

Situation 3

# Amérique latine, un développement à plusieurs vitesses

## ■ En quoi les territoires latino-américains sont-ils plus ou moins intégrés à la mondialisation ?

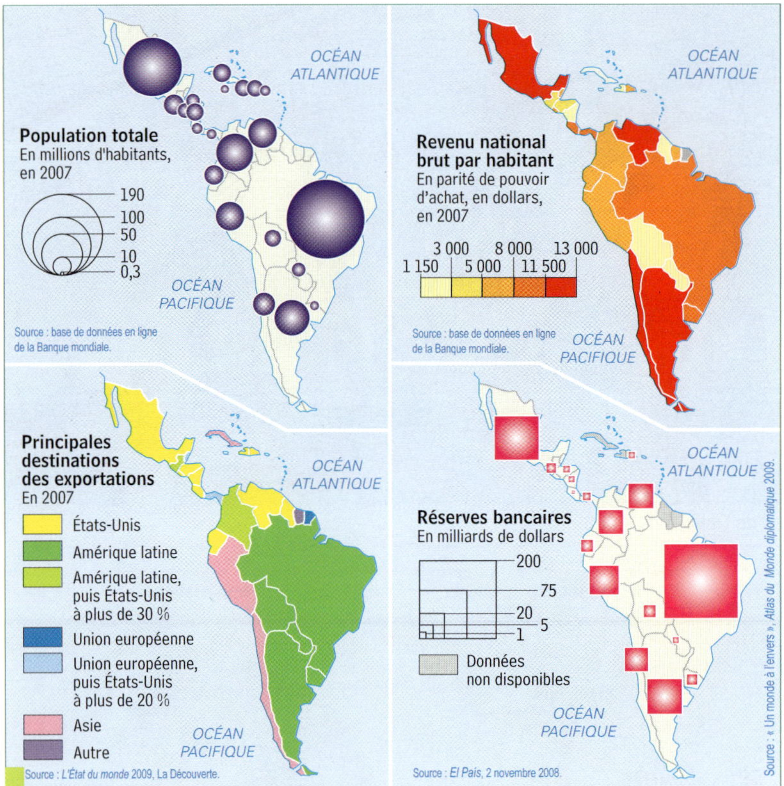


**1 Amérique latine : quelques indicateurs**, 2009.

### 2 Brésil : un État sud-américain parmi les grands ?

« Le Brésil est le 5e pays du monde par son étendue et sa population. Mais il ne se situe qu'au 30e rang pour sa participation au commerce mondial (avec à peine 1 %). Par ailleurs, la 10e économie mondiale est reléguée à la 64e place en IDH, alors que les 2/3 des pays du monde ont un revenu par tête inférieur au sien. En effet, malgré les progrès récents, ce pays à l'insolente richesse comprend toujours un grand nombre de pauvres : près de 50 millions de Brésiliens vivent au-dessous du seuil de pauvreté, soit une proportion trois fois supérieure à celle des pays à revenus similaires. […]

De fortes disparités régionales, des inégalités sociales séculaires, l'inefficacité, voire l'obsolescence, des infrastructures de transport (routières, portuaires et aéroportuaires) constituent de sérieux freins à son développement. […]

Pourtant, le Brésil a largement bénéficié de la vertigineuse ascension de l'Inde et de la Chine […] qui, en 2004, est devenue le troisième client du Brésil derrière les États-Unis et l'Argentine. Il n'est pas certain cependant que ce rapprochement entre "l'atelier du monde" et "le grenier de la planète" soit totalement favorable à ce dernier. La Chine, dévoreuse de matières premières et 1er importateur mondial de soja, ne contribue pas à diversifier l'économie brésilienne. […] Les *commodities* (soja, cellulose, minerai de fer, jus d'orange) constituent en effet plus de 75 % du commerce brésilien avec la Chine, tandis que le Brésil lui achète surtout des machines et des produits chimiques. »

C. Jaffrelot, *Enjeu mondial – les pays émergents*, Presses de Sciences Po, 2008.

**3 Un « narco sous-marin » intercepté au large du Mexique**, juillet 2008.

**4 Marché rural à Pisac**, Pérou.

**5 L'« or gris » de la Bolivie**

« L'année 2009 s'est surtout déroulée sous le signe du lithium, le grand trésor de la Bolivie. Ce métal mou, le plus léger de tous, de couleur argentée, repose en abondance dans le sous-sol du Salar de Uyuni, un lac salé fossile à 3 700 mètres d'altitude dans les Andes boliviennes, au sud-ouest du pays. Selon le service géologique des États-Unis, la Bolivie abrite 5,4 millions de tonnes de cet "or gris", soit la moitié des réserves mondiales. Traditionnellement, le lithium entrait en petites quantités dans la fabrication de céramiques ou d'antidépresseurs. Ces dernières années, la demande de lithium a explosé et son prix mondial a décuplé. [...] Les marchés de la téléphonie, de l'informatique et surtout de l'automobile électrique sont très avides de ce composant essentiel des batteries en lithium-ion. Sa grande densité permet aux voitures électriques d'emmagasiner plus d'énergie et accroît nettement l'autonomie des véhicules de nouvelle génération. La Bolivie veut être "l'Arabie Saoudite du lithium" et dépasser rapidement les principaux producteurs actuels : Chili, Chine et Argentine. [...] L'installation de l'usine de traitement [en cours de construction] suppose un accord avec une ou plusieurs compagnies étrangères spécialisées qui apporteront leur argent et leur savoir-faire. Quelques multinationales sont sur les rangs, dont le sud-coréen LG, les japonais Mitsubishi et Sumitomo et le français Bolloré. »

J.-P. Langellier, « Bilan planète », *Le Monde*, 2009.

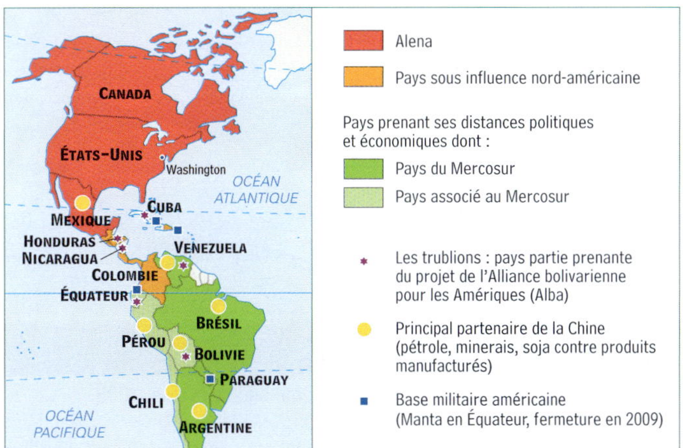


Source : « L'état de la mondialisation 2009 », *Alternatives Internationales*, hors-série n°6, décembre 2008.

**6 États-Unis, un leadership contesté**, 2009.

## Questions

**1. Quelles sont les puissances latino-américaines dominantes ? secondaires ?** [1, 2, 4]

**2. Énumérez dans un tableau les forces et les faiblesses du Brésil.** [2]

**3. Quels moyens les pays latino-américains mettent-ils en œuvre pour se développer ?** [2, 5, 6] [13]

**4. Quels sont les freins à l'intégration des pays latino-américains dans la mondialisation ?** [1 à 6]

Objectif S

## Élaborer une typologie en géographie

1. **Identifier les différents éléments** : territoires (agglomération, région, pays, continent...) et domaines (économique, social, politique...) étudiés.
2. **Regrouper les territoires** ayant des caractéristiques proches.
3. **Déterminer les caractères dominants** de chacun des ensembles obtenus.
4. **Repérer les écarts** entre les groupes, puis dans chaque groupe.

# Les périphéries dans l'espace mondial

**1** **Bombay,** depuis Nariman Point, à l'extrême sud de la ville, 2008.

### 2 Des États plus ou moins intégrés

« Les États intégrés dominés accueillent les industries en voie de banalisation technologique et technique (textile, jouets, électronique grand public, etc.), dans lesquelles les coûts de main-d'œuvre sont importants et se délocalisent. [...] On trouve dans cet ensemble soit des pays émergents dont quelque 850 zones franches productives mobilisent 30 millions d'ouvriers, soit une partie des pays de l'Est en transition.

Les États intégrés dominés spécialisés dans la fourniture de matières premières minérales, énergétiques ou végétales forment un troisième groupe [...]. Y figurent des États dont l'importance est dictée par les intérêts géostratégiques des centres : ce sont les États pétroliers et gaziers, en particulier ceux du Proche et du Moyen-Orient [...].

La mondialisation s'appuie aussi sur des États opportunistes, en général de toute petite taille, qui ont su s'intégrer, grâce à une spécialisation fonctionnelle très poussée, comme des espaces de non-droit (paradis fiscaux, États proposant des pavillons de complaisance).

Face aux pays intégrés dominés, se déploient des marges "évitées", régions sacrifiées de la troisième mondialisation. On classe dans cet ensemble hétérogène les 49 pays les moins avancés (PMA) d'une partie de l'Afrique subsaharienne, de l'Asie centrale et du Sud et les États andins d'Amérique latine, qui représentent 620 millions d'habitants. [...] Un dernier groupe rassemble les pays déchirés par les crises et les guerres civiles, totalement exclus de la mondialisation. »

Laurent Carroué, « La mondialisation en débat », *La Documentation photographique*, n° 8037, 2004.

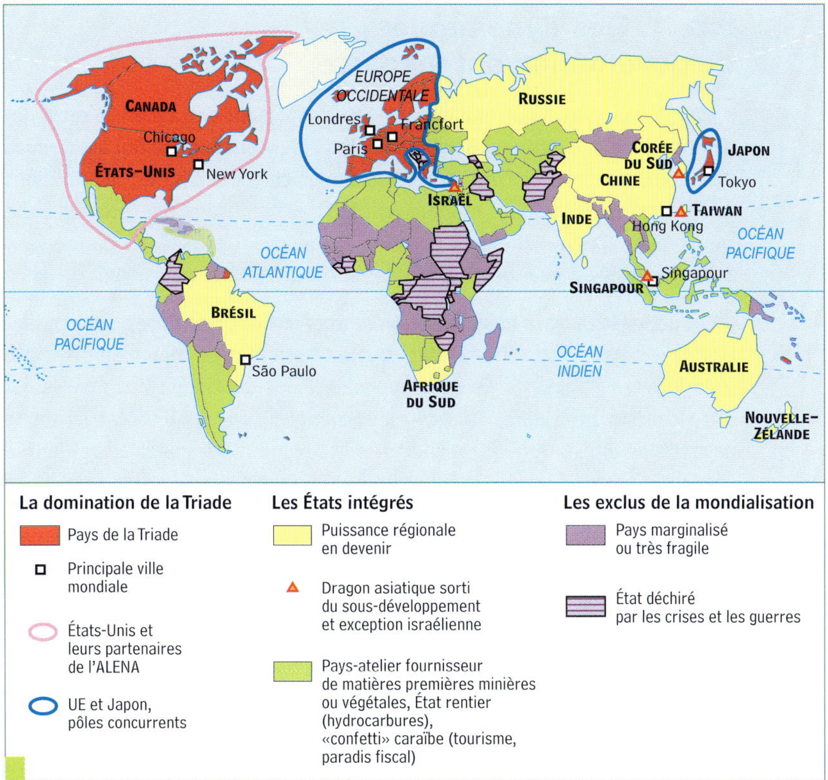


**3** **Les États dans la mondialisation.**

**4** **Une rue d'Alger,** Algérie, 2006.

**5** **Quelques périphéries en chiffres**

| | IDH | Taux d'alphabétisation (en %) | PIB/hab. ppa $ | Taux de mortalité infantile (en ‰) | Taux de fécondité 2005-2010 (nb d'enfants/femme) |
|---|---|---|---|---|---|
| Afrique du Sud | 0,670 | 87,6 | 9 087 | 49,1 | 2,55 |
| Algérie | 0,748 | 74,6 | 7 426 | 31,1 | 2,38 |
| Arabie Saoudite | 0,835 | 84,3 | 22 053 | 18,8 | 3,17 |
| Bolivie | 0,723 | 89,8 | 3 989 | 45,6 | 3,5 |
| Brésil | 0,807 | 89,6 | 8 949 | 23,5 | 1,9 |
| Chine | 0,762 | 93 | 4 682 | 122,9 | 1,77 |
| Congo RDC | 0.361 | 67,2 | 281 | 116,8 | 6,07 |
| Corée du Sud | 0,928 | 99 | 22 985 | 4,4 | 1,22 |
| Gabon | 0,729 | 85,4 | 14 208 | 51,1 | 3,35 |
| Haïti | 0,521 | 61 | 1 109 | 62,4 | 3,55 |
| Inde | 0,609 | 65,2 | 2 489 | 54,6 | 2,76 |
| Israël | 0,930 | 97,1 | 24 405 | 4,7 | 2,81 |
| Pakistan | 0,562 | 63,6 | 1 890 | 6,9 | 4 |
| Russie | 0,806 | 99,5 | 13 205 | 11,9 | 1,37 |
| Singapour | 0,918 | 94,2 | 47 426 | 3 | 1,27 |
| **France** | **0,955** | **99** | **31 980** | **3,9** | **1,89** |
| **Monde** | **0,747** | **81** | **9 316** | **47,3** | **2,56** |

Source : http://etatdumonde.com (ONU, statistiques révisées pour 2008).

## Application

**1.** **Où sont situés les pays étudiés ? À quels domaines renvoient les informations données ?** [1 à 5]

**2.** **Quels sont les points communs : entre les 6 premiers pays de chaque colonne du tableau ? entre les 4 derniers ?** [5]

**3.** **Quels écarts notez-vous : entre ces deux groupes ? entre eux et la moyenne mondiale ? entre eux et la France ?** [5]

**4.** **Confrontez vos constats aux classifications proposées dans la carte et le texte. Qu'en concluez-vous ?** [2, 3]

# L'essentiel

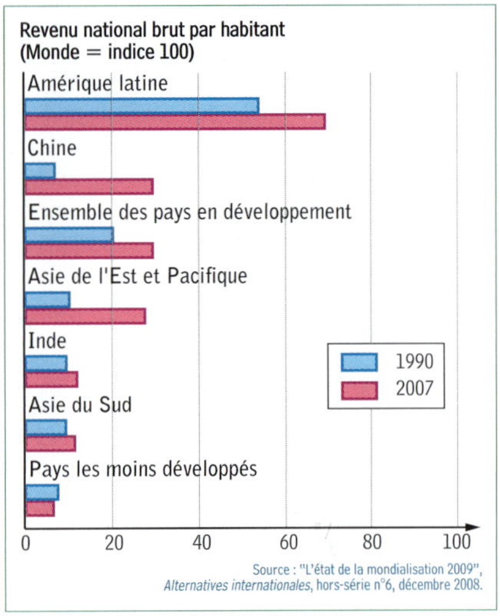


**1. Le rattrapage des périphéries.**

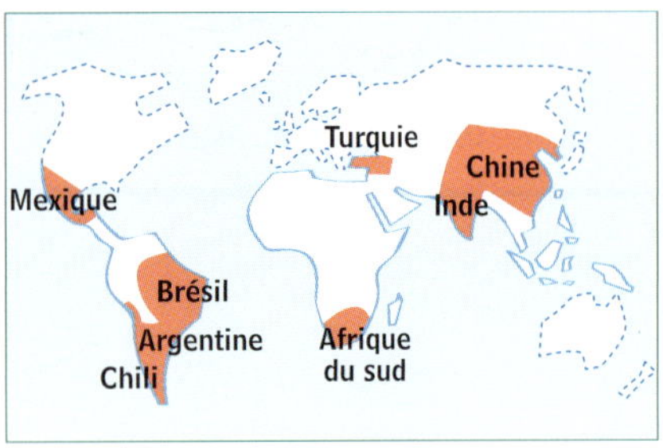


**2. Les pays émergents,** 2009.

**3. La Chine en Afrique.**

## 1. Des dynamiques de développement inégales

■ Malgré une dynamique mondiale de développement entraînant le recul généralisé de la pauvreté, un homme sur cinq vit encore aujourd'hui avec moins d'un dollar par jour. Le continent africain demeure très fragile : 384 millions d'Africains en 2005 (202 millions en 1981) vivent dans une précarité extrême, avec à peine 70 cents par jour. À l'opposé, les **BRIC**, en plein essor, deviennent peu à peu incontournables sur la scène internationale.

■ Les **périphéries** de la **mondialisation** regroupent des territoires appartenant aux pays du Sud mais aussi à des pays du Nord plus ou moins en difficulté (Russie). Les stratégies de développement sont multiples : mise en valeur des richesses intérieures (agricoles et minières) en vue d'industrialiser le pays (Chine, Brésil, Algérie), exportations de produits à faible valeur ajoutée comme le textile, en jouant sur l'atout d'une main-d'œuvre bon marché et docile (**NPI**, Tunisie, Thaïlande...).

■ De fortes disparités économiques et socio-spatiales s'observent à toutes les échelles. Au Brésil, entre les bénéficiaires de la mondialisation et les autres, les écarts de richesse sont gigantesques (de 1 à 30). En Chine, les inégalités de développement se creusent entre le littoral ouvert sur le monde et les régions intérieures. Dans les grandes métropoles émergentes comme Mexico, São Paulo, Johannesburg, Shanghai, des quartiers délabrés côtoient les gratte-ciel des **CBD** et les quartiers chics en construction.

## 2. De grandes puissances en devenir

■ La Chine (1,3 milliard d'habitants) accumule les records mondiaux : 2e PNB après les États-Unis, 8 % de croissance, 1er récepteur d'**IDE**... Un téléphone sur deux est fabriqué dans « l'atelier du monde ». L'Inde (1,1 milliard d'habitants) progresse grâce aux **industries de pointe** et à la haute qualification de sa main-d'œuvre. Cependant, si ces deux **pays émergents** voient se développer dans les villes une classe moyenne aisée, ils ont du mal à extraire la population rurale de la misère.

■ Brésil et Afrique du Sud affichent une croissance entre 3 et 5 %. Le Brésil, pays le plus peuplé d'Amérique latine, est un grand exportateur de produits agricoles (café, oranges, jus de fruits, soja, viande), mais aussi un des États les plus inégalitaires au monde (**favelas**). L'Afrique du Sud, 1re puissance africaine, concentre 61 % du chiffre d'affaires des entreprises du continent. La croissance de la population (+ 32 % en 16 ans) l'oblige à importer massivement des denrées alimentaires. Son dynamisme est contrarié par les inégalités, la violence et l'épidémie du sida (qui touche 18 % de la population).

■ Ouverte à l'économie de marché sans être dans l'**OMC**, la Russie accueille des capitaux étrangers pour assurer son développement. L'essor des transports (**tubes**, ports) a pour but d'améliorer ses capacités d'exportation (1er producteur de gaz, 2e pour le pétrole) en échange de produits manufacturés. Alors que les grandes villes accueillent des **FTN** (Ikea, Ford, Hyundai...), les périphéries s'appauvrissent. Trois Russie coexistent : « celles du dollar, du **rouble** et du troc ».

## L'essentiel en image

**Le CBD de Beijing (Pékin)**, octobre 2007.

*Quelles connaissances du chapitre retrouvez-vous dans ce document ?*

## Mots-clés

**BRIC** : acronyme qui désigne le groupe formé par le Brésil, la Russie, l'Inde et la Chine. On estime que son poids dans l'économie mondiale passera à 20 % en 2025.

**CBD** : voir page 149.

**Dragons** : pays d'Extrême-Orient à forte croissance industrielle à la fin du 20e siècle : Corée du Sud, Hong Kong, Singapour et Taiwan.

**Embargo** : interdiction frappant les importations et exportations en provenance et à destination de certains États.

**Favelas** : nom brésilien donné aux bidonvilles.

**FTN (firme transnationale)** : voir page 113.

**IDE (investissements directs à l'étranger)** : capital investi par une entreprise ou un groupe hors de son pays d'origine (création de filiales ou participation au capital d'une firme étrangère)..

**Industrie de pointe** : production de biens coûteux en recherche et impliquant une main-d'œuvre très qualifiée.

**Marché des changes** : marché sur lequel s'échangent les devises du monde entier.

**Mondialisation** : voir page 113.

**NPI (nouveau pays industriel)** : ancien pays en développement qui a réussi une croissance rapide tournée vers l'industrie (Corée du Sud, Taiwan, Singapour, Brésil...).

**OMC** : voir page 113.

**OPEP** : organisation des pays exportateurs de pétrole (Organization of Petroleum Exporting Countries – OPEC en anglais) créée en 1960 à Bagdad (siège à Vienne, Autriche).

**Pays émergent** : pays du Sud qui connaît une croissance économique rapide et dont le PIB/hab. se rapproche de celui des pays développés.

**Pays-atelier** : se dit d'un pays qui, bénéficiant de nombreuses délocalisations, a tendance à se transformer en atelier pour les autres (stade par lequel sont passés les NPI avant d'acquérir une certaine autonomie).

**Périphérie (intégrée ou marginalisée)** : espace dominé par le centre et dépendant de lui (participant à ses activités ou s'en trouvant mis à l'écart).

**PMA (pays moins avancés)** : désigne depuis 1964 les pays les plus pauvres (50 en 2010) qui cumulent un PIB/hab. < 900 $, une part de l'industrie dans le PIB < 10 % et un taux d'alphabétisation < 20 %.

**Rouble** : monnaie russe (1 euro = 42 roubles).

**Sahel** : région bordant le Sud du Sahara (du Sénégal au Soudan), à la pluviosité réduite et irrégulière.

**Tube** : conduite (gazoduc, oléoduc...).

**Valeur ajoutée** : différence entre la valeur de la production et la valeur des biens ou services nécessaires à sa fabrication.

**ZES (zone économique spéciale)** : voir page 149.

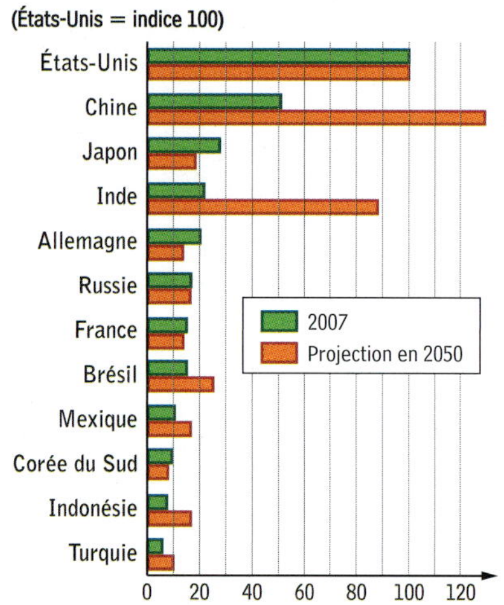


Source : « L'état de la mondialisation 2009 », *Alternatives Internationales*, hors-série n°6, décembre 2008.

**4. Le PIB en ppa**, 2007-2050.

**5. Les PMA** (pays moins avancés), 2009.

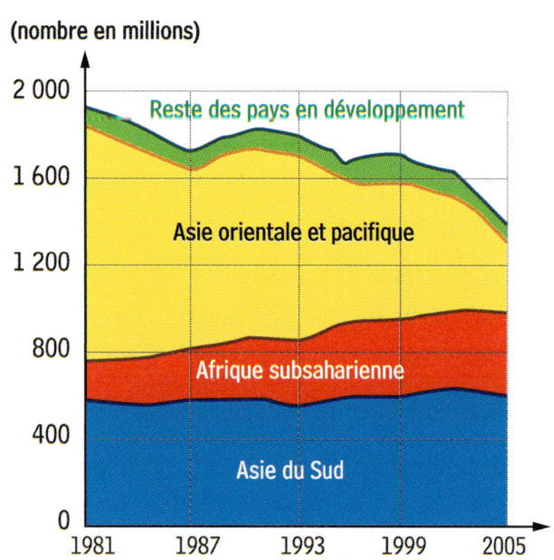


Source : « L'état de la mondialisation 2009 », *Alternatives Internationales*, hors-série n°6, décembre 2008.

**6. Nombre de pauvres vivant avec moins de 1,25 dollar par jour,** 2009.

## 3. De petits États intégrés

■ Le décollage économique des **dragons** s'est effectué par les exportations de produits manufacturés. La Corée du Sud et Taiwan ont une économie largement tertiarisée et ouverte, grâce à des ports dynamiques (Busan, Kaohsiung). Ces États représentent plus de 4 % du marché mondial. La cité-État de Singapour se place au 4e rang mondial des **marchés des changes**, les services et la finance occupant 75 % des emplois ; sa plate-forme internationale en fait le 2e port du monde. Hong Kong, dans le delta de la Rivière des Perles, contribue pour 12 % au PIB chinois ; cette métropole en pleine croissance redistribue ses activités industrielles vers la **ZES** de Shenzhen.

■ Les « **pays-ateliers** » comme la Thaïlande, la Malaisie, l'Indonésie ou les Philippines constituent des plaques tournantes pour les investissements. Ils s'appuient sur des industries en voie de banalisation technologique (textile, jouets, électronique grand public…). Grâce à leur main-d'œuvre moins coûteuse, ils profitent de très nombreuses délocalisations orchestrées par les FTN du Nord et sont soumis, de ce fait, aux aléas du marché international.

■ Appelés « États rentiers », les principaux exportateurs de pétrole, de gaz ou de minerai disposent d'au moins 65 % des réserves mondiales, mais sont dépendants des puissances industrielles consommatrices. Affichant leur richesse dans le paysage urbain (Burj Dubaï, la plus haute tour du monde), certains ne parviennent pas à améliorer les conditions de vie de leur population (IDH de 0,84 pour le Venezuela et l'Arabie Saoudite, 0,75 pour l'Algérie, 0,67 pour l'Afrique du Sud, en 2009).

## 4. Des périphéries marginalisées

■ Caractérisés par des difficultés persistantes et des politiques de développement vaines, les **PMA** regroupent des États sans littoral (pays du **Sahel**…) ou de petits États insulaires. Très peu intégrés à l'économie mondiale, ils attirent peu d'IDE et n'exportent que des produits à faible **valeur ajoutée**. Ils accumulent production alimentaire insuffisante, faible productivité, raréfaction des terres et des ressources en eau, et urbanisation galopante. La faiblesse ou la corruption des États y aggrave encore la situation. En 2010, 50 pays représentant plus de 620 millions d'habitants appartiennent à cet ensemble : 34 en Afrique (la plupart en Afrique subsaharienne), 10 en Asie, 5 dans le Pacifique et un aux Antilles.

■ Les pays déchirés par les crises et les guerres civiles comme la Colombie, le Liberia, la Côte d'Ivoire, la Somalie, Haïti… représentent les États exclus de la mondialisation. À la tête de l'**OPEP**, l'Angola, riche de pétrole (1er producteur africain) et de diamants (1re réserve mondiale) ne parvient pourtant pas à lutter contre la corruption dont il détient le triste record en Afrique australe.

■ Stigmatisés par les États-Unis, certains pays qualifiés d'« États voyous » sont soumis au boycott ou à l'**embargo** pour des raisons géopolitiques : ils sont accusés d'être totalitaires ou répressifs, de promouvoir une idéologie raciste, voire de constituer des États terroristes (Corée du Nord, Cuba, Iran, Irak, Libye, Soudan, Syrie).

## L'essentiel en image

**Dharavi, le plus grand bidonville d'Asie,** Bombay, Inde.

***Quelles connaissances du chapitre retrouvez-vous dans ce document ?***

## Retenir autrement

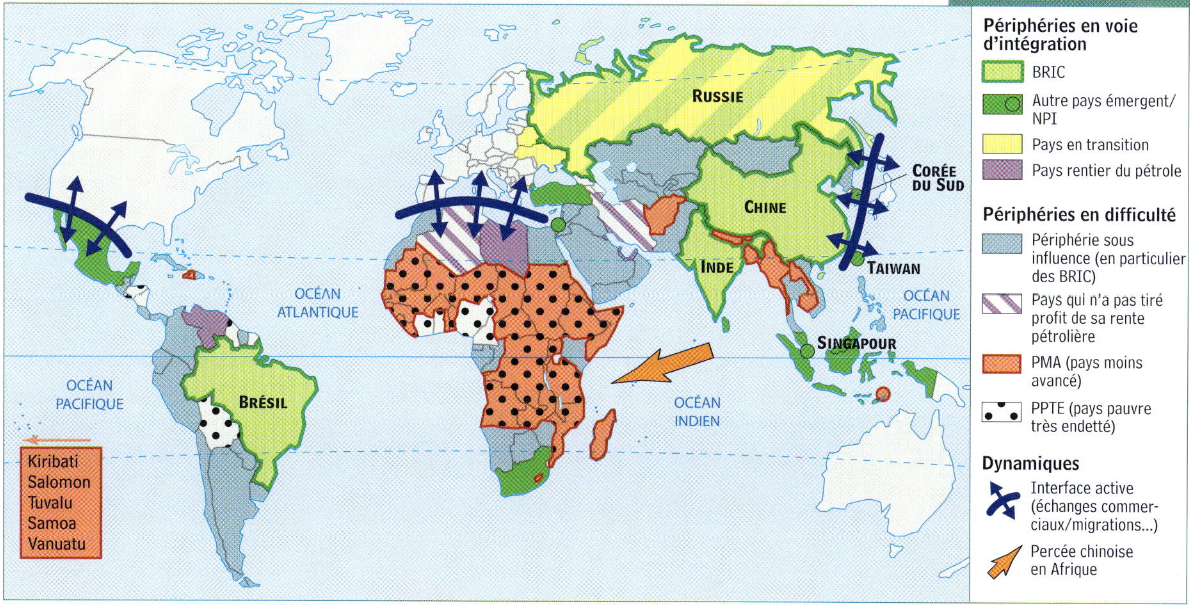

## 1 Question simple

**CAPACITÉ**
Mémoriser et restituer les principales connaissances et notions

**Quelles sont les principales puissances émergentes ? Pourquoi les appelle-t-on ainsi ?**

### Aide à la réponse

- *Localiser avec précision au moins quatre puissances (nom, région du monde, continent…).*
- *Énoncer les caractères des pays émergents en donnant des exemples précis.*
- *Distinguer au moins deux types de pays émergents.*

## 2 Question avec un support

**CAPACITÉ**
Relever, classer et hiérarchiser les informations selon des critères donnés

**À quelles contraintes le Botswana est-il exposé ? Quels facteurs ont permis à ce pays de sortir du groupe des PMA ?**

« Le Botswana est un pays enclavé dans les terres, traversé par le Tropique du Capricorne. Le climat est essentiellement aride ou semi-aride et exposé à des sécheresses souvent prolongées. Avec une superficie de 582 000 km² (pratiquement identique à celle de la France) et une population de 1,8 million d'habitants, c'est l'un des pays les moins peuplés de la planète. […]

Peu après l'indépendance [1966], on y découvre de grands gisements exploitables de diamants, ce qui permet au Botswana d'entamer une période de croissance économique rapide et soutenue qui dure depuis plus de 20 ans et qui se poursuit encore aujourd'hui. La découverte de gisements de diamants a un profond impact sur l'économie du pays : pendant 25 ans, soit de 1965 à 1990, le Botswana affiche la croissance la plus rapide de la planète. […]

Ce pays est l'un des rares pays d'Afrique à être sorti du rang des pays à revenu faible les moins avancés pour entrer dans le groupe des pays à revenu moyen. S'appuyant sur des plans successifs de développement national, le gouvernement investit une bonne partie des ressources du pays dans la mise en place d'une infrastructure physique et sociale de base couvrant l'ensemble du pays, la création d'institutions publiques et l'amélioration directe de la protection sociale grâce à la mise en place de services de santé, d'éducation et autres services sociaux, ainsi que de programmes de développement. »

T. Duncan, K. Jeffreis et P. Molutsi, *Botswana : développement social dans une économie riche en ressources*, UNICEF, 2006.

### Aide à la réponse

- *Rappeler les caractères et la localisation géographique des PMA.*
- *Décrire la situation socio-économique de l'Afrique subsaharienne.*
- *Identifier les domaines dans lesquels les progrès ont permis le développement du Botswana.*

## 1 Question simple

CAPACITÉ
Décrire et caractériser une situation géographique

**Quels éléments montrent que les pays d'Amérique latine sont plus ou moins bien intégrés dans la mondialisation ?**

### Aide à la réponse

- *Choisir deux ou trois critères différents afin de hiérarchiser les différents États latino-américains : PIB, commerce extérieur, IDH, alliances économiques…*
- *Prendre l'exemple d'un pays pour illustrer son intégration dans la mondialisation : activités transfrontalières, types d'exportations (voire commerce illicite), rôle politique…*

## 2 Question avec deux supports

CAPACITÉ
Présenter à l'écrit de manière synthétique les informations contenues dans plusieurs documents complémentaires

**Comment se traduit la fragilité du dynamisme indien ?**

**1.** « Qui n'a pas entendu parler du "miracle économique indien" ? De cet insolent taux de croissance à 6 %, 7 %, voire 8 % ? De la montée en puissance de Bangalore, qui compte aujourd'hui plus d'ingénieurs informaticiens que la Silicon Valley ? Ou encore des délocalisations en masse de centres d'appels, qui créent dans le pays quelque 200 emplois par jour ? […] De fait, la croissance indienne est tirée par les activités de service, qui contribuent aujourd'hui à plus de la moitié du produit intérieur brut, mais n'offrent du travail qu'à une petite minorité de la population, la plus qualifiée. L'agriculture, en majeure partie vivrière et archaïque, continue en revanche d'occuper environ les deux tiers du milliard d'Indiens, alors qu'elle représente moins du quart du PIB. Résultat : 400 millions de personnes vivent toujours avec moins de 1 dollar par jour, 35 % de la population reste analphabète et l'Inde est classée par le PNUD (Programme des Nations unies pour le développement) au 127e rang sur 175 en matière d'indice de développement humain. »

S. Madan, *Les Échos*, 20 février 2006.

**2. Bidonville le long de conduites d'eau**, Bombay, Inde.

### Aide à la réponse

- *Énumérer les facteurs du dynamisme indien liés à la mondialisation.*
- *Identifier les freins au développement socio-économique de l'Inde.*
- *Décrire les inégalités qui persistent dans le pays.*

# Russie, le retour ?

## Dans quelle mesure la Russie s'intègre-t-elle à la mondialisation ?

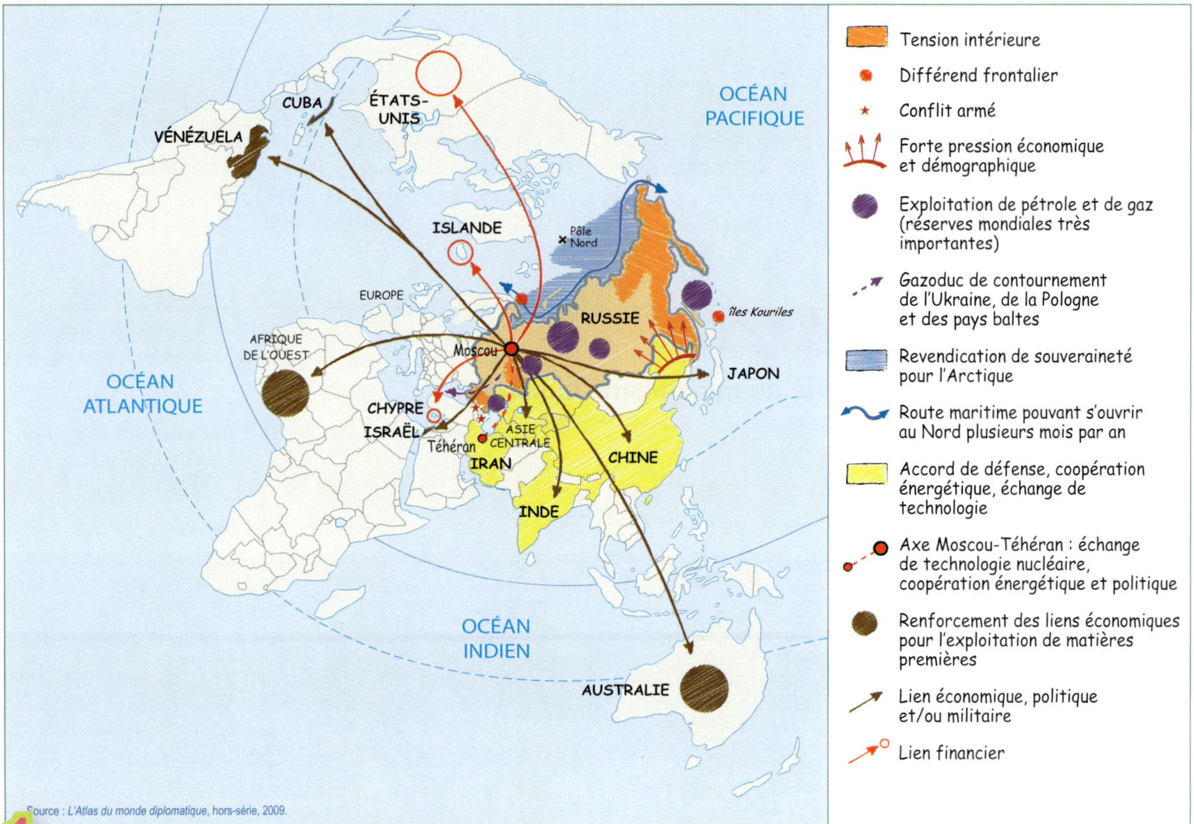


**1. Le monde vu de la Russie,** 2009

**2. Manifestation des ouvriers de l'usine textile Severianka,**
Novossibirsk, Russie, 2002.
1 « Non aux fripes chinoises ».
2 « Nous exigeons la suppression de l'impôt social ».

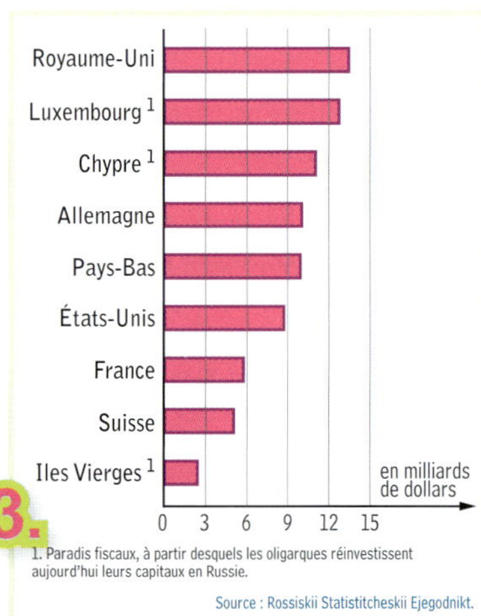


**3. Investissements étrangers en Russie, 2006**

**4. Une société muselée,**
*Alternatives Internationales*, n° 37, décembre 2007.

**5. Affiche du plan général de développement de Moscou (2000-2020)**

## 6. Le voyage des *tchelnok*

« Avec l'ouverture des frontières, dans un contexte de pénurie des produits de consommation aux standards occidentaux, des millions de personnes se sont improvisées "voyageurs de commerce". Elles vont à l'étranger, achètent des produits qu'elles rapportent dans leurs valises et revendent sur le marché russe, dégageant un bénéfice, puis elles repartent à nouveau, parfois avec des commandes précises. On les surnomme les *tchelnok*, terme de l'industrie textile qui désigne "la navette", une pièce qui se déplace sans arrêt.

Leur activité est facilitée par la loi qui autorise le passage de la frontière sans droits de douane jusqu'à 2000 dollars de marchandises. En 1997, on estimait que cette activité faisait vivre 10 millions de personnes en Russie et portait sur une dizaine de milliards de dollars (l'équivalent de 20 % des importations officielles du pays). Certains travaillent sur des produits de luxe, acquis dans de grandes villes mondiales, mais les plus gros effectifs travaillent sur des produits de consommation courante acquis dans des pays voisins (Turquie, Finlande, Pologne, Chine). [...] Dans la seconde moitié des années 1990, les touristes russes ont fait leur apparition sur les lieux touristiques huppés. Ils constituent aujourd'hui une partie importante de la clientèle des grandes stations de sports d'hiver des Alpes (avec une prédilection pour Courchevel, Val-d'Isère et Saint-Moritz) en hiver, et de la Côte d'Azur, du littoral sarde ou espagnol en été. Leur présence est particulièrement appréciée par le commerce local, en raison de la propension de ces touristes très aisés à dépenser sans compter. »

P. Marchand, *Atlas géopolitique de la Russie*, Autrement, 2007.

### Questions

**1. Dans quels domaines la Russie exerce-t-elle une influence dans la mondialisation ?** [1, 3 + 2 p. 157]

**2. Pourquoi la Russie s'intéresse-t-elle à la Chine ? à l'Afrique ? aux États-Unis ? à l'Europe ? à l'Océan arctique ?** [1 à 3, 6]

**3. En quoi son intégration dans la mondialisation aggrave-t-elle les inégalités intérieures ?** [2, 6] [14]

**4. Quels éléments montrent que la Russie est une puissance en pleine transition ?** [2, 4, 5]

Éducation civique

# Le citoyen et la République

SOMMAIRE

« Mariannes d'aujourd'hui », Paris, juillet 2003.

ASSEMBLÉE NATIONALE
MARIANNES D'AUJOURD'HUI
Hommage des femmes des cités à la République

# Les systèmes électoraux

## Dans quelle mesure les modes de scrutin permettent-ils de respecter les choix électoraux des citoyens ?

### 1 Proposition [rejetée] de loi du 11 mai 2004, visant à élire une partie des députés au scrutin proportionnel

« Excepté les élections législatives de 1986 pour lesquelles la représentation proportionnelle avait permis l'entrée à l'Assemblée nationale des députés issus des rangs du parti Front national ainsi que des députés écologistes, les autres élections législatives n'ont jamais permis aux partis minoritaires en France d'être présents au second tour. Les électeurs ont donc le sentiment que leur voix du premier tour, du fait de l'élimination du second tour, est une voix perdue. Le premier tour est donc à la fois l'objet de vote fantaisiste et d'abstention importante. [...]

La proposition de loi qui vous est présentée vise à pallier cet écueil de notre système électoral en prévoyant qu'un certain nombre de députés pourra être élu à la représentation proportionnelle dans le cadre de la circonscription nationale en fonction des résultats obtenus par les candidats élus au scrutin majoritaire uninominal à deux tours. Il s'agit ainsi de pondérer les conséquences de ce mode de scrutin qui aboutissent à une sensation, de la part des électeurs, d'inutilité du vote et à redonner un intérêt pour le scrutin du premier tour : l'électeur ayant le sentiment que sa voix n'est ainsi pas perdue puisqu'elle bénéficie aux partis politiques sur le plan national. »

www.assembleenationale.fr, 2004.

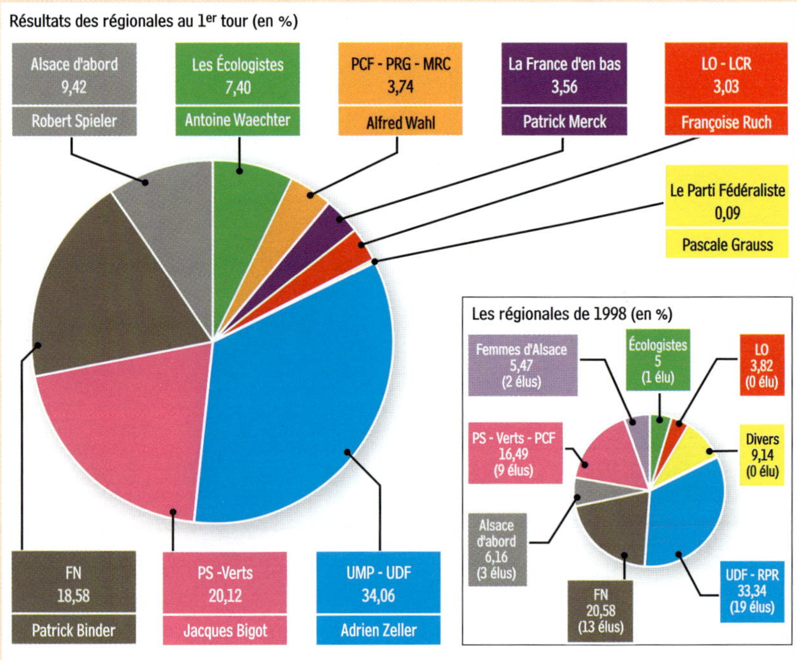


Source : Studio DNA: Stephen Reading et Géraldine Canet.

### 2 Les élections régionales de 2004, en Alsace.

### 3 Les différentes élections au suffrage universel direct en France

| Mandat | Lieu du pouvoir politique | Mode de scrutin | Durée du mandat |
|---|---|---|---|
| Conseiller municipal (ville de plus de 3 500 habitants) | Commune | Scrutin de liste mixte[1] à 2 tours | 6 ans |
| Conseiller général[2] | Département | Scrutin uninominal majoritaire à 2 tours | 6 ans |
| Conseiller régional | Région | Scrutin de liste proportionnel à 2 tours | 6 ans |
| Député | Assemblée nationale à Paris | Scrutin uninominal majoritaire à 2 tours | 5 ans |
| Député européen | Parlement européen à Strasbourg | Scrutin de liste proportionnel à 2 tours | 5 ans |
| Président de la République | Palais de l'Élysée à Paris | Scrutin uninominal majoritaire à 2 tours | 5 ans |

1. Combinaison du scrutin majoritaire et du scrutin proportionnel.
2. Le conseil général est renouvelé par moitié tous les trois ans. Après chaque renouvellement, le conseil général élit un président.

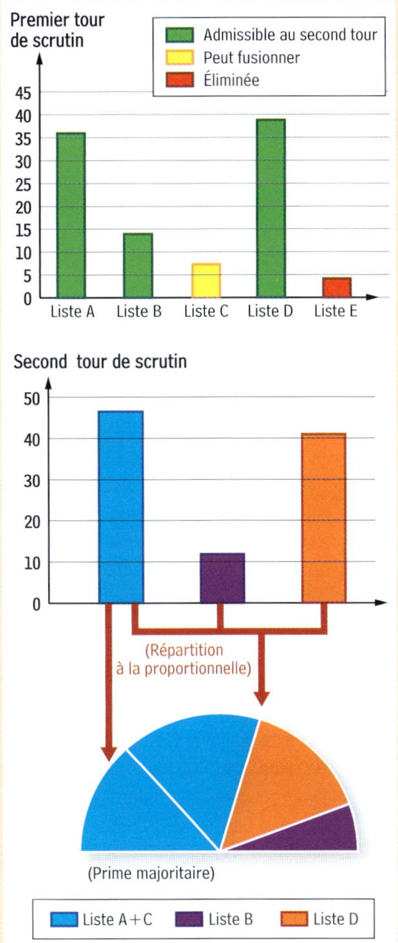


Source : http://www.rouen.fr/mairie/elections/municipales2008.

**4** Mise en pratique du mode de scrutin des élections régionales en France.

**5** Résultats du 1er tour de l'élection présidentielle du 22 avril 2007.

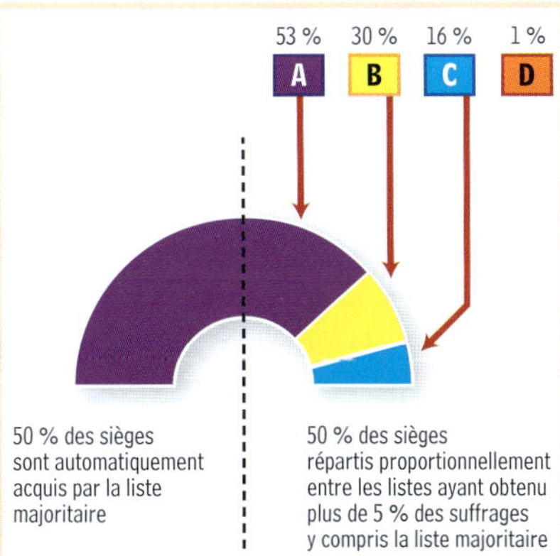


Source : http://www.rouen.fr/mairie/elections/municipales2008.

**6** Les élections municipales dans les communes de plus de 3 500 habitants.

### 7 Article 3 de la Constitution de la Ve République

« La souveraineté nationale appartient au peuple qui l'exerce par ses représentants et par la voie du référendum. […] Le suffrage peut être direct ou indirect dans les conditions prévues par la Constitution. Il est toujours universel, égal et secret. Sont électeurs, dans les conditions déterminées par la loi, tous les nationaux français majeurs des deux sexes, jouissant de leurs droits civils et politiques. »

## Questions

1. **Quelles sont les conditions pour être électeur en France ?** [7]
2. **Quels sont les principaux scrutins utilisés en France ?** [1 à 6]
3. **Quel reproche peut-on faire aux scrutins majoritaires ? Qu'apporterait une dose de proportionnelle dans certaines élections ?** [1]
4. **Pourquoi peut-on dire que les citoyens français participent à toutes les strates de la vie politique ?** [1 à 7]

Mémento p. 188

# Du projet de loi « Création et Internet » aux lois Hadopi

## Pourquoi et comment les lois Hadopi 1 et 2 ont-elles été élaborées ?

**1 L'élaboration d'une loi,** vue par Plantu.

**2 Qu'est-ce que la loi Hadopi 1 du 12 juin 2009 ?**

« L'objectif essentiel du texte est de dissuader les internautes de télécharger illégalement des œuvres. Il institue un système de "riposte graduée" allant de l'avertissement par simple courriel à la suspension de la connexion Internet. La loi instituera une "Haute autorité pour la diffusion des œuvres et la protection des droits sur l'Internet" (Hadopi) qui sera chargée de "veiller à la prévention et à la sanction du piratage des œuvres". Cette Haute autorité assurera aussi la régulation des mesures techniques permettant la protection et l'identification des œuvres. Les mesures visant à prévenir et à sanctionner le piratage seront du ressort d'une commission particulière de la Haute autorité, la Commission de protection des droits exclusivement composée de hauts magistrats.

Cette commission n'organisera pas elle-même une surveillance générale des réseaux numériques ou des fournisseurs d'accès à Internet, elle n'agira que sur demande des ayants droit, des organismes de défense professionnelle ou des sociétés de perception et répartition des droits. […] Dans un premier temps, la Haute autorité enverra à l'internaute un simple courriel d'avertissement et dans un second temps une lettre recommandée. Le texte adopté par le Parlement prévoyait, en cas de persistance du "piratage", la prise de sanctions avec la possibilité pour la Haute autorité de suspendre l'abonnement à Internet pour une durée allant de 3 mois à 1 an. Cette disposition a été censurée par le Conseil constitutionnel au motif que c'est à la justice de prononcer une sanction lorsqu'il est établi qu'il y a des téléchargements illégaux. »

www.vie-publique.fr, 2009.

## 3 Chronologie des lois Hadopi 1 et 2

| | |
|---|---|
| **2007** | |
| 1er août | Nicolas Sarkozy donne le coup d'envoi du projet de loi anti-piratage. |
| 23 novembre | Accord entre gouvernement, ayants droit et FAI sur un projet de texte législatif incluant une "riposte graduée" afin de lutter contre le téléchargement illicite (Hadopi). |
| **2008** | |
| 29 avril | La CNIL (Commission nationale de l'informatique et des libertés) rend un avis négatif sur le projet de loi Hadopi. |
| 18 juin | Le projet de loi est présenté au Conseil des ministres. |
| 30 octobre | Le Sénat approuve le projet de loi qui instaure la riposte graduée. |
| **2009** | |
| 11 mars 2009 | Début de l'examen du projet de loi par l'Assemblée nationale avec des modifications par rapport au Sénat, notamment un durcissement des dispositions punitives. |
| 2 avril | L'Assemblée nationale approuve Hadopi 1. |
| 9 avril | Par 21 voix contre 15, l'opposition, rejointe par quelques députés de la majorité, obtient le rejet du texte élaboré par la commission mixte paritaire (CMP) à l'Assemblée nationale. Le Sénat revote le texte. |
| 12 mai | L'Assemblée nationale vote le projet de loi. |
| 13 mai | Le Parlement adopte définitivement le projet de loi Hadopi 1. |
| 19 mai | Les députés socialistes déposent un recours devant le Conseil constitutionnel. |
| 10 juin | Le Conseil constitutionnel censure la riposte graduée. |
| 13 juin | La partie non censurée de Hadopi 1 est publiée au Journal officiel. |
| 24 juin | Présentation du projet de loi complémentaire Hadopi 2 en Conseil des ministres. |
| 8 juillet | Hadopi 2 est adopté par le Sénat. |
| 24 juillet | Après 40 heures de débat et plus de 900 amendements déposés, les députés bouclent l'examen du nouveau texte, Hadopi 2. |
| 22 septembre | Hadopi 2 est définitivement adoptée par le Parlement. Les mesures anti-piratage doivent être mises en œuvre début 2010. |
| 22 octobre | Validation d'Hadopi 2 par le Conseil constitutionnel. |
| 28 octobre | Hadopi 2 est publiée au Journal officiel. |

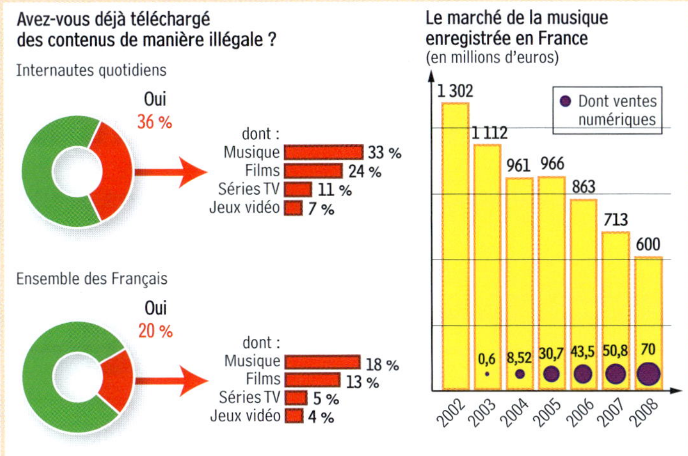


Source : TNS Sofres/logica pour Métro, http://www.tns-sofres.com, 2009.

## 4 Le téléchargement illégal en France en 2008.

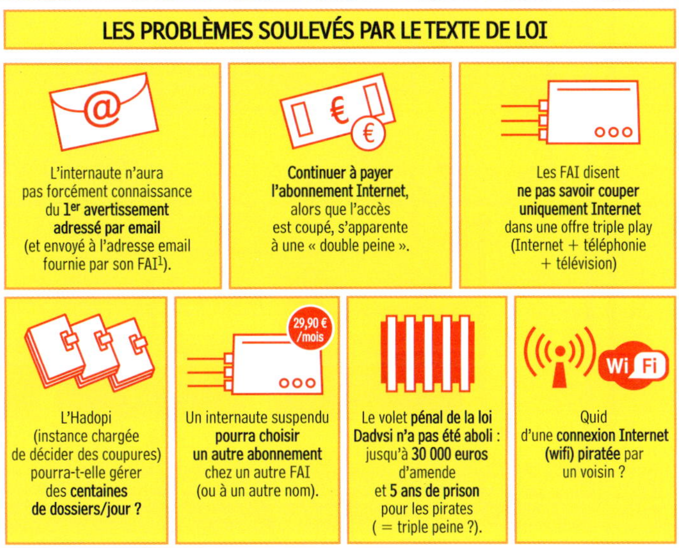


1. FAI : fournisseur d'accès à Internet.

Source : France Info.fr

## 5 Le principe de la riposte graduée[1] en question.

1. Après deux avertissements, coupure de l'accès à Internet pour ceux qui téléchargent illégalement de la musique et des vidéos

## Questions

**1. Pourquoi le téléchargement illégal est-il un problème en France ?** [4]

**2. Quelle solution est choisie par les pouvoirs publics pour y remédier ?** [1 à 3]

**3. Quelles étapes sont indispensables à l'élaboration de la loi Hadopi 1 ? Que pensez-vous du temps nécessaire à cette élaboration ?** [1, 3]

**4. L'adoption de la loi Hadopi 1 règle-t-elle tous les problèmes ? Pourquoi ? Quelle est alors la solution choisie ?** [2, 3, 5]

Mémento p. 188

# Le rôle du président de la République

## La présidence de la République sous la Ve République, une fonction complexe ?

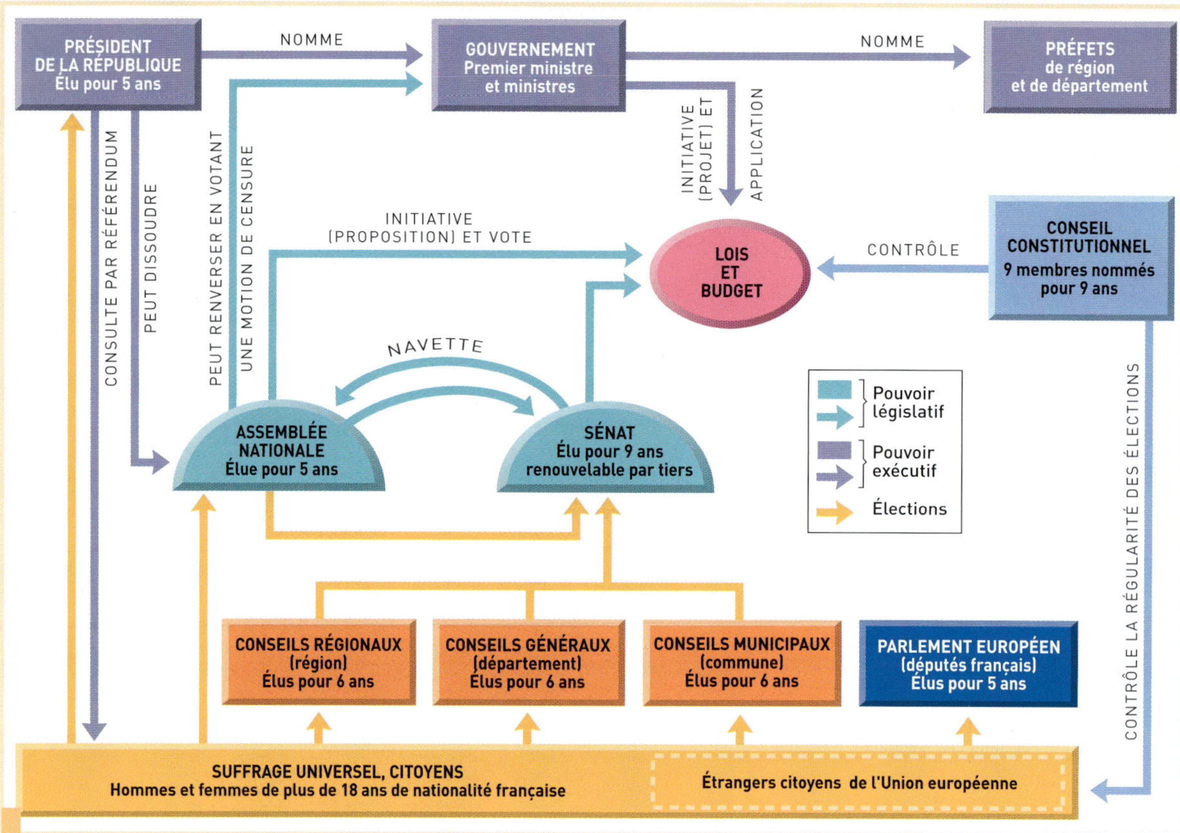


**1** Le fonctionnement de la Ve République en 2009.

### 2 Le rôle du Président d'après la Constitution de la Ve République

« Article 5. Le président de la République veille au respect de la Constitution. Il assure, par son arbitrage, le fonctionnement régulier des pouvoirs publics ainsi que la continuité de l'État. Il est le garant de l'indépendance nationale, de l'intégrité du territoire et du respect des traités.

Article 9. Le président de la République préside le Conseil des ministres.

Article 10. Le président de la République promulgue les lois dans les quinze jours qui suivent la transmission au gouvernement de la loi définitivement adoptée. [...]

Article 13. Le président de la République signe les ordonnances et les décrets délibérés en Conseil des ministres. Il nomme aux emplois civils et militaires. [...]

Article 14. Le président de la République accrédite les ambassadeurs et les envoyés extraordinaires auprès des puissances étrangères ; les ambassadeurs et les envoyés extraordinaires étrangers sont accrédités auprès de lui.

Article 15. Le président de la République est le chef des armées. Il préside les conseils et comités supérieurs de la Défense nationale.

Article 16. Lorsque les institutions de la République, l'indépendance de la nation, l'intégrité de son territoire ou l'exécution de ses engagements internationaux sont menacées d'une manière grave et immédiate et que le fonctionnement régulier des pouvoirs publics constitutionnels est interrompu, le président de la République prend les mesures exigées par ces circonstances, après consultation officielle du Premier ministre, des présidents des assemblées ainsi que du Conseil constitutionnel. Il en informe la nation par un message. [...] »

www.elysee.fr, 2009.

**3 François Mitterrand et Helmut Kohl (chancelier de l'Allemagne fédérale),** Verdun, 22 septembre 1984.

**4 Une du mensuel *Défense et Sécurité Internationale*,** mars 2007.

**5 Voyage présidentiel au Brésil, 7 septembre 2009**

« Le Président français, Nicolas Sarkozy, a entamé dimanche soir au Brésil une courte visite d'État au cours de laquelle il espère enfin ficeler, à défaut de pouvoir l'annoncer, la première victoire très attendue à l'étranger de l'avion de combat français *Rafale*. [...] À défaut de *Rafale*, M. Sarkozy formalisera les contrats conclus en décembre, lors de son précédent séjour brésilien, pour la fourniture de 4 sous-marins d'attaque Scorpène, de 50 hélicoptères de transport militaire et la fabrication d'une coque de sous-marin nucléaire. D'un montant estimé à 8,5 milliards d'euros, ces commandes constituent le "plus gros contrat militaire" jamais signé par le Brésil, a titré dimanche le quotidien *Folha* de Sao Paulo, pronostiquant que les *Rafale* devraient "probablement" s'y ajouter.

Nicolas Sarkozy compte également pousser les entreprises françaises qui se battent pour décrocher des contrats sur le marché brésilien, comme celui de la ligne TGV entre Rio de Janeiro et Sao Paulo. Il sera d'ailleurs accompagné à Brasilia d'une escorte de patrons de grandes entreprises (EADS, Safran, Alstom, GDF Suez, Dassault), qui lanceront la semaine prochaine avec les Brésiliens un "groupe de haut niveau" chargé, selon l'Élysée, de "préparer la prochaine étape du partenariat".

Lundi matin, il doit assister à la traditionnelle parade de la fête nationale avant un nouvel entretien avec Lula et une conférence de presse. Après une visite du chantier du tramway de Brasilia, confié à Alstom, puis une brève rencontre avec la communauté française, il remettra le cap sur Paris. »

*L'Expansion*, L'Express, 2009.

## Questions

**1. Classez les attributions du président de la République par domaine (politique intérieure, défense, diplomatie…).** [1 à 4]

**2. Quels sont les enjeux du voyage au Brésil de Nicolas Sarkozy ? Quel rôle joue-t-il dans ce cas ?** [5]

**3. Pourquoi parle-t-on d'une présidentialisation d'un régime sous la Ve République ?** [1 à 5]

Mémento p. 188

# Le parcours civique… depuis 1997

## Comment les jeunes citoyens concourent-ils à la défense de la Nation ?

**1** **« Objectif citoyen »**, affiche du ministère de la Défense, 2005.

**Journée d'appel de préparation à la défense (JAPD)**

Décret n° 98-180 du 17 mars 1998 (article R. 112-3)

MINISTÈRE DE LA DÉFENSE – Direction du service national

| | |
|---|---|
| Ne pas oublier d'apporter : | - Cet ordre de convocation. - Une pièce officielle d'identité avec photographie (carte nationale d'identité, passeport, …). |
| Contenu de la journée | Les thèmes ci-dessous seront développés tout au long de la journée à travers des témoignages, des rencontres avec des hommes et des femmes de la communauté militaire, et la présentation de films : • être citoyen français et européen, • comprendre et prendre part à la défense. En outre, vous passerez une évaluation des apprentissages fondamentaux de la langue française et, sur certains sites, vous pourrez : • visiter des installations militaires, • assister à des démonstrations de matériels, • être initié aux gestes élémentaires de premier secours. Nous vous invitons à adopter une tenue vestimentaire appropriée. |
| Un petit déjeuner et le repas du midi vous seront offerts sur place | Fin de la journée, vers 17 heures 00, **après remise du certificat individuel de participation** et de l'attestation d'initiation aux alertes et aux premiers secours. **Nota.** Ce programme peut être aménagé sur certains sites. Les activités indiquées en rouge peuvent ne pas être organisées sur tous les sites. D'autres informations sont disponibles sur le site Internet précisé au dos de cette page. |
| Discipline et sécurité | Vous serez soumis aux règles imposées par la vie en collectivité et définies dans un règlement de service intérieur. Si vous ne respectez pas ces règles, vous pourrez être exclu(e) de la session et le certificat individuel de participation ne vous sera pas remis. |
| Changement d'adresse | Si votre adresse est différente de celle mentionnée sur cette convocation, contactez mes services par tout moyen (Internet, téléphone ou courrier) aux coordonnées figurant au dos de cette page, en rappelant votre référence. |
| Impossibilité de répondre à la présente convocation | Prévenez **impérativement** mes services par tout moyen (Internet, téléphone ou courrier) aux coordonnées figurant au dos de cette page, en rappelant votre référence. |

**2** **Convocation à la Journée d'appel de préparation à la défense (JAPD).**

### 3 L'enseignement de la défense dès le collège !

« Les nouveaux programmes du collège et de l'école traduisent une meilleure intégration et un très net renforcement de l'éducation à la défense.

Le programme d'éducation civique est le seul sur l'ensemble des classes du collège à envisager explicitement la défense. Il voit la séquence "défense et sécurité" portée de 4 à 5 heures à 8 à 10 heures. C'est un doublement, mais surtout la formulation est grandement améliorée. À l'ancien découpage, "la défense nationale, la sécurité collective et la paix ; la solidarité et la coopération internationale", qui permettait d'éluder l'aspect national de la sécurité, se substitue un découpage plus logique : "la recherche de la paix, la sécurité collective, la coopération internationale ; la défense et l'action internationale de la France". La défense de la France est logiquement reliée à son action internationale. […]

Les bases du raisonnement géopolitique et stratégique, mais aussi les enjeux politiques, matériels et moraux de la défense, sont envisagés. […]

La classe de troisième concentre donc l'essentiel des notions indispensables à une compréhension globale des enjeux de défense. »

Ministère de l'Éducation nationale, www.education.gouv.fr, juin 2008.

*Imprimé n° 106*/02.*

**ATTESTATION DE RECENSEMENT** Loi n° 97-1019 du 28 octobre 1997.

Format : 29,7 x 21.

…aire de la commune — L'autorité consulaire

…haville — de (commune et pays)

…e que M DUPONT Lise ,Emma

…é 3 1 / 2 / 1 9 8 6 à Paris, 14e

…cilié(e) à 26, rue des Vignes 92370 Chaville

…andé son inscription sur les listes de recensement ;

…informé(e) des conditions dans lesquelles il (elle) participera à l'appel de préparation à la défense.

L'intéressé(e), *(Signature.)* L.Dupont

Délivrée le 2 4 / 1 0 / 2 0 0 3
Le maire / L'autorité consulaire *(Cachet et signature.)*

Dominique DUVAL
Officier d'Etat Civil Délégué

…cument …écessaire à la constitution des dossiers de candidature aux examens et concours soumis au contrôle de l'autorité publique.

SGA — Secrétariat général pour l'administration

N° d'ordre : 220433420186

DIRECTION DU SERVICE NATIONAL

*Imprimé n° 106*/12*

Instruction n° 620/DEF/SGA du 16 juin 1998.

***CERTIFICAT INDIVIDUEL DE PARTICIPATION***

***À L'APPEL DE PRÉPARATION À LA DÉFENSE.***

LE CONSEILLER POUR LES AFFAIRES ADMINISTRATIVES MARCEL FONTENEAU

**directeur du** bureau du service national de VERSAILLES

**certifie que** DUPONT LISE EMMA

**Identifiant défense** 0792080860

**est en règle au regard des obligations du code du service national.**

Le 29 Novembre 2004

*Le (la) titulaire,* L.Dupont — *(Cachet et signature de l'autorité).*

Ce document est nécessaire à la constitution des dossiers de candidature aux examens et concours soumis au contrôle de l'autorité publique.

**4 Fac-similés d'attestations de recensement et de participation à la JAPD.**

**5 Des documents pour la vie.** Extrait de Objectif Citoyen, Glénat, 2005.

## 6 Les devoirs d'un citoyen

« Il faut renouveler le déroulement de la JAPD. Il faut lui donner un sens en terme de connaissance de l'esprit de défense, en terme de connaissance de nos armées et en terme de conscience de la responsabilité que chaque citoyen a dans la société […]

La JAPD doit être ce moment particulier où des jeunes, qui trop souvent ont l'impression de n'avoir que des droits, vont enfin apprendre que, dans notre société, ils ont des devoirs. »

Extrait du discours de Michèle Alliot-Marie, ministre de la Défense, 16 octobre 2003.

## Questions

1. **À qui s'adresse le parcours de citoyenneté ? Quelles sont les institutions qui participent à sa mise en œuvre ?** [1 à 6]
2. **Quels sont les deux principaux changements apportés à l'enseignement de la défense au collège ?** [3]
3. **Caractérisez chaque étape du parcours civique : moment ? lieu ? enjeu ?** [1 à 6]
4. **En quoi, selon vous, le parcours civique contribue-t-il à former des citoyens ?** [1 à 6]

Mémento p. 189

# Acquérir la nationalité française

## En quoi l'acquisition de la nationalité française permet-elle de devenir un citoyen à part entière ?

Code civil, art. 18 : Est français l'enfant dont l'un des parents au moins est français.

Code civil, art. 21-15 : L'acquisition de la nationalité française par décision de l'autorité publique résulte d'une naturalisation accordée par décret à la demande de l'étranger.
Code civil, art. 21-22 : Nul ne peut être naturalisé s'il n'atteint l'âge de dix-huit ans, [...] s'il a fait l'objet d'une condamnation...
Code civil, art. 21-24 : ... [s'il n'a pas] une connaissance suffisante, selon sa condition, de la langue française.
Code civil, art. 22 : La personne qui a acquis la nationalité française jouit de tous les droits et est tenue à toutes les obligations attachées à la qualité de Français.

Code civil, art. 19-3 : Est français l'enfant né en France lorsque l'un de ses parents au moins y est lui-même né.

Code civil, art. 21-7 : Tout enfant né en France de parents étrangers acquiert la nationalité française à sa majorité si, à cette date, il a en France sa résidence et s'il a eu sa résidence habituelle en France pendant une période continue ou discontinue d'au moins cinq ans depuis l'âge de onze ans.

Code civil, art. 21-2 : L'étranger ou apatride qui contracte mariage avec un conjoint de nationalité française peut, après un délai de quatre ans à compter du mariage, acquérir la nationalité française par déclaration [...].

**1 Devenir un citoyen français.**

**2 Dessin de Plantu**, 1993.

### 3 Discours prononcé lors de la cérémonie d'accueil des « nouveaux Français » dans les Hauts-de-Seine

« À partir d'aujourd'hui, vous jouissez de droits nouveaux :

– Le droit de vote, à toutes les élections locales et nationales. [...] La communauté qui vous accueille souhaite que vous participiez totalement à la vie démocratique de ce pays et que vous y preniez toute votre place.

– La citoyenneté française ouvre également le droit de concourir et d'accéder aux charges et fonctions publiques. Si vous, Français de première génération, ne profiterez peut-être pas de ce privilège, les membres de votre famille qui vous suivront illustreront peut-être votre nom dans les grandes charges de l'État [...].

En regard de ces droits, vous avez des devoirs :

– Celui de vous comporter en citoyen français en toutes circonstances, de représenter dignement notre pays, toujours et partout.

– Et surtout celui de montrer la voie de l'intégration à tous ceux qui [...] ne sont pas encore arrivés au même stade d'insertion dans notre société. Vous êtes le lien entre les communautés étrangères et les Français d'origine [...]. Pour finir, n'oubliez pas qu'en devenant citoyen français, vous devenez citoyen de l'Union européenne. Vous pouvez désormais circuler librement, travailler, vous installer même dans les 25 pays de l'Union. Vous allez participer, avec les élections européennes, à la poursuite de la construction de cet édifice qui n'est certes pas parfait mais que tout le monde nous envie. [...]

Au nom de la République française, je vous souhaite, mesdames, messieurs, chers compatriotes, la bienvenue dans notre communauté. »

M. le Préfet des Hauts-de-Seine (discours prononcé par Mme Andrée Desvignes, chef du Bureau de la nationalité).

**4 Cérémonie d'accueil dans la citoyenneté française**
par le préfet Dominique Vian, préfecture de Nice, le 29 octobre 2007.

**5 Les nouveaux Français en 2005**

« Les nouveaux Français par naturalisation sont plus de 100 000 en 2005 et pour les trois quarts originaires du Maghreb (en majorité des Marocains), mais l'importance des ressortissants de l'Afrique subsaharienne tend à croître depuis quelques années (originaires principalement du Mali, de Côte d'Ivoire et du Congo). En revanche, pour l'Asie, le nombre des ressortissants du Sud-Est asiatique tend à diminuer depuis 2000, mais celui des Turcs augmente légèrement. Pour l'Europe, le nombre des ressortissants de pays de l'Union se stabilise autour du chiffre de 3 000 à 4 000 personnes par an, alors que celui des ressortissants de la Serbie et du Monténégro continue à progresser.

Les nouveaux Français par mariage sont également originaires de l'Afrique (dont sept sur dix du Maghreb). La proportion des Algériens y est majoritaire. Mais celle des ressortissants de l'Afrique subsaharienne continue à progresser également. En revanche, dans cette catégorie, l'Europe maintient un nombre stable de nouveaux Français, même si la part des ressortissants de l'Union européenne diminue. Pour l'Asie, les acquisitions de la nationalité française par mariage augmentent chez les Turcs à un rythme soutenu depuis la fin des années 1990. »

C. Régnard, « Immigration et présence étrangère en France en 2005 », Direction de la population et des migrations, *La Documentation française*, 2007.

**6 La naturalisation à n'importe quel prix ?**, dessin de Bloëm, 2009.

## Questions

1. **Quelles sont les différentes façons d'acquérir la nationalité française ?** [1 à 5]
2. **Qui sont les nouveaux Français ?** [5]
3. **Quels sont les droits et les devoirs qu'implique l'acquisition (ou la possession) de la nationalité française ?** [1, 3]
4. **Pourquoi peut-on dire que devenir citoyen français dépasse la simple acquisition de nouveaux droits ?** [3, 4, 6]

Mémento p. 190

# Être juré en cour d'assises

## En quoi le recours à un jury populaire permet-il de garantir une justice égale et indépendante pour tous ?

**1** L'organisation de la cour d'assises.

### 2 La cour d'assises d'Amiens

« La cour d'assises juge les personnes accusées de crime (meurtre, viol, vol à main armée...), de tentatives et de complicités de crime. C'est une juridiction non permanente. En Picardie, elle se réunit, pour chaque département, six à huit fois par an pendant quinze à vingt jours pour chaque session. [...]

Elle est composée de :

– 3 juges professionnels : un président (président de chambre ou conseiller à la cour d'appel d'Amiens) et deux assesseurs (conseillers à la cour d'appel d'Amiens ou magistrats du tribunal de grande instance du département de la tenue des assises).

– un jury : 9 citoyens jurés tirés au sort. Ils sont au nombre de 12 en appel.

– un avocat général, magistrat du parquet (ministère public) qui représente la société et demande l'application de la loi.

– un greffier, fonctionnaire chargé des tâches administratives et de retranscrire les débats. »

www.carte-judiciaire.justice.gouv.fr, 2009.

### 3 Le rôle des jurés en cour d'assises

« Ce sont des juges non professionnels. Les plus connus sont les 9 jurés qui sont des citoyens français tirés au sort. Ils représentent le peuple français.

Ils siègent aux côtés de 3 juges professionnels à la cour d'assises pour juger les crimes. À la fin des débats, ils votent à bulletin secret et rendent leur verdict : "non coupable" ou "coupable". En cas de culpabilité, ils décident de la peine à infliger à l'accusé.

Pour être membre d'un jury de cour d'assises, plusieurs conditions sont exigées :

– être de nationalité française,

– être âgé d'au moins 23 ans,

– savoir lire et écrire le français,

– n'avoir jamais été condamné à une peine d'emprisonnement supérieure à 6 mois,

– ne pas exercer les fonctions de ministre, préfet ou militaire en activité.

– ne pas avoir déjà rempli cette fonction au cours des cinq dernières années. »

www.ado.justice.gouv.fr, 2009.

**4** **Scène de la délibération dans *Verdict*,** film d'André Cayatte avec Jean Gabin, 1974.

### 5 Témoignage d'un journaliste désigné comme juré

« "En France, la loi a prévu que magistrats et jurés délibèrent ensemble, contrairement aux États-Unis, où les jurés délibèrent seuls, explique Antony Verleene [président de la cour d'assises]. Les juges donnent leur point de vue, comme le font les jurés. Chacun va attirer l'attention sur tel ou tel élément, pour qu'une synthèse s'opère". Si le magistrat joue un rôle d'animateur, les jurés gardent leur libre-arbitre. L'effet de groupe, inévitable, ne va pas forcément de pair avec l'uniformisation des opinions. Antony raconte : "Lors d'un tour de table, tout le monde donnait coupable et moi, j'avais un doute ; 20 % ont fini par mettre non coupable. Moi qui suis très influençable, je l'ai assez mal vécu. J'ai mis non coupable en espérant que la table mette coupable pour ne pas avoir à assumer ce choix."

"Il y a toujours des différences d'appréciation, mais c'est la règle de la majorité, assène A. Verleene. Être juré, c'est aussi un apprentissage de la démocratie." Justice du peuple, par le peuple et pour le peuple, les jurys d'assises, qui tirent leur origine de la Révolution française et des idées des Lumières, sont en effet les derniers exemples de démocratie directe dans notre pays. "Mais quand on vote, on est noyé dans la masse, observe Antony. Ici, chaque voix est importante." Quant à Djamila, être jurée l'a rendue fière : "Je suis issue de l'immigration. Mon père est venu jeune en France. Il n'a pas eu la nationalité française et n'a jamais eu la possibilité de voter. Pour moi, participer à la justice, c'était une reconnaissance." »

D'après S. Daycard-Heid, « Moi, juré », *L'Express.fr*, 5 avril 2004.

### 6 Le serment du juré

« Vous jurez et promettez d'examiner avec l'attention la plus scrupuleuse les charges qui seront portées contre X..., de ne trahir ni les intérêts de l'accusé, ni ceux de la société qui l'accuse, ni ceux de la victime ; de ne communiquer avec personne jusqu'à votre déclaration ; de n'écouter ni la haine ou la méchanceté, ni la crainte ou l'affection ; de vous rappeler que l'accusé est présumé innocent et que le doute doit lui profiter ; de vous décider d'après les charges et les moyens de défense, suivant votre conscience et votre intime conviction avec l'impartialité et la fermeté qui conviennent à un homme probe et libre, et de conserver le secret des délibérations même après la cessation de vos fonctions. »

Article 304 du Code de procédure pénale.

### Questions

1. **Quels sont les principes de fonctionnement d'une cour d'assises ?** [1, 2]
2. **Qui peut être juré ? Quel est le rôle d'un juré ?** [3 à 6]
3. **Quelles difficultés les jurés affrontent-ils ?** [4, 5]
4. **Pourquoi le recours aux jurés représente-t-il le meilleur système ?** [1 à 6]

Mémento p. 191

# Mémento

Thème 1 obligatoire

## La Constitution et l'exercice des pouvoirs

### 1. Les systèmes électoraux

Dossier 1 p. 176

■ En France, comme dans toute démocratie, le peuple exerce sa souveraineté : les **citoyens** constituant le **corps électoral** usent de leur droit de vote en participant à des **consultations électorales** afin d'élire leurs représentants, au **suffrage universel** direct (président de la République et députés français ou européens tous les cinq ans ; conseillers municipaux, généraux et régionaux tous les 6 ans) ou indirect (maires, sénateurs). Le président de la République peut aussi consulter directement les électeurs par **référendum** sur une question précise.

■ Différents **modes de scrutin** sont pratiqués. Le scrutin majoritaire donne la victoire au candidat ou à la liste qui obtient la majorité absolue des voix (sinon, il y a un deuxième tour). Le scrutin à la proportionnelle – utilisé surtout pour les élections européennes – permet de répartir les sièges à pourvoir entre les listes en concurrence en fonction du score qu'elles ont obtenu (il n'y a qu'un tour). Les candidats sont pris dans l'ordre de leur liste. Ces deux modes de scrutin influent sur la représentativité des élus de même que le découpage des **circonscriptions** électorales.

### 2. L'élaboration d'une loi

Dossier 2 p. 178

■ La **Constitution** française instituant la **séparation des pouvoirs**, c'est à l'Assemblée nationale et au Sénat qu'appartient le pouvoir législatif. L'initiative de la **loi** revient d'une part au Premier ministre au nom du gouvernement (on parle de projet de loi), d'autre part à chaque député ou sénateur (on parle de proposition de loi). La future loi entame un parcours complexe : déposée sur le bureau de l'Assemblée nationale (ou du Sénat), elle est examinée par une commission qui désigne un rapporteur pour présenter le texte en première lecture aux députés.

■ Une fois que les groupes politiques se sont exprimés, les articles de la loi sont discutés par les députés qui peuvent déposer des **amendements** et modifier le texte initial. Le texte de loi voté par l'Assemblée nationale et le Sénat devant être identique, il circule entre les deux pour être harmonisé : c'est la navette parlementaire. Si le Conseil constitutionnel n'a pas à valider la loi, il faut encore qu'elle soit promulguée, c'est-à-dire signée et datée par le président de la République. Alors seulement, elle est publiée au **Journal officiel** et peut être appliquée.

### 3. Le rôle du président de la République

Dossier 3 p. 180

■ La V^e^ République fait du chef de l'État le plus haut personnage de la République : élu directement par le peuple depuis 1962, il ne peut être renversé. Il partage le **pouvoir exécutif** avec le gouvernement dont il nomme le chef, c'est-à-dire le Premier ministre, ainsi que les ministres, et peut mettre fin à leurs fonctions. Depuis 2002, il est élu pour un mandat de cinq ans ; c'est le Premier ministre qui assure sa suppléance en cas de maladie ou de déplacement et le président du Sénat qui assure l'intérim en cas de décès ou de démission.

■ Le président de la République détient beaucoup d'autres pouvoirs qu'il assume en permanence : c'est le chef des armées, il veille au respect de la Constitution et à l'indépendance de la justice, promulgue les lois, nomme aux hautes fonctions civiles et militaires, dirige la **diplomatie**... Mais il peut aussi dissoudre l'Assemblée nationale, faire jouer son droit de grâce, consulter les Français par référendum et exercer exceptionnellement les pleins pouvoirs en cas de menace contre les institutions. Il ne peut être traduit en justice que pour haute trahison.

### Mots-clés

**Amendement** : modification d'un texte de loi demandée par le gouvernement, les députés ou les sénateurs.

**Circonscription** : division administrative, militaire ou électorale du territoire.

**Citoyen** : personne qui a des droits politiques, en particulier le droit de vote, dans sa cité ou son État ; en France, on ne peut être citoyen sans être français ; un citoyen français est aussi citoyen de l'UE.

**Constitution** : voir page 93.

**Consultation électorale** : vote par lequel le peuple français exprime sa volonté et sa souveraineté : référendum ; élections locales, nationales ou européennes.

**Corps électoral** : ensemble des électeurs.

**Diplomatie** : relations entre États fondées sur la négociation.

**Journal officiel** : publication par l'État des nouvelles règles ou lois en vigueur.

**Loi** : règle ou obligation, qui émane d'une autorité souveraine et qui s'impose à tous les individus d'une société ou d'un État.

**Modes de scrutin** : façon dont fonctionnent les consultations électorales, notamment la transposition des voix en sièges (scrutin majoritaire ou proportionnel, uninominal ou de liste).

**Référendum** : voir page 93.

**Séparation des pouvoirs** : règle qui veut qu'en démocratie les pouvoirs exécutif, législatif et judiciaire ne soient pas concentrés dans les mêmes mains.

**Suffrage universel** : voir page 93.

Thème 2 au choix

# Droits et devoirs des citoyens

## 1. Le parcours civique

Dossier 4 p. 182

■ La Défense nationale se doit d'assurer la sécurité et l'**intégrité** du territoire, ainsi que la protection de la population et la continuité de l'activité économique. Ces responsabilités incombent au président de la République, chef des armées et seul habilité à ordonner l'emploi de l'arme nucléaire, au Premier ministre et au ministre de la Défense qui coordonnent et exécutent la politique militaire fixée par le Parlement. Le territoire métropolitain est découpé en régions militaires, elles-mêmes divisées en **circonscriptions** militaires de défense.

■ Depuis sa suppression en 1997, le **service militaire ou national** a été remplacé par le parcours civique : chaque Français, garçon ou fille, doit effectuer une Journée d'appel de préparation à la défense (JAPD) le préparant à l'exercice de son **devoir de défense**. La participation à cette journée est indispensable pour être **recensé** et inscrit sur les listes électorales, et pour se présenter aux examens et concours de l'État, ou au permis de conduire. La JAPD doit donner aux jeunes Français le sens de la communauté et renforcer le lien entre l'armée et la Nation.

## 2. Les impôts

■ Si les citoyens ont des droits, ils ont aussi des devoirs et notamment celui de s'acquitter de leur devoir fiscal, en payant des impôts directs ou indirects. L'**impôt sur le revenu** est un impôt direct frappant les personnes physiques et les sociétés, de même que l'impôt foncier (sur les propriétés bâties et les terrains) et l'**ISF**, destiné aux **contribuables** les plus riches. Le principal impôt indirect, la TVA, qui augmente le prix des biens et des services, touche de la même façon tous les consommateurs quels que soient leurs revenus.

■ L'ensemble de la population bénéficie des impôts versés par les contribuables. Alimentant les recettes de l'État, ils constituent une part du budget affecté au financement du service public : éducation, armée, police, musées, crèches... Ce système de redistribution, fidèle aux idéaux républicains de solidarité, est contourné par tous ceux qui participent à la **fraude fiscale** ou à l'évasion des capitaux vers les **paradis fiscaux**.

## 3. La couverture maladie universelle (CMU)

■ La **protection sociale** préserve la population des **risques sociaux** pouvant entraîner une baisse ou une perte de revenus. Elle regroupe un système d'assurance comme la Sécurité sociale et un système d'assistance (action et aide sociale), qui permettent d'indemniser les citoyens victimes des aléas de la vie (accidents, décès d'un parent pour un mineur...). Il s'agit d'assurer à tous les citoyens l'accès aux besoins essentiels (éducation, eau, nourriture, hygiène) grâce à un minimum de ressources : **RSA**, prestations familiales, allocation logement, pensions de retraite...

■ La Sécurité sociale fait partie de la protection sociale assurée par l'**État-providence**. Pour lutter contre l'exclusion sociale des personnes démunies, l'État a notamment créé la Couverture maladie universelle (CMU). La CMU de base est une protection maladie obligatoire pour les personnes en situation régulière résidant en France depuis au moins trois mois et qui ne sont pas déjà couvertes par un autre régime obligatoire d'Assurance-maladie. Les soins sont pris en charge à 100 %. La CMU complémentaire, comparable à une mutuelle, est accessible sur critères de ressources.

## Mots-clés

**Circonscription** : voir page 188.

**Contribuable** : personne assujettie au paiement de l'impôt.

**Devoir** : ce à quoi on est tenu par la loi ou la morale.

**État-providence** : État envisagé dans ses attributions de protection sociale.

**Fraude fiscale** : acte de mauvaise foi consistant à ne pas déclarer tous ses revenus pour échapper à l'impôt.

**Impôt sur le revenu** : somme que chaque contribuable doit verser à l'État en fonction des ressources qu'il déclare.

**Intégrité** : état (d'une personne, d'un territoire, d'un objet...) qui n'a subi aucune altération et a conservé toutes ses composantes.

**ISF** : impôt de solidarité sur la fortune.

**Paradis fiscal** : voir page 113.

**Pression fiscale** : poids de l'impôt.

**Protection sociale** : ensemble des mécanismes de prévoyance collective qui permettent de faire face financièrement aux conséquences des risques sociaux.

**Recensé** : inscrit sur une liste, notamment électorale.

**Risques sociaux** : vieillesse, maladie, invalidité, chômage, charges de famille...

**RSA (revenu de solidarité active)** : prestation en argent destinée à garantir à ses bénéficiaires, qu'ils soient ou non en capacité de travailler, un revenu minimum (a remplacé le revenu minimum d'insertion ou RMI).

**Service militaire ou national** : ensemble des obligations militaires ou civiles imposées à tout citoyen français pour répondre aux besoins de la défense ou de la solidarité.

**TVA** : taxe sur la valeur ajoutée.

# Mémento

Thème 3 au choix

# Citoyen français, citoyen européen

## 1. Le droit de vote

■ En France, la citoyenneté et le droit de vote sont liés à la **nationalité**, les électeurs étant « tous les nationaux français majeurs des deux sexes, jouissant de leurs **droits civils** et politiques ». Les femmes font partie du corps électoral depuis 1944, les militaires depuis 1945, et les jeunes depuis que la **majorité** a été fixée en 1974 à 18 ans, et non plus à 21 ans (les jeunes nés en France de parents étrangers deviennent français à l'âge de 18 ans). Pour voter, il faut être inscrit sur les listes électorales de sa commune de résidence ; les jeunes ayant participé à la JAPD le sont d'office.

■ C'est par le vote que le peuple exerce sa souveraineté, lors des consultations électorales. Seuls les citoyens français – électeurs et éligibles – participent aux élections nationales ; les citoyens européens résidant en France et originaires des pays membres de l'UE peuvent aujourd'hui voter et être élus aux élections municipales et européennes. En revanche, le droit de vote des étrangers non européens est toujours en débat. Par ailleurs, certains aimeraient imposer le vote obligatoire pour lutter contre des taux d'**abstention** trop élevés.

## 2. La Cour européenne de justice

■ D'abord appelée Cour de justice des Communautés européennes (CJCE), la Cour de justice de l'Union européenne (CJUE) est l'**institution juridictionnelle** de l'UE. On ne doit pas la confondre avec la Cour européenne des droits de l'homme (CEDH) qui dépend du Conseil de l'Europe et qui siège à Strasbourg, ni avec la Cour internationale de justice de La Haye qui dépend de l'ONU. La CJUE, qui siège à Luxembourg, regroupe la Cour de justice (27 juges), le Tribunal (27 juges) et le Tribunal de la fonction publique.

■ Seule compétente pour interpréter les traités, la CJUE veille au respect du **droit communautaire**. Son rôle est de trancher tous les **contentieux juridiques** entre les institutions, les États-membres et les citoyens, en vertu des règles contenues dans les traités de l'Union européenne. Ses décisions sont obligatoires et s'imposent à tous sur le territoire de l'UE. Elles concernent tous les domaines d'intervention de l'UE : agriculture, environnement, fiscalité, libre circulation des marchandises et des personnes, pêche, politique commerciale, politique régionale, politique sociale, transports…

## 3. Acquérir la nationalité française

Dossier 5 p. 184

■ La nation française rassemble des hommes et des femmes vivant sur un territoire commun régi par des institutions et des lois. Posséder la **nationalité** française n'est pas indispensable en France pour disposer des droits de l'homme (libertés individuelles et collectives) qui sont universels (ou devraient l'être). En revanche, l'acquisition de la nationalité française est nécessaire pour être reconnu comme citoyen français, posséder ses **droits civiques** comme le droit de vote, ou appartenir à la fonction publique. Selon le Code civil, on est français de droit ou par **naturalisation**.

■ Sont français de droit les enfants dont l'un des parents est français (**droit du sang**), ou les enfants nés en France d'un parent né en France. Le deviennent de droit, à leur majorité, les enfants nés en France (**droit du sol**) de parents étrangers ou le conjoint étranger, après quatre ans de mariage avec un(e) Français(e). Deviennent français, par décision de l'État, les étrangers qui ont demandé à être naturalisés. Cette naturalisation est accordée sous conditions : être majeur, ne pas avoir fait l'objet d'une condamnation, connaître la langue française, remplir ses obligations de citoyen.

### Mots-clés

**Abstention** : fait de ne pas prendre part à une action, de ne pas participer à une consultation électorale.

**Contentieux juridique** : litige ou conflit en matière de droit.

**Droits civils** : règles garanties par la loi qui concernent tout citoyen en tant que personne privée.

**Droits civiques** : règles garanties par la loi qui concernent le citoyen et son rôle dans la vie politique.

**Droit communautaire** : ensemble des règles et des lois en vigueur dans les États-membres de l'UE.

**Droit du sang** : règles fondées sur la filiation.

**Droit du sol** : règles fondées sur la résidence ou la naissance du sujet sur un territoire.

**Institution juridictionnelle** : organisme chargé des questions de droit et de justice.

**Majorité** : âge (fixé à 18 ans en France) auquel, selon la loi, une personne acquiert la pleine capacité d'exercer ses droits (majorité civile) ou est reconnue responsable de ses actes (majorité pénale).

**Nationalité** : appartenance officielle à une nation ou à un État, justifiée par la naissance sur le territoire de cet État (droit du sol) ou par la filiation (droit du sang).

**Naturalisation** : acquisition par un étranger de la nationalité du pays où il réside.

# Le citoyen et la justice

## 1. Être juré en cour d'assises

Dossier 6 p. 186

■ La cour d'assises, présente dans chaque département, est une juridiction intermittente qui se réunit quatre fois par an. Au cours de chaque session, neuf ou dix affaires de **crime** (meurtre, viol, vol à main armée...) sont jugées par un jury composé de neuf citoyens siégeant aux côtés de trois juges professionnels. Tous les citoyens peuvent devenir **jurés**. Il leur suffit d'avoir une carte d'électeur pour que le hasard les désigne comme jurés. Seules conditions exigées: être âgé d'au moins 23 ans, ne pas exercer une profession incompatible avec la fonction de juré (magistrat, militaire, policier, ministre...).

■ À l'issue des débats, les neuf jurés et les trois magistrats délibèrent et votent ensemble un **verdict**. Le vote s'opère par bulletins secrets. La culpabilité de l'accusé n'est reconnue que si la majorité de huit voix au moins est obtenue. Après que les jurés se sont prononcés sur la culpabilité, ils doivent déterminer la peine. Une peine ne peut être infligée que si elle obtient la majorité des suffrages. La réforme instituée depuis 2001 permet à la personne condamnée, mais aussi à la partie civile ou au **parquet**, de faire appel de la décision.

## 2. Le droit, la loi et la liberté

■ La République française est un **État de droit** dans lequel chacun est soumis au respect du droit, du simple individu jusqu'à la puissance publique: «Toute société dans laquelle la garantie des droits n'est pas assurée, ni la séparation des pouvoirs déterminée, n'a point de Constitution» (article 16 de la Déclaration de 1789). C'est l'État – représentant le peuple, c'est-à-dire l'ensemble des citoyens français, comme dans toute démocratie –, qui fixe les lois et en assure le respect, dans le cadre d'une **justice indépendante**.

■ Les lois doivent préserver **l'intérêt général** en édictant des règles précises indispensables à l'exercice des **libertés individuelles** de chacun dans le respect de celle des autres: l'exercice d'une **liberté** ne doit en effet porter atteinte ni à la liberté des autres, ni à la dignité de la personne, ni à la santé, ni à l'ordre public. Ainsi, des limites à l'exercice des libertés sont prévues par la loi, de même que des sanctions en cas d'abus. C'est donc à la justice – qui permet à chacun d'être traité équitablement – de faire respecter la loi et la liberté, en toute neutralité, de trancher les conflits entre les personnes et de sanctionner les comportements interdits.

## 3. Être citoyen en prison

■ Contrairement à une idée répandue, l'emprisonnement ne signifie pas automatiquement la privation des **droits civiques**. En effet, depuis 1994, les **prévenus** et les **condamnés** ne sont plus privés de **citoyenneté**, sauf si le juge en décide autrement par des condamnations à titre de peine complémentaire: «Le condamné reste citoyen à part entière». Néanmoins, les contraintes de la détention constituent autant de limites à l'exercice de la citoyenneté. Ainsi le droit de vote est reconnu aux détenus, mais ils ne peuvent exercer ce droit que par **procuration**: cela induit qu'une personne libre, inscrite sur la même liste électorale que le détenu, accepte la procuration.

■ L'autorité parentale fait elle aussi partie intégrante de la citoyenneté. Mais elle ne peut s'exercer en prison qu'à travers des associations comme «Le relais parents-enfants»; en accompagnant les enfants, elles permettent aux parents qui le souhaitent de continuer à manifester leur intérêt pour la scolarité de leur enfant, sa santé... Mais ces dispositifs montrent des limites et sont rares. Ainsi faire entrer la citoyenneté en prison reste un vrai défi pour les années à venir.

### Mots-clés

**Citoyenneté**: qualité de citoyen (voir page 188).

**Condamné**: personne jugée et reconnue coupable d'un délit ou d'un crime.

**Droits civiques**: voir page 190.

**État de droit**: État où sont respectées les lois et la Constitution.

**Intérêt général**: avantage dont profite l'ensemble ou la majorité d'une population.

**Juré**: citoyen tiré au sort pour faire partie du jury d'assises et délibérer avec les magistrats.

**Justice**: institution qui a pour but de faire respecter les lois et de régler les conflits entre les citoyens; indépendante dans la mesure où le pouvoir judiciaire l'est aussi.

**Loi**: voir page 188.

**Liberté**: état d'une personne ou d'un peuple qui ne subit ni contraintes ni soumission.

**Libertés individuelles**: droits garantis par la loi à chaque individu en matière de sûreté de la personne, libre circulation, choix du domicile, liberté d'opinion, de religion et d'enseignement, secret de la correspondance, secret professionnel.

**Parquet**: groupe de magistrats exerçant les fonctions du ministère public, c'est-à-dire qui requiert l'application des lois au nom de la société.

**Prévenu**: personne placée en détention mais qui n'a pas encore été jugée.

**Procuration (vote par)**: possibilité de se faire représenter, le jour d'une élection, par un électeur de son choix.

**Verdict**: déclaration solennelle par laquelle la cour et le jury d'assises répondent aux questions posées à l'issue des débats et se prononcent sur la culpabilité de l'accusé.

## 1. La France occupée, 1940-1944

# 2. Trafic des principaux ports à conteneurs dans le monde, 2006

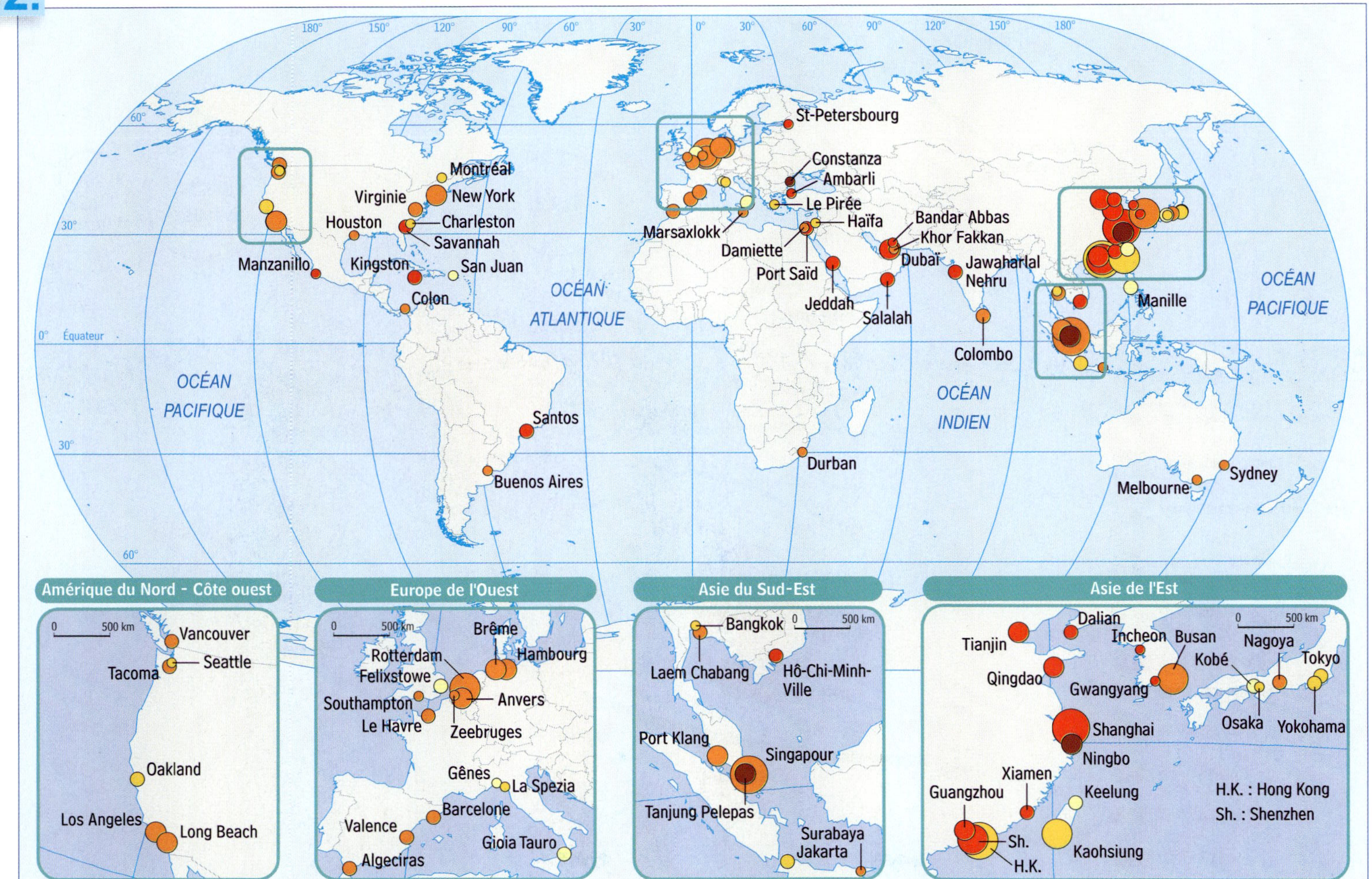


Trafic annuel en millions d'EVP (Équivalent Vingt Pieds) : de 1,0 à 2,0 ; de 2,0 à 4,4 ; de 4,4 à 9,4 ; de 9,4 à 20,2 ; de 20,2 à 24,8

Croissance annuelle moyenne entre 2000 et 2006 (%) : de -1,4 à 2,5 ; de 2,5 à 5,9 ; de 5,9 à 13,6 ; de 13,6 à 31,4 ; de 31,4 à 50,0

 Données : Port d'Hambourg. "Container throughput worldwide". In port of Hamburg. Statistics. http://www.hafen-hamburg.de/. Projection Eckert III (planisphère) et projection conique équidistante (encarts).

## 3. Les étrangers dans l'Union européenne, 2005

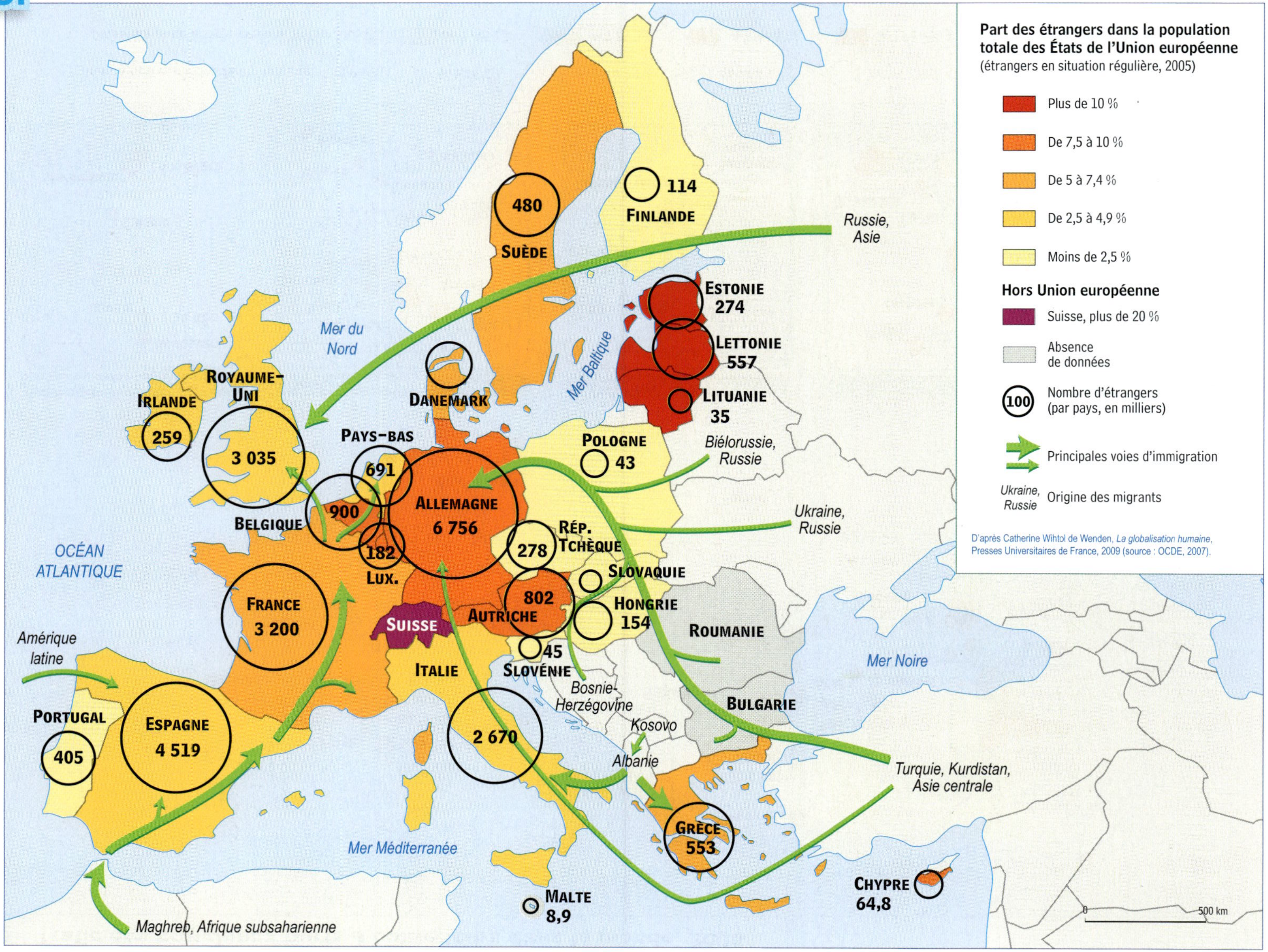


D'après Catherine Wihtol de Wenden, *La globalisation humaine*, Presses Universitaires de France, 2009 (source : OCDE, 2007).

## 4. Les migrations intérieures en Afrique, 2009

D'après Catherine Wihtol de Wenden, *La globalisation humaine*, Presses Universitaires de France, 2009 (source : UNHCR 2007, FAO, Ifri, RAMSES 2009, Dunod).

## 5. Les exportations de films indiens, 2005

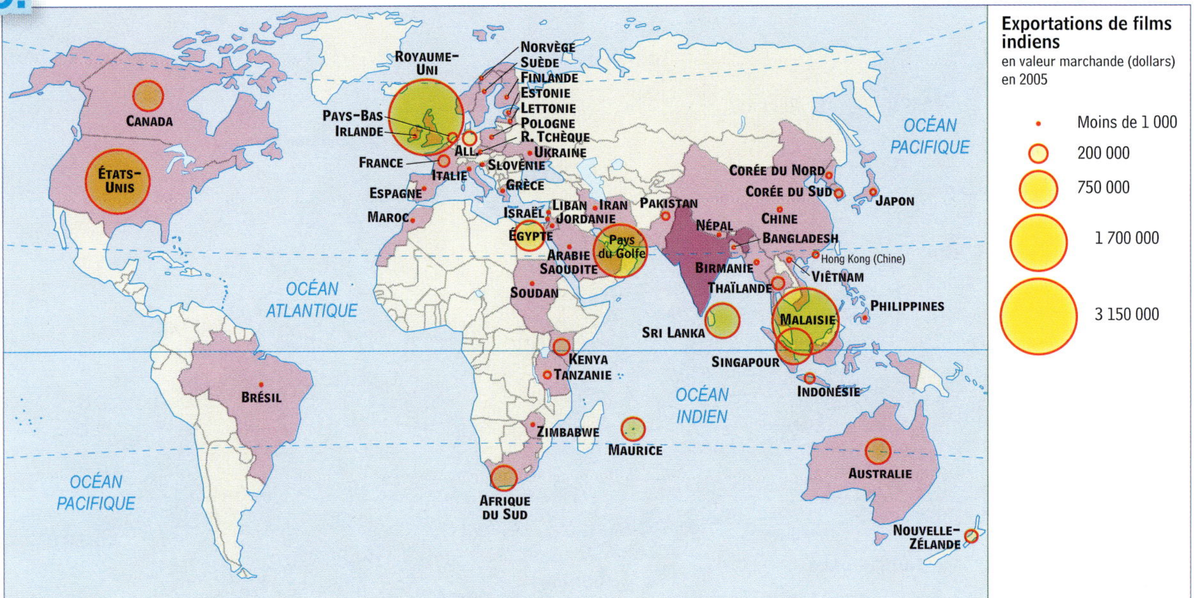


Source : *La Documentation photographique*, n° 8060, nov-déc 2007. Atelier de cartographie de Sciences Po, octobre 2007 © La Documentation française.

## 6. Les langues les plus enseignées en Europe, 2009

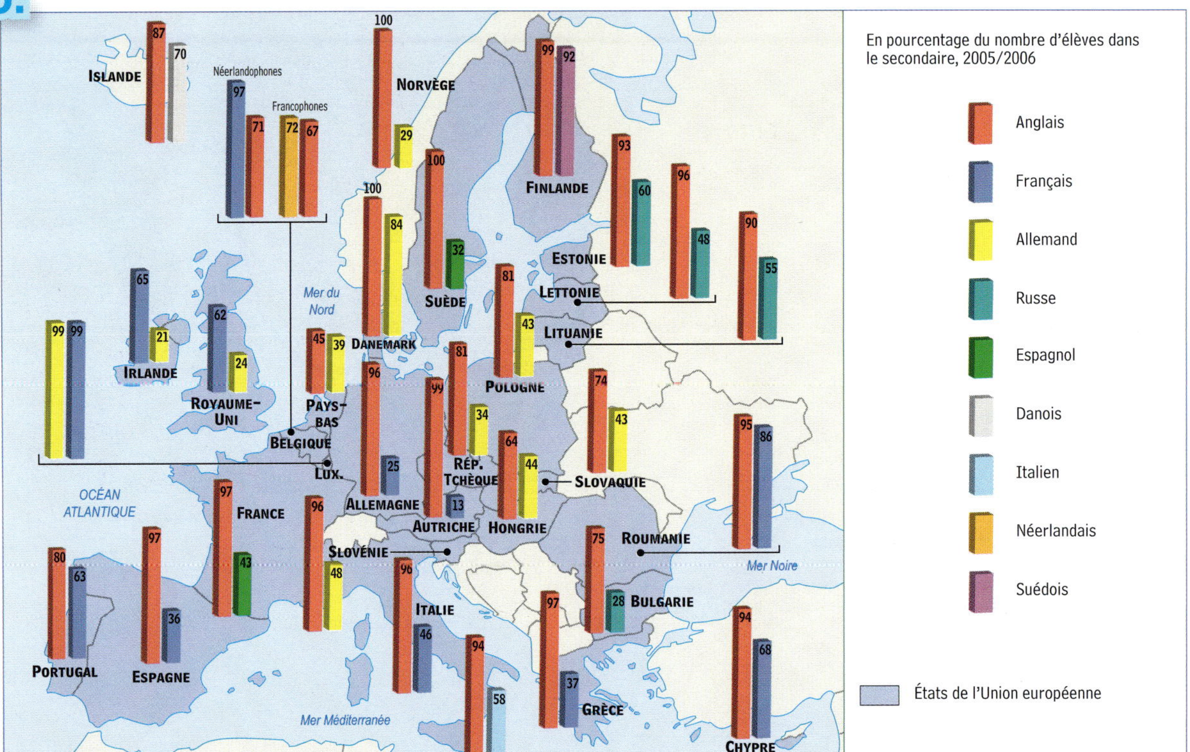


Source : Eurostat et UOE, 2009 in *Atlas des civilisations*, Hors-Série La Vie/Le Monde, 2009-2010.

## 7. La répartition des grandes aires religieuses dans le monde, 2009

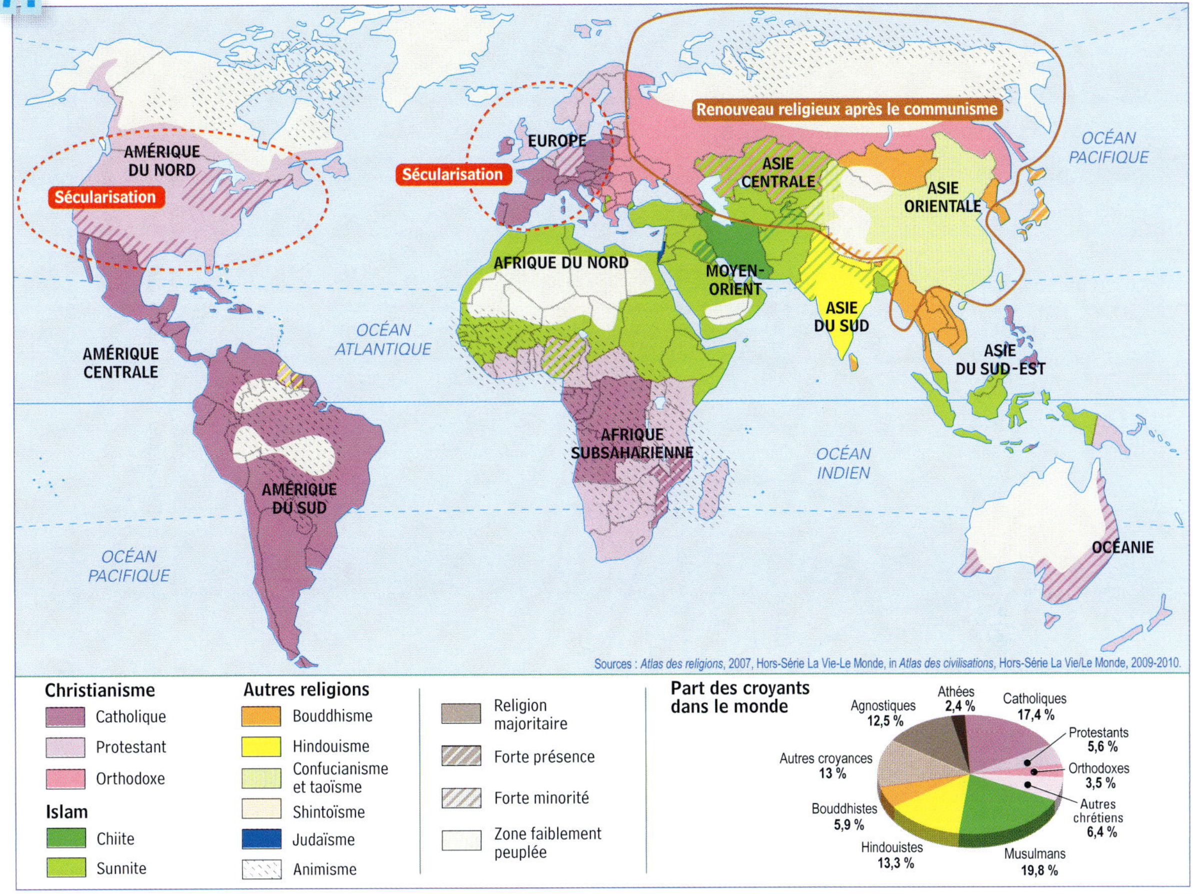


Sources : *Atlas des religions*, 2007, Hors-Série La Vie-Le Monde, in *Atlas des civilisations*, Hors-Série La Vie/Le Monde, 2009-2010.

## 8. La communauté Internet, 2008

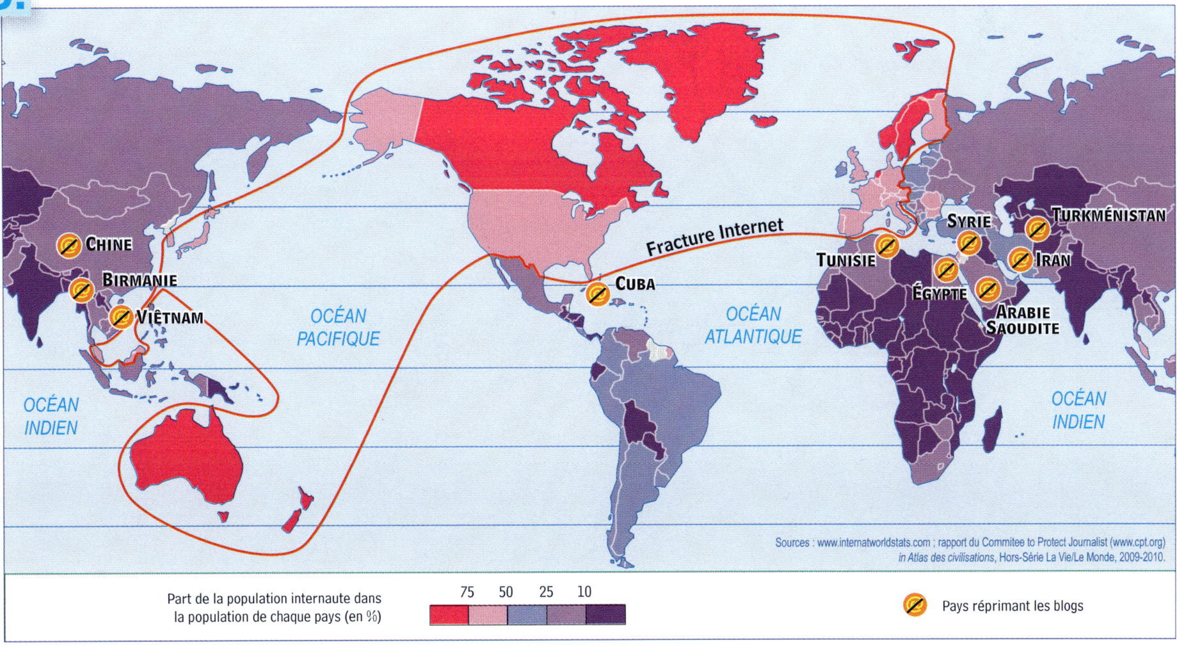


Sources : www.internetworldstats.com ; rapport du Commitee to Protect Journalist (www.cpt.org) *in Atlas des civilisations*, Hors-Série La Vie/Le Monde, 2009-2010.

## 9. Centres d'impulsion et organisation géographique du monde

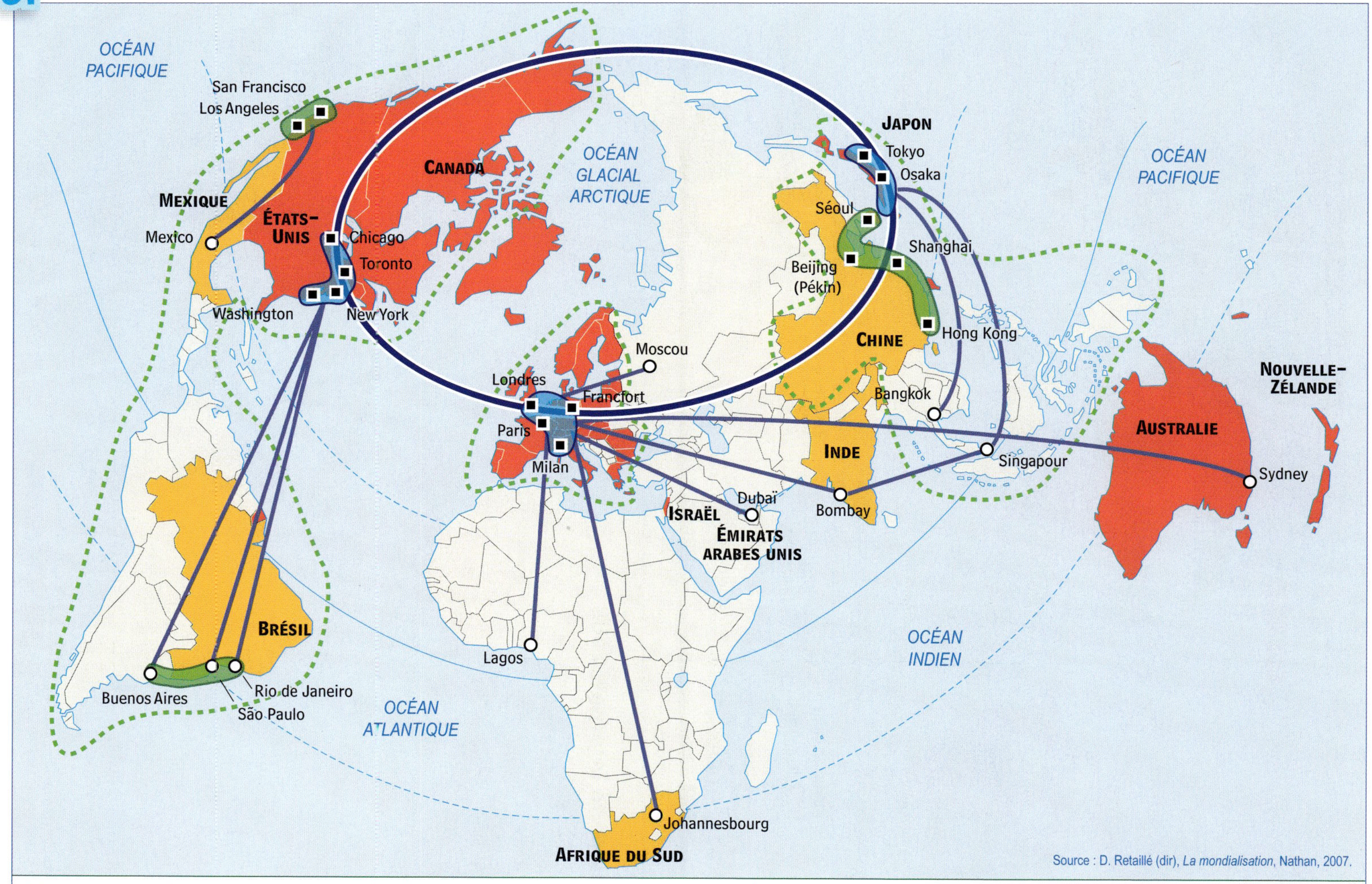


Source : D. Retaillé (dir), *La mondialisation*, Nathan, 2007.

**Principaux centres d'impulsion et archipel mégalopolitain mondial**

- Triade et extensions
- Mégalopole secondaire
- Réseau mégalopolitain mondial
- Mégalopole principale
- Ville mondiale (globale)

**Dynamiques récentes d'intégration à la mondialisation**

- Puissance émergente
- Principaux regroupements économiques régionaux
- Mégapole émergente, relais du centre
- Interconnexion entre mégalopoles et mégapoles émergentes

## 10. La mégalopole japonaise, 2008

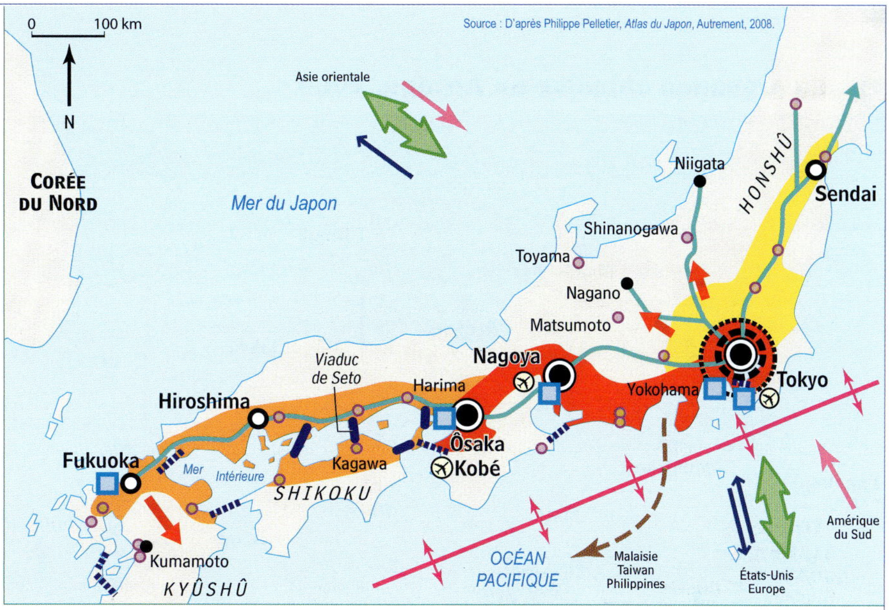


**Espace de concentration en expansion**

- Axe central du Tokaido (1964)
- Extension vers l'Ouest (1975)
- Extension vers le Nord-Est (1982)
- Extension de la mégalopole
- Mégapole
- Métropole régionale
- Ville relais
- 1er pôle industriel et tertiaire
- Technopôle

**Infrastructures de transports**

- Shinkansen (TGV)
- Viaduc
- Viaduc projeté
- Grand port
- Aéroport

**Ouverture sur le monde**

- Flux de main-d'œuvre
- Flux commerciaux (matières premières et produits manufacturés)
- Flux de capitaux
- Ville mondiale (globale)
- Délocalisation industrielle
- Interface

## 11. La Chine : les espaces de l'ouverture, 2005

**Stratégie d'ouverture et de modernisation**

- Provinces maritimes au cœur de la stratégie
- Provinces intérieures : réservoir de main-d'œuvre, espace économique complémentaire
- Chine de l'Ouest : réservoir de matières premières, espace en réserve

**Dispositifs de l'ouverture* mise en œuvre depuis 1980**

- Zone économique spéciale (ZES)
- Port
- Delta
- Fleuve
- Ville frontalière
- Bourse de valeurs : Shenzhen, Shanghai, Hong Kong

* Accueil d'investissements étrangers à des conditions fiscales et sociales avantageuses

**Facteurs d'impulsion de la Chine littorale**

- Centre d'impulsion extérieur
- Pôle industrialo-urbain
- Migrants ruraux
- Flux d'investissements étrangers
- Flux de matières premières

## 12. La présence chinoise en Afrique, 2009

Présence diplomatique et représentation commerciale

Pays à très forte immigration chinoise (estimation en nombre de personnes, en 2006 pour l'Angola, en 2007 pour l'Afrique du Sud et la Rép. Dém. du Congo, en 2008 pour le Nigeria et le Soudan)

Droits chinois d'exploitation pétrolière

Contrats miniers chinois

237 MONUC — Participation chinoise à des opérations de la paix de l'ONU, effectifs engagés, février 2009

Opération de la paix de l'ONU, février 2009, sans effectifs chinois

## 13. La « Mexamérique »

## 14. Les contrastes de revenu par habitant en Russie, 2007

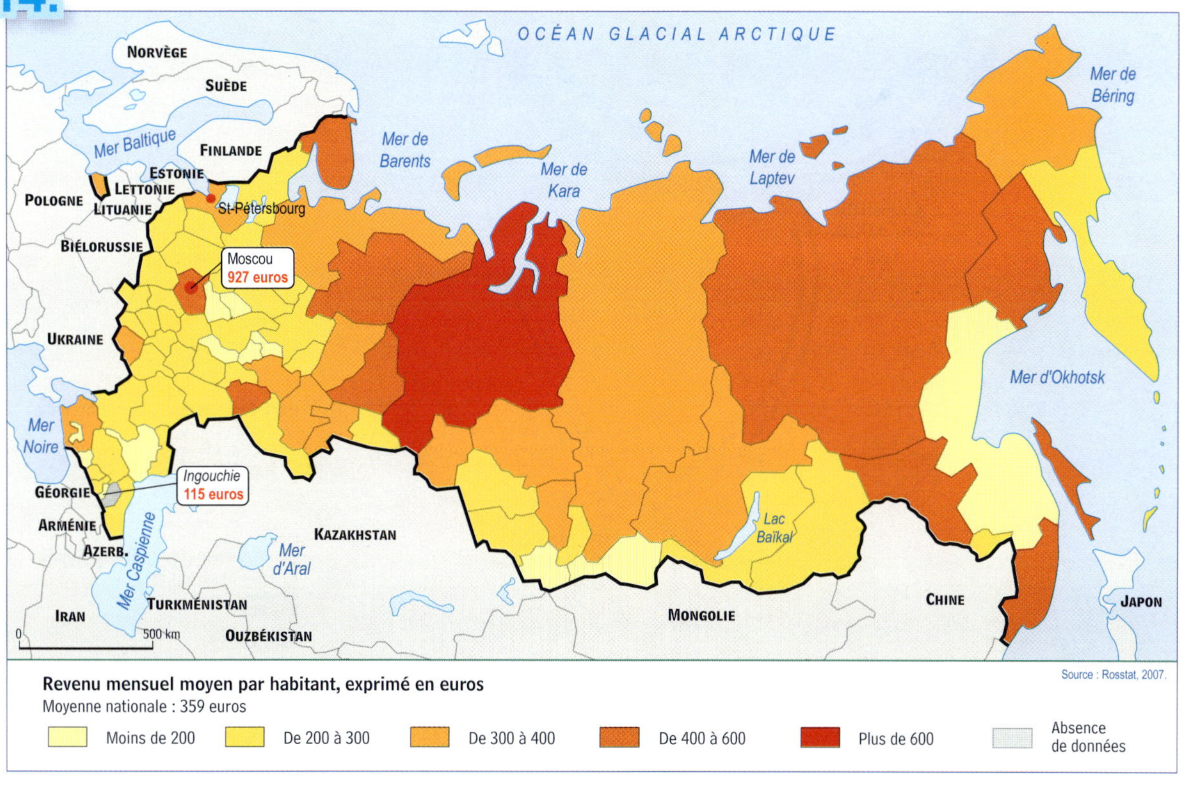

## 15. Le commerce mondial de marchandises, 2006

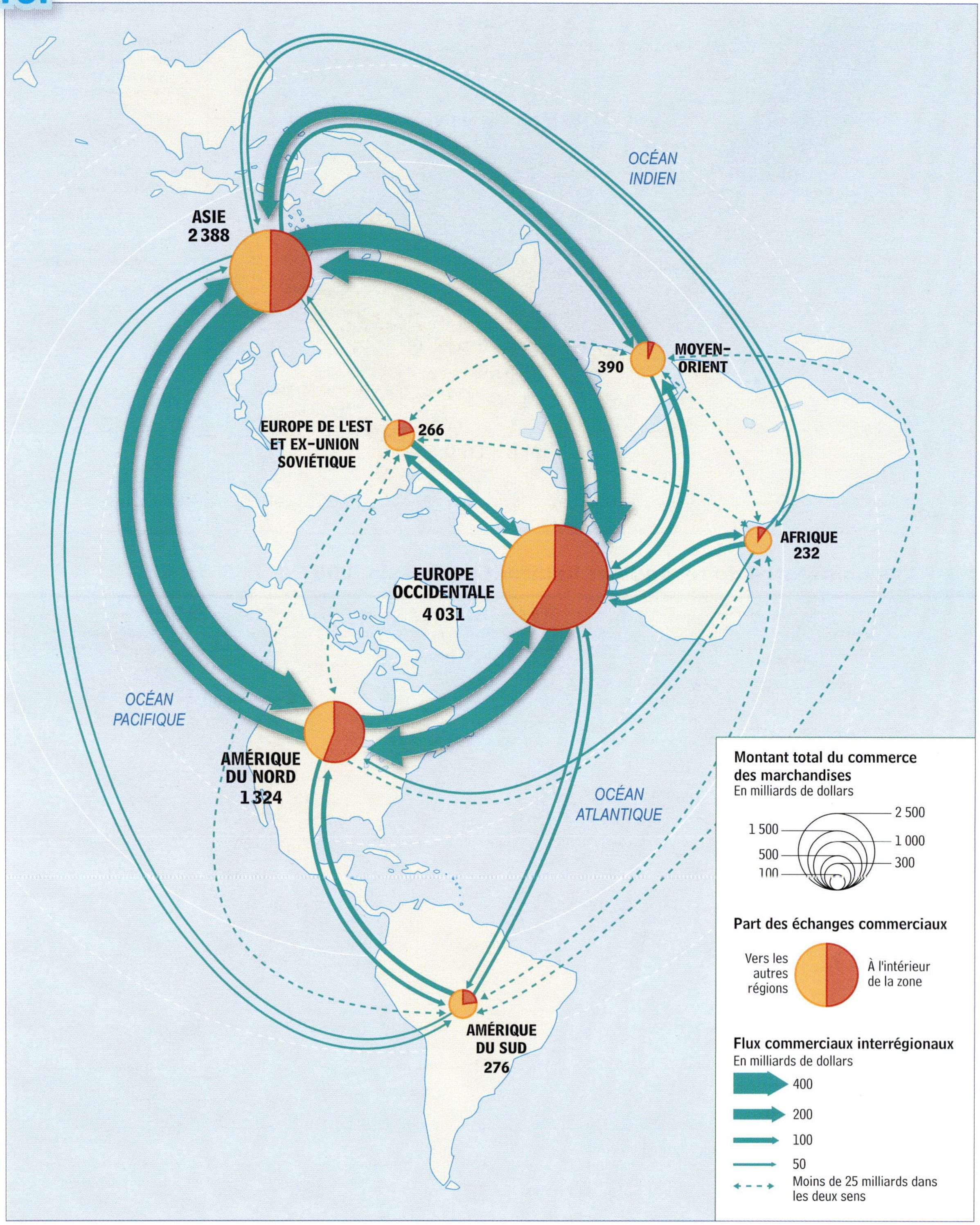

# 16. L'organisation de l'Asie orientale

**Des territoires plus ou moins intégrés à la mondialisation**

- Pôle de la Triade
- NPIA
- Périphérie intégrée : pays-ateliers du Sud-Est asiatique
- L'ASEAN
- Chine littorale émergente
- Chine intérieure en voie d'intégration
- Périphérie pauvre mal intégrée

**Une interface et un centre d'impulsion majeur de l'économie mondiale**

- Mégalopole japonaise
- Ville mondiale
- Mégapole portuaire
- Principale route maritime
- Extraversion économique : exportations massives de produits industriels
- Flux d'IDE, délocalisation industrielle
- Migration de main-d'œuvre

# Table des cartes

# Biographies

**1. Briand,** **Aristide (1862 -1932)**
Homme politique français, militant socialiste. Il est 25 fois ministre, notamment des Affaires étrangères, et 11 fois président du Conseil sous la IIIe République. Partisan du rapprochement avec l'Allemagne et pacifiste convaincu, il reçoit le prix Nobel de la paix en 1926. Rapporteur de la loi sur la séparation des Églises et de l'État, il réussit à concilier l'affirmation des principes laïques et la liberté des cultes.

**2. Chirac,** **Jacques (né en 1932)**
Homme politique français. Gaulliste, proche de G. Pompidou, il est le Premier ministre de V. Giscard d'Estaing (1974-1976), puis de F. Mitterrand (1986-1988). Fondateur du RPR en 1976, il devient président de la République en 1995 et doit cohabiter avec un Premier ministre socialiste entre 1997 et 2002. Réélu en 2002, il quitte la vie politique en 2007.

**3. Combes,** **Émile (1835-1921)**
Homme politique français, un des chefs du radicalisme sous la IIIe République, il est président du Conseil de 1902 à 1905. Anticlérical intransigeant, il conduit la lutte contre les congrégations religieuses, leur interdisant notamment d'enseigner et fermant 2500 écoles religieuses. Il participe à l'élaboration de la loi sur la séparation des Églises et de l'État. Surnommé « le petit père Combes », il est souvent caricaturé par ses détracteurs en « Satan cornu ».

**4. De Gaulle,** **Charles (1890-1970)**
Général et homme politique français. Sous-secrétaire d'État à la Défense en juin 1940, il refuse l'armistice et gagne Londres d'où il lance, le 18 juin, un appel à poursuivre la lutte contre l'Allemagne. Il devient, avec l'aide de Jean Moulin, le chef de la Résistance française, préside le GPRF à la Libération et restaure la légalité républicaine. Il quitte le gouvernement en janvier 1946 et ne revient au pouvoir qu'en 1958 pour devenir président de la Ve République jusqu'en 1969.

**5. Ferry,** **Jules (1832-1893)**
Homme politique français. Député républicain sous le Second Empire, il devient maire de Paris après la déchéance de Napoléon III. À partir de 1879, il occupe plusieurs postes ministériels, en particulier celui de l'Instruction publique, et devient chef du gouvernement en 1880. Il ne cesse d'œuvrer pour la laïcité (lois des années 1880 qui fondent l'école obligatoire, gratuite et laïque) et fait des instituteurs les garants de l'ordre républicain et de la démocratie.

**6. Jaurès,** **Jean (1859-1914)**
Homme politique français. Élu député socialiste de Carmaux (1893-1898 et 1902-1914), il pousse les socialistes à s'insérer dans le jeu républicain. Professeur d'université et journaliste, il écrit pour *La Dépêche* et fonde le journal *L'Humanité* en 1904. Leader du socialisme français, surtout après la création de la SFIO en 1905, il est assassiné par un ultranationaliste, le 31 juillet 1914, à cause de ses positions pacifistes.

**7. Mitterrand,** **François (1916-1996)**
Homme politique français. Plusieurs fois ministre sous la IVe République, il est le candidat unique de la gauche face à de Gaulle en 1965. À la tête du Parti socialiste depuis 1971, il remporte l'élection présidentielle de 1981 et ouvre une période de réformes (abolition de la peine de mort, décentralisation...). Mais il doit supporter deux cohabitations de 1986 à 1988 et de 1993 à 1995.

**8. Moulin,** **Jean (1899-1943)**
Préfet d'Eure-et-Loir en juin 1940, il refuse d'obéir aux Allemands lors de la débâcle. Révoqué par Vichy, il prend contact avec les mouvements de résistance puis rejoint à Londres le général de Gaulle qui le charge d'unifier la Résistance intérieure. Il crée le CNR en mai 1943. Arrêté par la Gestapo, il est torturé jusqu'à la mort. En transférant ses cendres au Panthéon en 1964, la République fait de ce haut fonctionnaire un symbole de l'héroïsme de la Résistance.

**9. Pétain,** **Philippe (1856-1951)**
Maréchal et homme politique, héros de Verdun en 1916. Il bénéficie d'une grande popularité en 1940 et se pose comme recours dans la défaite en demandant l'armistice. Il devient chef de l'État français après avoir reçu les pleins pouvoirs de l'Assemblée nationale à Vichy. De 1940 à 1944, il conduit une politique de collaboration avec l'Allemagne. Jugé à la Libération pour attentat contre la sûreté intérieure de l'État et intelligence avec l'ennemi, il est condamné à mort (peine commuée en réclusion perpétuelle).

**10. Veil,** **Simone (née en 1927)**
Femme politique française, membre de l'Académie française, elle est la première femme à occuper le poste de secrétaire général du Conseil supérieur de la magistrature et la première Française ministre d'État. Ministre de la Santé, elle libéralise l'accès à la contraception et fait voter la loi sur l'interruption volontaire de grossesse. Ardente militante européenne, elle est également la première présidente du Parlement européen.

**11. Weiss,** **Louise (1893-1983)**
Journaliste et écrivain, féministe, elle milite pour le droit de vote des femmes en menant des actions d'éclat en compagnie des suffragistes. Elle participe dès l'entre-deux-guerres au rapprochement entre la France et l'Allemagne et travaille aux premiers projets d'une union entre les États européens. Elle est membre du Parlement européen. Ses principales œuvres sont *Ce que femme veut* et *Mémoires d'une Européenne*.

# Index

# Crédits

**ÉDITION** : Anne Terral
**CONCEPTION GRAPHIQUE ET RÉALISATION** : Nathalie Fatou
**ICONOGRAPHIE :** Anne Mensior

**CARTOGRAPHIE** : Jean-Pierre Crivellari
**SCHÉMAS ET GRAPHIQUES :** Orou Mama

**PHOTOGRAPHIES**

**COUVERTURE :** h : Corbis / Grand Tour • b : Grapus / graphiste Monique Wender.

**OUVERTURE HISTOIRE :** p. 8-9 : Belin / J. Dubout. B. Taslitzky © Adagp, Paris 2010.

**CHAPITRE 1 :** p. 10 : Grapus – graphiste Monique Wender • p. 11 h : Ecomusée, Le Creusot • Leemage / Photo Josse • p. 11 b : Belin / J. Dubout • B. Taslitzky © Adagp, Paris 2010 • p. 12 : Ville de Castres, musée Jean-Jaurès • p. 13 : Imagerie Rossignol / Kharbine-Tapabor • p. 14 h : Kharbine-Tapabor • p. 14 b : Saint-Denis, Archives municipales (13Fi1008) • p.15 : Keystone / Eyedea • p. 16 hg : Renault Communication D.R • p. 16 bg : Eyedea / Keystone • p. 16 d : Coll. part • p. 17 h : Keystone / Eyedea • p. 17 b : J.-L. Charmet / The Bridgeman Art Library • p. 18 : Photo12 • p. 19 h : CIRIP /Alain Gesgon • p. 19 b : Coll. Dixmier / Kharbine-Tapabor • p. 20 h : Coll. Kharbine-Tapabor • p. 20 b : Plantu • p. 21 : Eyedea / Rapho / Berretty • p. 22 h : Leemage / Costa • p. 22 b : Plantu • p. 23 g et 23 d : CIRIP / Alain Gesgon • p. 24 : Imagerie Rossignol / Kharbine-Tapabor • p. 26 hg : S. Lenne-Terrier / Centre historique minier, Lewarde • p. 26 hd : Eric Menneteau / Le Cherche midi • p. 26 b : Maison Bergès – Musée de la Houille blanche / Photo Franck Crispin • p. 27 h : Musée de la Viscose / CG de l'Isère • p. 27 b CRDP de Bourgogne.

**CHAPITRE 2 :** p. 28 : Roger-Viollet • p. 29 h : Affiche de R. Frappier. Montreuil, musée de l'Histoire vivante • p. 29 b : Clara-Magazine • p. 30 : Paris, bibliothèque Marguerite-Durand • p. 31 h : J.-L. Charmet / The Bridgeman Art Library • p. 31 : Eyedea / Keystone • p. 32 : Rennes, musée des Beaux-Arts / Adélaïde Beaudoin / Dist. RMN • p. 33 h : Coll. part • p. 33 b : Deligne • p. 34 g : Eyedea / Rapho / Pawlovsky • p. 34 d : L'Aurore. p. 35 h : Figarophoto / Jean-Jacques Ceccarini • p. 35 b : Sipa Press / Sichov • p. 37 g : Mission locale du Pays Salonais • p. 37 d : Le Nouvel Observateur • Photo M. Grimbert / The Image Bank et Alain Buu / Gamma • p. 38 h : Paris, BDIC • p. 38 m : CIRIP / Alain Gesgon • p. 38 b : Editions Gallimard-Collection Foliothèque • p. 39 Collection Lou / Kharbine-Tapabor • p. 40 h : Coll. Bibl. Marguerite-Durand / Kharbine-Tapabor • p. 40 m : Catherine Beaunez • p. 40 b : Le Monde • p. 41 REA / Ludovic • p. 42 : © Seb • p. 43 : Collection Dixmier / Kharbine-Tapabor • p. 44 : Ministère du Travail, des Relations sociales, de la Famille, de la Solidarité et de la Ville • p. 45 h : Jean-Loup Gautreau / AFP • p. 45 b : Chimulus.

**CHAPITRE 3 :** p. 46 : Ville de Castres, musée Jean-Jaurès • p. 47 h : Musée Carnavalet / Roger-Viollet • p. 47 b : Reuters / Ch. Platiau • p. 48 : Collection IM / Kharbine-Tapabor • p. 49 : J.-L. Charmet / The Bridgeman Art Library • p. 50 : Coll. Dixmier / Kharbine-Tapabor • p. 51 : J.-L. Charmet / The Bridgeman Art Library • p. 52 : Olivier Perrin • p. 53 h : © Projet Bureau Architecture Méditerranée • p. 53 b : Olivier Perrin • p. 54 Grande Mosquée d'Evry Courcouronnes • p. 55 CIRIC /C. Simon • p. 56 h : Bibl. nat. de France, Paris • p. 56 m : Coll. Dixmier / Kharbine-Tapabor • p. 56 b : Création Nicolas Vial / La Poste 2005 • p. 57 : Sipa Press / Goldner • p. 58 : Coll. Dixmier / Kharbine-Tapabor • Jean Effel © Adagp, Paris 2010 • p. 59 g : AFP • p. 59 d : AFP • p. 60 : Rue des Archives / Berolina • p. 61 Plantu • p. 62 g : Lycée Averroès, Lille • p. 62 d : Mohamed Najmi / CUEJ-Université de Strasbourg • p. 63 : Aumônerie de l'Enseignement Public / SNAEP.

**CHAPITRE 4 :** p. 64 h : Keystone / Eyedea • p. 64 b : Keystone / Eyedea • p. 65 h : BDIC / MHC, Paris • p. 65 b : Eyedea / Keystone • p. 66 h : Les Orphelins de la Varenne • p. 66 b : BHVP, Paris / Fonds France Soir • p. 67 : Rue des Archives • p. 68 h : Documentation française / IHTP • p. 68 b : Mémorial Maréchal Leclerc de Hauteclocque et de la Libération de Paris – Musée Jean Moulin / Coll. Antoinette Sasse • p. 69 h : BDIC/MHC, Paris • p. 69 b : Bibl. nat. de France / Dpt des Manuscrits – Fonds Antoinette Sasse • p. 70 : Eyedea /Keystone • p. 71 h : Eyedea / Keystone • p. 71 m : Roger-Viollet • p. 71 b : Roger-Viollet • p. 72 h : Coll. Kharbine-Tapabor • p. 72 b : Edimédia • p. 73 : Sipa Press / Witt • p. 74 b : Eyedea / Keystone • p. 74 bg : Monnaie de Paris–J.-J. Castaing / graveur Pierre Turin • p. 74 b d : Monnaie de Paris–J.-J. Castaing / graveur Lucien Bazor • p. 75 : Coll. Serge Klarsfeld • p. 76 : BDIC / MHC, Paris • p. 77 g : Mémorial de la Shoah / CDJC • p. 77 d : Eyedea / Keystone • p. 78 : BDIC / MHC, Paris • p. 79 : CIRIP / Alain Gesgon • p. 80 h : Eyedea / Gamma / Coll. C. François • p. 80 b : Création et gravure A. Lavergne d'après photo Eyedea/ Keystone et J.-P. Francisond © Coll. L'Adresse Musée de La Poste, Paris 2009 • p. 81 h : Eyedea / Keystone • p. 81 b : Ville de Chartres.

**CHAPITRE 5 :** p. 82 : CIRIP /Alain Gesgon • p. 83 h : Magnum Photos / B. Barbey • p. 83 b : Corbis / Sygma / J. Langevin • p. 84 h : Le Monde • p. 85 b Moisan © Adagp, Banque d'Images, Paris 2010 • p. 86 h : CIRIP / Alain Gesgon • p. 85 b : Bill. Droits Réservés • p. 86 g : V. Gasquet, Les 500 affiches de mai 68, Balland 1978 • p. 86 d : CIRIP /A. Gesgon • p. 87 : Eyedea / Keystone • p. 88 Le Nouvel Observateur • p. 89 h : Libération / Thierry Dudoit • p. 89 b : Plantu • p. 90 h g : Moisan © Adagp, Paris 2010 • p. 90 h d : J. Lap • p. 90 b g : Tim © Adagp, Paris 2010 • p. 90 b d : J. Lap • p. 91 h g : Plantu • p. 91 h g : Kiro • p. 91 b g : Cabu • p. 91 b d : Plantu • p. 92 h : CIRIP /Alain Gesgon • p. 92 m : © Trésor du Patrimoine • p. 92 b : CIRIP / Alain Gesgon • p. 93 : Eyedea / Keystone • p. 94 h : BDIC / MHC, Paris • p. 94 m : Coll. Association French Lines • p. 94 b : Pétillon • p. 95 : AFP / Eric Feferberg • p. 96 : REA / Ludovic • p. 97 : Plantu • p. 98 g : CIRIP / Alain Gesgon • p. 98 d : Corbis / Sygma / D. Goldberg • p. 99 h : Sipa Press / Witt • p. 99 b : Plantu.

**OUVERTURE GÉOGRAPHIE :** p. 100-101 Space Imaging.

**CHAPITRE 6 :** p.102 : Prod DB © BBC / D.R • p. 103 h : Imagine China • p. 103 b : Photoblot.com • p. 105 h : REA / J.-Claude Moschetti • p. 105 b : Sipa Press / AP / J. Amado • p. 107 : Alamy / U. Doering • p. 108 : Handicap International • p. 109 : Handicap International / P. Grappin • p. 110 : AFP / R. François • p. 113 : Uncle Grey (www.uncle.dk) pour le WWF-France • p. 114 : Alter Eco • p. 115 : Sipa Press / AP/ R.D. Franklin • p. 119 h : Allianz • p. 119 b : Maersk Line.

**CHAPITRE 7 :** p. 120 : Turin, Museo nazionale della Montagna • p. 121 h : Corbis / Grand Tour • p. 121 b : B. Allain-Chevallier • p. 122 : Prod DB © Morgan & Chan Films / DR • p. 123 h : Sipa Press / AP / R. Kakade • p. 123 b : AFP/ I. Mukherjee • p. 125 h g : Assoc. nat. de la Semaine du goût • p. 125 h d : J.-M. Knapp • p. 125 b : Prod DB © Magnolia Pictures –Participant Media–River Road Entertainment / D.R • p. 127 h : www.joanda.net • p. 127 b : Man vyi • p. 129 h : AFP / A. Scorza • p. 129 b : Reuters / Dwi Oblo • p. 130 : Alternatives économiques • p. 131 : REA / P. Bessard • p. 132 h : B. Allain-Chevallier • p. 132 b : © Pat Cab 2004 • p. 133 : Alamy / J. Kellerman • p. 135 : Prod DB © Casey Silver Productions – Huayi Brothers – Relativity Media / D.R • p. 137 : Eyedea / Hoa Qui / M. Troncy.

**CHAPITRE 8 :** p. 138 : Chinafotopress / Che Fu • p. 139 h : PANA, Tokyo / Nishikawa • p. 139 b : Altitude / Y. Arthus-Bertrand • p. 140 g : Photononstop / D. Ball • p. 140 d : PANA, Tokyo / Inukai • p. 141 : PANA, Tokyo / Takahashi • p. 142 : REA / Sinopix / R. Jones • p. 143 ImagineChina • p. 144 Eyedea/ Rapho / E. Kashi • p. 145 : Eyedea / AGE Fotostock / S. Grandadam • p. 146 : Alamy • p. 147 : ING Bank S.A • p. 149 : Space Imaging • p. 151 : Corbis / London Aerial Photo Library • p. 152 : AFP / R. Rahman • p. 154 : The Silicon Valley Map and Calendar • p. 155 : Cosmos / P. Maître.

**CHAPITRE 9 :** p. 156 : La Chinafrique, de Serge Michel et Michel Beuret, photos Paolo Wood, édition chinoise 2009 • p. 157 h : Reuters / T. Gentile • p. 157 b : B. Allain-Chevallier • p. 158 : www.sossahel.org • p. 159 : AFP / I. Sanogo • p. 160 : Sipa Press / Chine Nouvelle / An Zhiphing • p. 161 : Getty Images / R. Nickelsberg • p. 162 : Sipa Press / AP / M. A. Tovar • p. 163 : Ph. Blanchot • p. 164 : AGE Fotostock / Dinodia • p. 165 : O. Brestin • p. 166 : Pier Gajewski • p. 167 : REA / Panos Pictures / R. Wallis • p. 169 : Magnum / J. Bendiksen • p. 171 : Panos Pictures / M. Henley • p. 172 : Tassphoto / V. Zinin • p. 173 g : Alternatives économiques • p. 173 d : Mairie de Moscou.

**OUVERTURE ÉDUCATION CIVIQUE :** p. 174-175 : REA / Ludovic.

**CHAPITRE 10 :** p. 174-175 : REA /Ludovic • p. 176 : source Dernières Nouvelles d'Alsace • p. 177 Libération / L. Troude et S. Calvet • p. 178 : Plantu • p. 179 b : France Info • p. 181 g : Corbis / Sygma / R. Bossu-A. Brucelle • p. 181 d : Défense & Sécurité Internationale – Areion Group • p. 182 : Objectif citoyen, le parcours de la citoyenneté © Editions Glénat/Ministère de la Défense, 2005 • p. 183 Objectif citoyen, le parcours de la citoyenneté par Alain Mounier © Editions Glénat 2005 • p. 184 g : V. Rif • p. 184 d : Plantu • p. 185 h : Fedephoto / J.-P. Amet • p. 185 b : Bloem • p. 186 : V. Rif. Source : Greffe de la cour d'assises de Caen • p. 187 : Prod DB © Champion-Concordia Films / D.R.

Imprimé en France par Loire Offset Titoulet à Saint-Étienne
N° d'édition : 005604-01 - N° d'impression : 45379
Dépôt légal : avril 2010